哲学家 2017
PHILOSOPHER

中国人民大学哲学院　编

姚新中　主编

人民出版社

总　序

冯　俊

　　哲学就是爱智慧，对智慧的追求和探索；哲学家就是爱智者，智慧的追求者和探索者。

　　哲学不仅要思考自然、大宇宙，它也关注人的心灵、小宇宙；哲学家既观天、考察灿烂的星空，也察地、关注市井和人生。哲学家要有把大地想得透彻的能力。哲学是一门自由的学问，为了知而求知，求知爱智不受任何功利的驱使，不被任何权威所左右。哲学家任思想自由驰骋，任智慧自由翱翔；同时哲学家又对真理异常执着，愿意为坚持真理而死，就像"夸父"去追赶太阳。

　　哲学是时代精神的体现，是一个时代的精神桂冠或精神旨归。哲学家既是一个时代的呼唤者，又是一个时代的批判者。哲学家既是一个守夜者、一个敲钟人，哲学家又是一只牛虻、一只猫头鹰。一个时代不能没有哲学，更不能没有哲学家，一个没有理论思维的时代和一个没有理论思维的民族是可悲的、是荒芜的；一种哲学和一个哲学家也不能离开他的时代、他的民族，离开了时代和民族的哲学和哲学家是空洞的、没有生命力的。一个时代能够产生哲学家是这个时代的幸运，一个哲学家能遇上一个好时代那是他的福气。

　　哲学家不像文学家、艺术家那样被大众所熟知和喜爱，哲学家是寂寞的、孤独的，甚至被大众视为异类；哲学家不能像企业家、政治家那样享受现世的荣华，哲学家成为贫穷、寒酸的代名词，他们常被金钱和政治所忽视；但是，哲学家是幸福的，因为他们在理智的沉思中得到了常人无法理解的快乐，哲学家的幸福是思辨之幸福。哲学家虽然不是预言家，但是他们更多地是为了未来而活着，为了整个人类而活着。

　　《哲学家》是哲学家们的家，中国人民大学哲学院创办《哲学家》是为哲学家寻找一个精神家园，建设一个学术家园。中国人民大学哲学院（系）创办五十多年来，为马克思主义哲学的传播和教育、研究和发展，为中西哲学的继承和弘扬、挖掘和批判做出过巨大的贡献，在这里诞生过许多第一本教材，在这里曾经产生过不少新的学科，在这里出现了国内的第一批硕士点、博士点、博士后流动站、一级学科授权点，在这里走出了千百位哲学教授，这里培养出国内最多的哲学博士生和硕士生，这里产生出数百部学术专著和数以万计的学术论文。它曾被人们誉为哲学教育的重镇、哲学探索的前沿、哲学家的摇篮。进入新世纪，我国哲学社会科学的研究和教学空前繁荣，许多院校哲学学科异军突起,哲学领域出现了诸侯割据、群雄并立之势。哲学家们驰骋疆场、逐鹿中原之日,定是中国哲学社会科学发展繁荣之时。中国人民大学哲学系组建成了哲学院,哲学家们也找到了《哲学家》,《哲学家》既是哲学家们角逐的原野、比武的疆场,也是以武会友的会馆、交流心得的茶坊。

《哲学家》既要展示人民大学哲学院的学术成果,又要展示国内外同行们的真知灼见。稿件不分领域,不论长短,重在有新意、合规范;作者不讲身份,不论出处,贵在求真理,有创见。欢迎国内外的学者、同行们踊跃赐稿,让我们共同建设好哲学家们的家园。

目　录

哲学家

Contents

1

哲学的时代使命（代序）

姚新中

哲学自诞生之日起，就一直以追求真理为自己的定位和使命。古希腊哲人们对万物始基、变与不变的探讨，苏格拉底、柏拉图关于正义理念的追问，亚里士多德对于后物理学原理、伦理学、政治学基本原则的厘定，不仅为西方哲学起步提供了广阔的发展空间，也为哲学的本质规定了寻求真理的尺度。中国哲学始于对人类社会规律、道德原则的探索。作为最初自觉反省这一探索结果的《五经》不仅仅是史实、民情的记录，更是对社会运行的内在机理、人间祸福的形上根源、人生德行与命运的因果关联等的系列追问与回答，而轴心时代的孔孟、老庄则在哲学层面进一步深化了这样的追问，逐渐形成了各自独立的传承和学派，开启了中国哲学的活水源头，为中华文化奠定了坚实的哲学基础。

追求真理有多种形式，中西方哲学也各有不同的侧重。近代之前交通交流交往的匮乏扩大了不同哲学体系之间的差异。虽然有佛学东传带来了第一次大哲学融合的契机，但两种迥然不同的哲学体系真正的碰撞，始于以利玛窦为代表的基督教文明与以儒家为代表的东方哲理之间的交接和交汇，并在随后的世纪里，先后借助坚船利炮、经济贸易、外交攻防、文化交流等形式，演化为浩浩荡荡的全球化潮流中最具有特色的文明互鉴形式之一。中国哲学开始了自身的层层蜕变，而成为世界文明的重要分支，而西方哲学也因中国义理的参与而得以反思，以谨慎的方式汲取异质养分而改变自身。有史以来第一个真正意义上的人类哲学正在一步步地向我们走来。

新的时代、新的语境、新的需求都在呼唤着对人类命运共同体的关注。21 世纪的人类哲学需要每一支地域哲学的参与，更需要在哲学分门别类的学科之间架起通达的桥梁。这样的过程具有自己独特的性格与品质。历史上不同民族文化融合过程中总是饱含铁与血，在杀伐征战中付出人性代价之后才能曲折前行。与此不同，今天要消解东西、南北之间在哲理上的张力，我们需要建立新的"讲理"、"辩论"和"互鉴"平台，每一个地域或民族的哲学都需要在汲取与批判、收获与付出之间达到自己的平衡。新的哲学形成，既需要保持哲学的独特性使得话语权的形成有着自己的逻辑，也需要借鉴汲取所有其他哲学的要素，成为人类哲学的一部分。任何以哲学的地域性否认哲学的共同性、或以哲学的普遍理念消解地方哲学的途径，都会把哲学引入不归之路，因为地域的差别并不否定哲学的实质，而形式的多样化也不能掩盖哲学对真理探索的精神。哲学领域中的"合"与"分"本身不仅是思辨的产物,更是一个求真、求善、求美的过程。

在这样的文化背景中我们准备了《哲学家·2017》。本卷收入了 16 篇文章,分为九个专栏。第一个专栏是"马克思主义哲学",包括由教育部社会科学委员会哲学学部秘书处主持起草的《近年国内"有机马克思主义"研究:调查报告》和张立波的《马克思主义与哲学——以 1935 年前后"哲学消灭论"为个案进行考察》。在"民族国家与多元文化主义"专栏中,我们呈现给读者的是由龚群撰写的《超越民族国家的想象》和马琳的《从章太炎出发思考多元文化主义:何以不齐而齐?》。在"中国哲学"专栏中,我们收录了杜保瑞的《东方人生哲学多元真理观的方法论探究》、余开亮的《先秦儒家人生哲学四题》、胡万年与伍小运的《气化与践行:孟子身心一如的双重机制》。在"欧陆哲学"里,我们读到林允清与陈文芳合作撰写的《对维特根斯坦的〈哲学研究〉的多种解读》以及舒远招的《"因为应该,所以能够"——康德义务论实践可行性原则探析》。"现象学"专栏收录了李菁的《亲亲:现象学第五阶》和庄威的《论胡塞尔〈逻辑研究〉中的表象概念》。"宗教哲学"专栏呈现给读者的是孙毅的《宗教改革带来的自然观变革》和汉斯—格奥克·梅勒撰写的《不可名者的结构:比较伪狄奥尼索斯与何晏》。"逻辑学"专栏有余俊伟的《悖论的概念分析》,"伦理学"专栏则收录了肖群忠的《论生活与伦理的关系》。最后我们还专门设立了"日本哲学",收录了徐英瑾撰写的《田边元对共荣圈的哲学设计哪里出了错? ——一种基于历史唯物论的诊断》。

16 篇文章研究的视角也许不同,方法也可能迥异,但它们都是追求哲理的探索,力图在自己的研究中展现出人类哲学的特殊性与普遍性统一。我们感谢作者对于学术的执着和对《哲学家》的参与。本卷能够顺利出版离不开中国人民大学哲学院和人民出版社的大力支持,对此我们表达诚挚的感谢,而由于一些特殊情况的出现,使得本卷的出版在时间上有所拖延,在这里也对作者和读者表示歉意。

【马克思主义哲学】

近年国内"有机马克思主义"研究调查报告

教育部社会科学委员会哲学学部秘书处①

内容提要:本报告第一部分介绍了"有机马克思主义"的由来及其理论来源,并根据当前国内外的研究情况综述了这种思潮的基本理念和理论价值。第二部分综述了国内学者对"有机马克思主义"的质疑和批判。第三部分讨论我们应如何看待"有机马克思主义":"有机马克思主义"以怀特海的有机哲学为重要的理论基础,是到目前为止所有国外马克思主义中唯一具有鲜明中国元素的流派,它不仅以包容和肯定的姿态来对待中国传统文化以及中国特色社会主义建设和中国生态文明建设,同时它对全球环境危机和生态文明也保持高度的关注;这是一种从有机哲学的角度来解读马克思主义理论的尝试,具有不少值得我们学习的内容,但其本身也还有诸多有待完善的地方,我们对之既不能简单拒斥,也不能盲目认同。

关键词:有机马克思主义 马克思主义 有机哲学 菲利普·克莱顿

一、有关主要观点综述

自《马克思主义与现实》2015 年第 1 期刊载一组有关"有机马克思主义"的文章后,2015 年 8 月,人民出版社出版了美国学者菲利普·克莱顿、贾斯廷·赫泽凯尔的《有机马克思主义——生态灾难与资本主义的替代选择》一书。2015 年至今,中国知网已有近 80 篇关于"有机马克思主义"的学术论文或学术报道;以"有机马克思主义"为主题的国际学术论坛或研讨会相继召开。"有机马克思主义"已成为中国马克思主义研究界关注的热门话题之一。总结并反思"有机马克思主义"研究的不同意见和看法,对于马克思主义理论保持科学性、生命活力和创新发展具有重要意义。

(一)"有机马克思主义"的由来

在当代,环境和生态问题日益成为一个全球性问题,"有机马克思主义"被认为是

---

① 本报告在学部召集人陈先达教授指导下完成,执笔人:中国人民大学哲学院郭湛、张文喜。在提交发表之前,执笔人对部分文字做了修改。

继"生态学马克思主义"之后又一种反思全球生态问题的学说。《有机马克思主义——生态灾难与资本主义的替代选择》一书作者克莱顿、赫泽凯尔和过程哲学家小约翰·柯布、中国学者王治河和樊美筠等,被视为"有机马克思主义"的代表人物。

关于"有机马克思主义"这一概念,国内学者众说纷纭。王凤珍在《有机马克思主义:问题、进路及意义》一文中指出,"有机马克思主义"这一概念由克莱顿和赫泽凯尔于2014年率先提出,柯布则在《论有机马克思主义》一文中对其作出详细说明;①而李长学则指出,2013年6月12日中国学者王治河和樊美筠在天津师范大学一场题为《建设性后现代主义、有机马克思主义与生态文明》的演讲中明确使用了"有机马克思主义"概念,而"有机马克思主义"在国际舞台上首次亮相于2014年5月第八届生态文明国际论坛。② 一些学者认为,"有机马克思主义"是美国思想界正在兴起的一种新思潮③;还有些学者则认为,"有机马克思主义"是中美马克思主义学者共同合作的理论成果,是当代建设性后现代思想家与中国学者互动的结晶。④

国内学者对"有机马克思主义"的理论定位,可谓莫衷一是。王治河等从逻辑进路和理论旨趣出发,将"有机马克思主义"界定为当代建设性后现代主义思想家和过程哲学家为了应对现代性危机特别是生态危机而提出的对经典马克思主义的新阐释、新发展。⑤ 冯颜利等从理论基础出发,将有机马克思主义界定为一种融合了马克思主义(特别是中国化马克思主义和生态马克思主义思想)、有机哲学(过程哲学)与中国传统智慧(儒家、道家、佛家思想)的国外马克思主义新流派。⑥ 李长学则将"有机马克思主义"理解为一种有机的文化嵌入式的西方马克思主义学说。⑦

虽然关于"有机马克思主义"的具体表述各有侧重,但多数学者认同柯布所阐发的"有机马克思主义"的思想主旨,即"有机马克思主义"是马克思与怀特海哲学的相互结合。

(二)"有机马克思主义"的理论来源

1. 有机哲学(过程哲学)

有机哲学(过程哲学),尤其是怀特海的有机哲学思想,是"有机马克思主义"的重

---

① 参见王凤珍:《有机马克思主义:问题、进路及意义》,《哲学研究》2015年第8期。
② 参见李长学:《论有机马克思主义的生成、演进、理论主张及意义》,《中共合肥市委党校学报》2016年第4期。
③ 参见王凤珍:《有机马克思主义:问题、进路及意义》,《哲学研究》2015年第8期。
④ 参见杨富斌:《有机马克思主义的出场及意义》,《东北师大学报》(哲学社会科学版)2016年第2期。
⑤ 参见王治河、杨韬:《有机马克思主义的生态取向》,《自然辩证法研究》2015年第2期。
⑥ 参见冯颜利、孟献丽:《有机马克思主义:融通"中""西""马"的新范式》,《社会科学家》2015年第11期。
⑦ 参见李长学:《论有机马克思主义的生成、演进、理论主张及意义》,《中共合肥市委党校学报》2016年第4期。

要理论基础。"有机马克思主义"认为,大多数现代哲学都是以一种相互排斥而不是有机包容的逻辑在运作,有机哲学(过程哲学)则实现了向后现代的有机联系的思维逻辑的转换。① 怀特海的过程哲学超越了传统哲学中的实体实在机械论与主客严重对立的二元论,主要包含三层含义:相互联系、变化发展、有机整体,②这些思想为"有机马克思主义"的形成奠定了根基。国内学者就怀特海有机哲学中的关联性、过程性和整体性三个基本内核,已达成基本共识。冯颜利指出,"有机马克思主义"将有机哲学(过程哲学)的四个核心特征总结为关系实在论、非确定性、美学价值和公私平衡。③

2. 生态马克思主义

作为目前在生态研究方面值得重视的两种理论思潮,生态学马克思主义和"有机马克思主义"之间的理论关系受到国内学者关注。"有机马克思主义"的代表人物柯布、克莱顿等均表示:"生态马克思主义"或生态哲学是"有机马克思主义"的理论源泉之一。王治河在《有机马克思主义及其当代意义》一文中指出,"有机马克思主义"在本质上是彻底生态的,在批判资本主义、挑战帝国主义、呼唤生态革命和生态启蒙等方面,与生态马克思主义存在深度契合。④ 王雨辰指出,二者之间的共性在于对当代资本主义和生态危机的评价。⑤ 由此可见,一些研究者关于二者之间的共通之处已达成共识。

生态学马克思主义和"有机马克思主义"之间的差异,主要体现在以下几个方面:

首先,对生态危机产生原因的理解不同。生态马克思主义将资本主义制度看作生态危机产生的主要原因,而"有机马克思主义"则认为现代生态危机产生原因是多方面的,除制度原因外,现代性思维方式难辞其咎。

其次,哲学基础理论不同。有学者认为,生态学马克思主义是以历史唯物主义为理论基础的生态文明理论,承认马克思主义理论与生态学的一致性,且认为在解决生态问题上,马克思主义理论更具优势;而"有机马克思主义"则把马克思主义理论看作与生态思维相矛盾的历史决定论和现代性哲学,其生态文明的理论基础是怀特海式的马克思主义。⑥ 此外,"有机马克思主义"向中国文化开放,是区别于生态马克思主义的一个重要特征。⑦

再次,对生态文明实质的理解不同。"有机马克思主义"以怀特海哲学为理论基础,把生态文明视为不同于工业文明的后现代文明;生态学马克思主义把生态文明理解为超越工业文明的新型文明形态,认为只有建立他们所说的生态社会主义社会,才有可

① 参见冯颜利、孟献丽:《有机马克思主义:融通"中""西""马"的新范式》,《社会科学家》2015年第11期。

② 参见罗晶:《有机马克思主义:理论特质与实践价值》,《江汉论坛》2016年第2期。

③ 参见蒋国保:《反思、整合与超越:关于有机马克思主义的哲学思考》,《理论导刊》2016年第10期。

④ 王治河、杨韬:《有机马克思主义及其当代意义》,《马克思主义与现实》2015年第1期。

⑤ 王雨辰:《生态学马克思主义与有机马克思主义的生态文明理论的异同》,《哲学动态》2016年第1期。

⑥ 王雨辰:《生态学马克思主义与有机马克思主义的生态文明理论的异同》,《哲学动态》2016年第1期。

⑦ 王治河、杨韬:《有机马克思主义的生态取向》,《自然辩证法研究》2015年第2期。

能真正展开生态文明建设。①

复次,价值取向不同。"有机马克思主义"反对近代个体主义价值观,重视共同体价值观;而生态学马克思主义坚持"新型人类中心主义价值观",即建立在追求长期的集体利益特别是以满足穷人的基本生活需要的基础之上的价值观。②

最后,理论侧重和生态危机解决之道不同。生态马克思主义侧重于分析资本主义制度本性与生态危机之间的必然联系,并在此基础上对现代性价值体系展开批判;"有机马克思主义"则侧重于分析现代性价值体系的特点与后果,分析个人主义价值观与经济主义发展观和生态危机之间的联系。理论侧重点的不同,导致他们在解决生态危机途径问题上的理论差异。③

3. 中国传统文化和马克思主义中国化发展

"有机马克思主义"主张汲取中国传统文化精华,将其与怀特海过程哲学进行比较,寻找二者之间的契合点。克莱顿在《有机马克思主义:资本主义和生态灾难的一种替代选择》一书中文版序言中指出:"中国传统无论新旧,用后现代术语进行重构,应用到当前的全球化形势下,能够提供最好的指导框架。"④总的来说,"有机马克思主义"对中国传统哲学智慧和思想理论资源的借鉴,有如下几个方面。

首先,借鉴中国传统哲学中蕴含的过程思想。"有机马克思主义"指出:"中国传统哲学蕴含着丰富的过程思维,这种过程思维不仅出现在儒家和道家思想中,甚至出现在中国哲学传统最古老的文本《易经》中。"⑤一些学者认为,有机哲学(过程哲学)四个核心特征,即关系实在论、非确定性、美学价值、公私平衡,都与中国传统哲学有内在连通性。⑥

其次,借鉴中国传统哲学的"中和"思维方式。中国道家思想传统中蕴含着丰富的差异互补与和谐思想。道家思想关注和谐,认为自然本身就由相互矛盾的不同方面组成,会朝着不同的方向发展。"智慧的人会意识到不同的观念不必要相互排斥,意识到不同观念之间具有'道'的相互补充维度,道家致力于探寻使不同观点有效合作、协作共赢的方法路径。"⑦

再次,借鉴中国传统哲学中的其他思想资源。"有机马克思主义"反对人类中心主

---

① 王雨辰:《生态学马克思主义与有机马克思主义的生态文明理论的异同》,《哲学动态》2016年第1期。
② 王雨辰:《生态学马克思主义与有机马克思主义的生态文明理论的异同》,《哲学动态》2016年第1期。
③ 王雨辰:《生态学马克思主义与有机马克思主义的生态文明理论的异同》,《哲学动态》2016年第1期。
④ [美]菲利普·克莱顿、贾斯廷·赫泽凯尔:《有机马克思主义:资本主义和生态灾难的一种替代选择》,孟献丽等译,人民出版社2015年版,"中译本序"第8页。
⑤ [美]菲利普·克莱顿、贾斯廷·赫泽凯尔:《有机马克思主义:资本主义和生态灾难的一种替代选择》,孟献丽等译,人民出版社2015年版,第14页。
⑥ 蒋国保:《反思、整合与超越:关于有机马克思主义的哲学思考》,《理论导刊》2016年第10期。
⑦ [美]菲利普·克莱顿、贾斯廷·赫泽凯尔:《有机马克思主义:资本主义和生态灾难的一种替代选择》,孟献丽等译,人民出版社2015年版,第248页。

义,倡导人类与自然以及同在一个生物圈的其他物种平等相处、和谐共处,这些主张与中国传统文化中的儒家思想有着内在契合之处;"有机马克思主义"反对近代以来西方文明中的原子论和碎片化思维,倡导建立有机共同体,而"中国传统文化强调整体主义",这也体现了对中国传统文化的多方面借鉴。①

最后,"有机马克思主义"关注当代中国马克思主义的发展,赞许中国特色社会主义的巨大优势,并把建设生态文明社会的期望寄于中国,将领导未来世界变革的力量寄托于中国,倡导"中国引领论"。② 有学者指出,"有机马克思主义"认同并倡导马克思主义与中国传统文化有机融合,肯定并支持中国特色社会主义的发展,对中国率先建成生态文明社会寄予厚望。③ 这既是一种国际责任,也是中国崛起的机遇。

4."有机马克思主义"与马克思主义

"有机马克思主义"又称"怀特海式马克思主义"或"文化嵌入式的马克思主义",其理论代表人物克莱顿和柯布均自我标榜为"马克思主义者"。然而,这种本质上是有机哲学(过程哲学)的"有机马克思主义",因其对马克思主义或历史唯物主义的贬低或否定,引发国内学者对其能否称为"马克思主义"的广泛讨论。总的来说,有如下两种观点:

一方观点认为,"有机马克思主义"是对马克思主义的新探索、新发展。例如有的学者认为,"有机马克思主义"试图坚持和运用马克思主义唯物辩证法,试图坚持和发展马克思主义的自由、人权、民主与公正观,并试图拓展马克思的生态思想,因此"有机马克思主义"是对马克思主义的坚持和发展。④ 有人认为,"有机马克思主义"作为融通中西马的新范式,整合了生态马克思主义和中国化马克思主义的思想资源。⑤ 也有学者认为,虽然有机马克思主义并不是一种超越了经典马克思主义或马克思的马克思主义,但却是马克思主义与生态世界观的结合,是一种后现代马克思主义。⑥ 这种观点承认"有机马克思主义"作为一种马克思主义流派的合法性。

与此不同的是,汪信砚指出,"有机马克思主义"反对机械论世界观和"误置具体的谬误",将历史唯物主义理解为经济决定论和线性历史发展观,因此,它更加强调文化传统和精神因素对经济社会的作用。⑦ "有机马克思主义"对马克思主义历史观的批判,是对马克思主义的曲解,实质上仍没有摆脱西方非决定论的窠臼。"有机马克思主义"所宣扬的整体性、过程性、人与自然和谐或人与社会和谐等观点,在经典马克思主义著作中多次被阐释。"有机马克思主义"对马克思的历史唯物主义、历史观和辩证法

① 王玉鹏:《论有机马克思主义的中国元素及启示》,《社会科学家》2016年第9期。
② 王玉鹏:《论有机马克思主义的中国元素及启示》,《社会科学家》2016年第9期。
③ 王玉鹏:《论有机马克思主义的中国元素及启示》,《社会科学家》2016年第9期。
④ 吴丽宁:《政治哲学的有机马克思主义》,《哈尔滨市委党校学报》2017年第1期。
⑤ 冯颜利、孟献丽:《有机马克思主义:融通"中""西""马"的新范式》,《社会科学家》2015年第11期。
⑥ 汪信砚:《有机马克思主义与马克思的马克思主义》,《哲学研究》2015年第11期。
⑦ 汪信砚:《有机马克思主义与马克思的马克思主义》,《哲学研究》2015年第11期。

的修正和更新,使得"有机马克思主义"中的"马克思主义"已经和原初的马克思主义渐行渐远,形同陌路。

（三）"有机马克思主义"的基本理念

王治河、杨韬在《有机马克思主义及其当代意义》一文中,详细阐述了"有机马克思主义"的基本理念。①

1. 反对资本主义,认为资本主义是一种不公正的反生态的社会制度

首先,"有机马克思主义"认为,虽然资本主义标榜"公正",其实它"并不公正"。它的不公正集中体现在"按意愿劳动,按市场分配"的分配原则上。这一分配原则直接造成巨大的贫富差距,并直接危害了地球的生存。其次,"有机马克思主义"认为,资本主义是一种"毁灭性的"制度。所谓生产力的增长,其实只是以牺牲人类赖以生存的环境为代价的商品生产的增长;资本主义经济增长,在很大程度上是以第三世界的贫穷和牺牲人的创造力为代价的。

2. 揭露和挑战美帝国,认为美帝国主义是对人类生存的根本威胁

与对资本主义的批判相联系,"有机马克思主义"批评美帝国的政治在根本上是一种富豪政治。这种富豪统治在多方面威胁着人类进步事业,其中包括生态事业。因此,世界各国人民必须联合起来,对之进行坚决的抵抗和反对。

3. 挑战现代性,认为"现代性"是造成现代文明危机的深层原因

"有机马克思主义"承认,对于今日的生态危机,资本主义难辞其咎,但并没有把自己局限于对资本主义的批判上。在它看来,造成现代文明危机的背后还有更深层次的原因,那就是"现代性"。机械主义世界观被"有机马克思主义"视为现代性的核心特征。

4. 反对消费主义,主张惜物主义

与对现代性的批判相联系,"有机马克思主义"拒斥消费主义。因为消费主义把个人幸福、个体自由等同于消费,把无限占有物质财富、过度追求或无度消费作为人生理想的价值观和生活方式,是反生态的、不义的和"不人道的"。"有机马克思主义"用来取代消费主义的是惜物主义。所谓惜物主义,就是反对暴殄天物,主张敬天惜物,要怀着珍惜和感恩的心情,小心翼翼地待物。这包括健康的消费和创造性节约。

5. 超越人类中心主义和生态中心主义的对立,主张有机整体主义

在人与自然关系问题上,"有机马克思主义"反对人类中心主义,同时并不苟同各式各样的生态中心主义。它主张既超越人类中心主义,也超越生态中心主义,而超越二者的有力武器是有机整体主义。所谓有机整体主义,就是视宇宙万物为一个相互联系的有机整体,事物与事物之间、人与自然之间都相互联系和相互依存,整个世界是一个

---

① 参见王治河、杨韬:《有机马克思主义及其当代意义》,《马克思主义与现实》2015 年第 1 期。

动态发展着的有机共同体。人类与环境荣辱与共,人的福祉与生态系统的福祉息息相关。

6. 反对垄断资本主义

在社会制度和经济体系的设置上,几乎所有"有机马克思主义"者都反对垄断资本主义,反对资本的全球霸权。

7. 视生态文明建设为自己的理论追求和实践追求

"有机马克思主义"将追求人与自然共同福祉的生态文明作为自己的奋斗目标。生态文明建设不仅要和谐人与自然的关系,而且要和谐人与社会的关系、人与人的关系。"有机马克思主义"强调内在关系和有机共同体的重要性,主张大力推动社会共同体和地方共同体的繁荣,最终目标是建立"富有创造性的、爱心的、平等的、尊重多样性的、精神富足的"有机和谐的共同体。

（四）"有机马克思主义"的价值与意义

首先,资本主义与现代性批判的价值。"有机马克思主义"通过对现代性假设的否定,展开了对资本主义发展的系统批判,不仅对资本主义工业化发展造成的生态危机进行批判,还对造成这一后果的现代性假设进行批判;同时,揭露和批判资本主义一系列虚假意识形态,如西方自由、平等、民主、公正等资本主义价值的虚伪性;这些分析和批判有利于帮助社会主义中国认清资本主义的本质和其必然灭亡的客观规律。[1]

其次,增强中国话语权,增强中国道路的理论自信,提升文化软实力。"有机马克思主义"作为中美研究者共同合作的理论成果,有助于增强我国哲学社会科学在国际学术界的话语权与影响力。[2] 中国传统文化中的儒释道等传统智慧,对"有机马克思主义"的理论建构产生了深刻影响。中国化马克思主义也是滋养"有机马克思主义"的重要养料。这为我们继承和弘扬优秀传统文化、推进优秀传统文化的创新性转化和创造性发展提供了启示。"有机马克思主义"认可马克思主义中国化发展的途径和形式,增强了我们建设中国特色社会主义、实现中华民族伟大复兴的自信心和积极性。[3]

再次,"有机马克思主义"针对现代性危机和资本主义生产方式弊端的建设性替代方案,为中国生态文明建设提供了有益借鉴。"有机马克思主义"所提出的一系列建设生态文明社会的具体建议,为中国特色社会主义生态文明建设提供了一些可供参考的思路和对策。

---

① 冯颜利:《深化有机马克思主义研究要注意的若干问题》,《社会科学家》2016年第9期。
② 冯颜利:《深化有机马克思主义研究要注意的若干问题》,《社会科学家》2016年第9期。
③ 冯颜利:《深化有机马克思主义研究要注意的若干问题》,《社会科学家》2016年第9期。

二、对"有机马克思主义"质疑与批判

（一）

哈尔滨工业大学尹海洁以"拆穿'有机马克思主义'的画皮"为题①,对"有机马克思主义"进行了釜底抽薪式的批判,主要观点如下:

1. 代表人物身份造假、成果造假

尹海洁指出,克莱顿原为世界末流神学院——克莱蒙神学院人员,却借以"美国克莱蒙研究生大学副校长"、"克莱蒙林肯大学常务校长"等身份在中国活动,而所谓克莱蒙林肯大学则是中美教育部都不承认的"野鸡大学",美国克莱蒙研究生大学甚至否认克莱顿在该校的行政人员身份。不仅如此,尹海洁指出,"有机马克思主义"代表人物克莱顿、王治河、范美筠还存在编造事实、虚构科研成果现象。

2. 宗教渗透目的

尹海洁认为,克莱顿、柯布等在中国以学术交流名义大量建设"过程哲学"或"后现代"研究中心,频繁举办相关会议、讲座和研讨班,出版专著、译著等,其目的在于有组织有计划地向中国进行宗教渗透,给基督教哲学披上马克思主义外衣、以"有机马克思主义"之名行兜售基督教哲学之实。

3. "有机马克思主义"是反马克思主义

尹海洁指出,克莱顿等虽然自我标榜为马克思主义者,却一再贬低和否定马克思主义。他们说马克思主义是依据现代科学而塑造的现代主义理论,其严重错误在于历史决定论观点,其巨大缺陷在于不关注非人类,且马克思主义已经过时,因此需要用后现代科学修正马克思主义,并构建后现代的超越的马克思主义。后现代科学是一种违背近现代科学的新型伪科学,基于伪科学所建构的"有机马克思主义"自然不值得推崇。克莱顿等人对非决定论的推崇,对客观规律的无视,反映了他们论证上帝存在的需要。

4. 怀特海哲学与马克思哲学结合的不可能性

"有机马克思主义"者大都认可"有机马克思主义"是怀特海和马克思哲学的相互补充。对此,尹海洁质疑,唯物的无神论的马克思主义和唯心的诠释上帝的过程哲学在基本观点、主导思想上完全相悖,根本不可能结合起来。

5. 以生态文明为借口遏制中国发展

尹海洁认为,"有机马克思主义"借口对共同利益的重视,要求中国放弃国家利益;以中国能拯救文明为幌子,要求中国对世界环境负责;以迈向后现代为名,让中国退回

---

① 《拆穿"有机马克思主义"的画皮》一文发表于 2016 年 12 月 14 日的微信公共号"思想火炬",http://mp.weixin.qq.com/s/eTLlYBC2VHHTJU_oyGGO1w。

以小农经济、手工业生产为特征的前现代时代。

（二）

与尹海洁激烈的批判相比，其他学者对"有机马克思主义"局限性的认识相对温和。

冯颜利指出，"有机马克思主义"的局限性根源于其意识形态背景和理论视野的限制。首先，实际上，"有机马克思主义"并没有超越也不可能超越马克思主义，它只是借用马克思主义的理论资源来尝试对资本主义进行补救和改善，并没有从根本上挣脱资本主义的局限；其次，"有机马克思主义"在宣称坚持马克思主义的同时，又偏离了马克思主义的方向；再次，"有机马克思主义"提出的资本主义替代方案，不具备现实操作性。这些实施方案并没有真实可靠的现实推动力，因而只能停留在理论设想层面。①

卜祥记、周巧认为，"有机马克思主义"远远低于马克思实践唯物主义世界观的理论水平。一方面，"有机马克思主义"误解了马克思哲学革命的本质所在，把马克思的哲学降格为它已经超越了的自然唯物主义；另一方面，它把自然唯物主义意义上的普遍联系和永恒发展作为生态文明合法性的根据，同样误解了生态文明的哲学基础。实际上，当马克思从感性活动或实践活动出发建构起实践唯物主义理论体系时，他已经从根本上超越了一切旧哲学的"二元论"的"机械世界观"。②

（三）

可以看到，国内学者的质疑与批评集中于"有机马克思主义"对马克思主义理论的贬低与否定，认为"有机马克思主义"并不是一种超越马克思主义的马克思主义，而是对马克思主义的误解和偏离。此外，质疑和批判的不同观点，相互之间有时也针锋相对。例如，尹海洁站在反"有机马克思主义"宗教渗透的立场上，视怀特海的过程哲学为唯心主义的有神论哲学；而卜祥记从怀特海的有机整体主义思想出发，视怀特海哲学为自然唯物主义学说，进而认为"怀特海式的马克思主义"即"有机马克思主义"，也是一种自然唯物主义哲学。③

三、如何看待"有机马克思主义"

过程哲学的当代奠基者怀特海（A.N.Whitehead，1861—1947），是英裔美籍数学家、哲学家。怀特海说过，理论的冲突不是灾难，它昭示着更大真理的存在。在面对与怀特

---

① 冯颜利：《深化有机马克思主义研究要注意的若干问题》，《社会科学家》2016 年第 9 期。
② 卜祥记、周巧：《对"有机马克思主义"哲学理念的质疑》，《黑龙江社会科学》2015 年第 6 期。
③ 卜祥记、周巧：《对"有机马克思主义"哲学理念的质疑》，《黑龙江社会科学》2015 年第 6 期。

海相关的"有机马克思主义"引起的争论时,重温怀特海的这句话是有益的。"有机马克思主义"问题是一个学术问题,需要以严肃的学术态度来对待。当然,在当代中国和世界,学术问题与经济、政治、文化紧密相关,所以我们也要以正确的政治态度来看待与"有机马克思主义"相关的学术争论。在这里,首先是准确把握事实,然后立足事实做出判断。

(一)"有机马克思主义"相关学者思想背景

"有机马克思主义"主要创始人、《有机马克思主义》一书作者克莱顿表明自己并非基督徒,他曾在许多场合公开声称自己是"无神论者",这与他后来提出"有机马克思主义"具有内在逻辑关联性。在美国,一个无神论者能在神学院教书是司空见惯的。从文化上看,美国社会求职时用人单位是不许问求职者宗教信仰的,否则会被起诉就业歧视。克莱顿自称是一个"社会主义者",强调分享,他著述甚多,在学校主要教授"生态文明"等课程。

王治河和樊美筠在 20 世纪 90 年代末去美国之前,是中国社会科学院哲学所副研究员和北京师范大学哲学系副教授、副系主任。王治河出国前曾任《国外社会科学》副主编,也曾被评为中国社会科学院"十大杰出青年"。王治河于 1993 年在社会科学文献出版社出版的《扑朔迷离的游戏——后现代哲学思潮研究》一书,是国内较早研究后现代哲学的专著。从克莱蒙神学院网站可以了解到,他们不是克莱蒙神学院的全职或兼职教授;此外,据说他们也没有加入美国籍。

柯布博士是个虔诚的基督徒,但从其著作和在学术活动中的表现看,他又是个坚决反对传教的基督徒。2005 年王治河陪同他去拜访中国国家宗教局时,他当面跟当时的宗教局局长说,他特别赞赏邓小平先生当年开放中国国门时所强调的"禁止传教"。在柯布看来,信仰是个人的事情,不该四处推销,强行拉人入伙。此外,他反对传教还与他所在教派卫理公会的规定有关。

柯布早在 20 世纪 70 年代初,就撰写了西方世界第一部生态哲学专著《是否太晚》。这是一部讨论环境伦理的专著。柯布当时就预见性地警告了生态危机的严重性,提出要适当调整国家事务的优先顺序。其后几十年间,柯布写了大量这方面的文章,并出版了几本重要著作,包括与澳大利亚生态学家查尔斯·伯奇合著的《生命的解放》(1982 年)、与生态经济学创始人赫尔曼·达利合著的《为了共同的福祉》(该书1992 年获得美国国家图书奖,其中文版以《21 世纪的生态经济学》为名于 2015 年在中央编译出版社出版)。

柯布也是西方世界最早提出绿色 GDP 的人。连续召开了 10 届的克莱蒙生态文明国际论坛,在很大程度上就是在他的倡议下召开的。这是美国乃至整个西方世界最大的一个生态文明论坛。10 年来已经有数千位美中学者、环保领袖和官员参加了该论坛。

格里芬已经写了 10 多部揭露美帝国阴谋的书，其中《新珍珠港》一书已在中国由东方出版社出版。在格里芬看来，虽然美国历届政府都试图掩饰其政策的实质，但是其政治、经济等政策无不显现出一种帝国主义倾向。美帝国的政治在根本上是一种富豪政治。这种富豪统治多方面威胁着人类的进步事业，其中包括生态事业。

据了解，十几年来从事"有机马克思主义"研究及其学术活动的人员，虽已召开过数十次国际学术研讨会，但并没有专门讨论过宗教问题。

（二）实事求是看待"有机马克思主义"

"有机马克思主义"是国外怀特海过程哲学领域学者对马克思主义所做的一种阐释，为西方马克思主义研究注入了新的"血液"。它从自己理论论述的需要出发援引马克思主义，客观上有利于反对马克思主义"过时论""无用论"，而且丰富了生态文明理论。

"有机马克思主义"是到目前为止所有国外马克思主义中唯一具有鲜明中国元素的流派。① 在"有机马克思主义"创建过程中，中国学者发挥了重要作用。特别是连续召开了 10 届的"克莱蒙生态文明国际论坛"，作为海外唯一的也是较大的一个生态文明论坛，为中外学者的互动提供了一个很好的平台。

"有机马克思主义"因其对中国传统智慧的借鉴，对中国特色社会主义道路的肯定和对中国生态文明建设的赞美，受到中国学术界一部分人的关注是很容易理解的。这不仅因为"有机马克思主义"学者多年来与许多中国学者有频繁的学术互动，也因为中国马克思主义者在建设具有中国特色的马克思主义的过程中，意识到必须关注国外马克思主义研究和理论动态，听取各种意见和看法。

在 2016 年北京首届"有机马克思主义"国际论坛上，克莱顿特别强调"有机马克思主义"能为解决 21 世纪的危机作出六大贡献：一是"有机马克思主义"强调富裕国家的过度消费和全球环境危机之间的关联；二是不同于传统马克思主义，"有机马克思主义"是后现代的；三是"有机马克思主义"是多元的；四是"有机马克思主义"拥抱每一个民族的传统；五是"有机马克思主义"是过程哲学的一种形式；六是"有机马克思主义"代表了一种生态学的思维方式。他强调，"有机马克思主义"在不同的国家有不同的内涵和表现形式，它在中国是什么样的，是由中国自己决定的。如要取得成功，它需要中国领导人及学者去发展适合他们自身的中国"有机马克思主义"。②

当然，作为一个新的思潮，作为一种从怀特海有机哲学角度重新解读马克思主义的

① 李长学：《论有机马克思主义的生成、演进、理论主张及意义》，《中共合肥市委党校学报》2016 年第 4 期。

② 关于"首届有机马克思主义国际论坛"的报道，可参阅中国政法大学马克思主义学院官网：http://web.cupl.edu.cn/html/mkszyxy/mkszyxy_2471/20160708155417703754706/20160708155417703754706.html。

理论尝试,"有机马克思主义"自身还有许多有待完善之处。尤其是它对马克思主义的历史唯物主义存在误解甚至曲解,理论局限性是明显的。因此它需要向学界开放,需要倾听中国马克思主义者与世界各国学者的不同声音,接受学术的批评和实践的检验。"有机马克思主义"在中国引起不同意见的争论是一件好事,它说明我们的学术界日趋成熟,对一种新学术思潮既不是简单拒斥,也不是不加分析的赞同。

四、附录:部分有关学术会议情况

1. 据人民网 2010 年 11 月 16 日报道,由北京外国语大学哲学社会科学学院、中国自然辩证法研究会、美国过程研究中心联合主办的"过程哲学与心灵生态"国际学术研讨会近日在北京外国语大学召开,来自美国、加拿大、韩国和中国台湾和大陆的 30 余位学者汇聚一堂,就相关问题进行探讨。中美后现代发展研究院常务副院长王治河博士宣布中国过程学会成立,这是中国过程研究发展的一个里程碑,也标志着中国过程研究将进入一个新阶段。①

2. 2015 年 4 月 25 日,由华中师范大学和中国社会科学院马克思主义研究院联合主办,华中师范大学政治学研究院和中国社会科学院马克思主义研究院国际共运部承办,《社会主义研究》杂志社、《马克思主义研究》杂志社和广西师范大学出版集团协办的"第三届国际共产主义运动论坛:金融危机以来的世界社会主义"在华中师范大学举行。来自中共中央对外联络部、中共中央编译局、中共中央党校、中国社会科学院、北京大学、武汉大学、山东大学、云南大学、厦门大学、四川大学、华中师范大学等 50 多个单位的 125 位学者参加了此次论坛。中国社科院冯颜利认为,同生态马克思主义相比较,"有机马克思主义"更值得研究、值得重视。第一,生态马克思主义认为资本主义制度是生态灾难的唯一原因,而"有机马克思主义"在肯定这个原因之外,认为资本主义制度不是唯一原因,而是多因一果,资本主义制度只是之一。第二,生态马克思主义强调破,而"有机马克思主义"在破的基础上强调立。第三,同生态马克思主义相比较,"有机马克思主义"有大量中国元素,它高度评价中国特色社会主义的发展。而生态马克思主义基本上否定世界上的社会主义,包括中国的社会主义,这是生态马克思主义同"有机马克思主义"最大的差别。②

3. 2015 年 4 月 29—30 日,第 10 届"生态文明国际论坛"在美国加州克莱蒙大学举行。多国专家学者聚焦"有机马克思主义与生态文明",探讨在当今工业化社会面临生态危机的形势下,各国如何摆脱或避免西方发达国家走过的错误道路,使人类走向生态

---

① 人民网:《心灵生态——过程哲学研究的新进路》,2010 年 11 月 16 日,http://theory.people.com.cn/GB/13227205.html。

② 王建国、刘苑冬、杨林刚:《金融危机以来的世界社会主义——第三届国际共产主义运动论坛综述》,《社会主义研究》2015 年第 3 期。

文明时代。① 本次会议由中美后现代发展研究院、美国过程研究中心等机构联合主办，得到中国生态文明研究与促进会、中国中共中央编译局、美国俄勒冈大学等方面的大力支持。

4. 2015 年 5 月 29—30 日，由中国社会科学院信息情报研究院和杭州电子科技大学共同举办的"国外生态与社会治理的理论与实践"学术研讨会在浙江省杭州电子科技大学召开。来自全国各高校和科研机构的 40 多位相关领域的专家学者参加了本次会议。浙江大学马克思主义学院的黄铭教授在会议上介绍了菲利普·克莱顿等西方学者提出的"有机马克思主义"。他认为，"有机马克思主义"与传统马克思主义有别，是一种属于生态马克思主义范畴但具有现代性批判视角并嵌入中国传统文化的新型马克思主义。②

5. 2015 年 7 月 11 日，"中国马克思哲学高峰论坛（2015）暨中美哲学家论坛"在江苏帅范大学举办。论坛由中共中央编译局、江苏师范大学、美国过程研究中心、中美后现代发展研究院、《江海学刊》杂志社联合主办，江苏师范大学法律与公共事务学部、江苏省中国特色社会主义理论研究基地、美国过程研究中心江苏师范大学分中心、中共中央编译局江苏师范大学发展理论研究中心、江苏师范大学哲学范式研究中心联合承办。来自中国与美国研究机构和高等院校的 50 余位专家学者出席了本次论坛。与会专家学者围绕"有机马克思主义出场与生态文明建设"这一论坛主题，展开了深入讨论与交流。③

6. 据法大新闻网报道，2015 年 7 月 14 日，中国政法大学过程马克思主义与实践哲学研究中心成立仪式暨北京潘多论坛于学院路校区举行。来自国内外的 40 名专家出席了活动。成立仪式由中心主任张秀华教授主持。④

7. 2015 年 11 月 3 日，太原理工大学马克思主义学院举办"有机马克思主义与科技伦理研究"学术研讨会暨"有机马克思主义与科技伦理研究中心"成立大会。研讨会邀请美国美中后现代发展研究院院长、美国过程研究中心创会主任小约翰·柯布教授、常务副院长王治河教授等国内外专家学者，围绕"有机马克思主义"进行了热烈讨论。"有机马克思主义与科技伦理研究中心"聘请了国内外从事"有机马克思主义"理论研究的 10 余名专家学者作为兼职教授。⑤

8. 2016 年 7 月 2 日，以"有机马克思主义与当代中国"为主题的首届"有机马克思

---

① 新华网：《中外学者汇聚加州探讨有机马克思主义生态观》，2016 年 5 月 1 日，http://news.xinhuanet.com/photo/2016-05/01/c_128948617.htm。

② 任文峰、丁国浩：《"国外生态与社会治理的理论与实践"学术研讨会综述》，《国外社会科学》2015年第 5 期。

③ 江苏师范大学哲学范式研究中心官网：http://zxfs.jsnu.edu.cn/db/a4/c9318a187300/page.htm。

④ 中国政法大学马克思主义学院官网：http://web.cupl.edu.cn/html/mkszyxy/mkszyxy_2471/201507171165028438972182/201507171165028438972182.html。

⑤ 太原理工大学马克思主义学院官网：http://mks.tyut.edu.cn/news/263.html。

主义"国际论坛在北京师范大学召开,70 多位国内外学者参加了本次会议。本次论坛由北京师范大学哲学学院、北京师范大学过程研究中心、中国政法大学过程马克思主义与实践哲学研究中心、中美后现代发展研究院、美国过程研究中心、美国里昂大学、中国生态文明智库、中国自然辩证法研究会环境哲学专业委员会、中国自然辩证法研究会未来哲学与发展战略专业委员会和北京师范大学科学与人文研究中心联合主办。①

英文摘要

Report on Recent Research in Organic Marxism in China
Secretary Section , Division of Philosophy ,
Committee of Social Sciences , Ministry of Education , China

Abstract : The first part of this report introduces the origin and theoretical sources of organic Marxism, and then summarizes the basic idea and theoretical value of this ideological trend by the current research in home and abroad. The second part summarizes the question and critique of organic Marxism by Chinese scholars. The third part discusses that how to think about organic Marxism. Organic Marxism is a theory that is based on Whitehead's organic philosophy and is the only one form of Marxism abroad with distinctive Chinese elements up to now. It not only treats tolerantly and positively traditional Chinese culture and construction of socialism with Chinese characteristics as well as construction of ecological civilization in China, but also pays continuous attention to global environmental crisis and ecological civilization in the meantime. It is an attempt to interpret Marxist theory from the perspective of organic Philosophy and thus contains much content worth learning. However it still needs to be improved, so we should neither simply reject, nor blindly accept it.

Keywords : organic Marxism ; Marxism ; organic philosophy ; Philip Clayton

---

① 中国政法大学马克思主义学院官网: http://web. cupl. edu. cn/html/mkszyxy/mkszyxy _ 2471/20160708155417703754706/20160708155417703754706.html。

马克思主义与哲学

——以 1935 年前后"哲学消灭论"为个案进行考察①

张立波

内容提要：在 20 世纪 30 年代上半期的唯物辩证法论战中，"哲学消灭论"是一个举足轻重的论题。通过梳理从柯尔施《马克思主义和哲学》到德波林《哲学与政治》的国际范围内马克思主义哲学论战的基本线索，对这场论战的背景和性质可以有比较深入的认识。论战涉及哲学与科学的关系，也涉及物质论与观念论的关系，对于澄清马克思、恩格斯的哲学的性质至关重要。论战各方都具有明显的表演性，艾思奇等人对历史语境的把握略胜一筹，在对马克思主义的运用方面也就显得真诚和用心，叶青则由于对时代和政治的把握出了问题，不能不表现出明显的思维混乱。"哲学消灭论"的论战无疑具有学术性和思想性，但它所表明和凸显的是唯物辩证法论战的政治性。今天重温这场论战，有助于我们对马克思主义的哲学性质、政治性质乃至意识形态性质有更为深入的认识，从而更为全面地把握马克思主义的概念及其历史旨趣。

关键词：马克思主义　哲学消灭论　叶青　柯尔施　德波林

在 20 世纪 30 年代上半期的唯物辩证法论战中，"哲学消灭论"是举足轻重的一个论题，以叶青为一方，赞成"哲学消灭论"，以艾思奇、艾生等人为另一方，反对"哲学消灭论"。这个论题在当时即引起重视，像谭辅之 1937 年撰写的《最近的中国哲学界》一文，就把哲学消灭问题作为 1936 年中国哲学界论争的第一个问题。② 论战各方都自称是"新哲学者"③，但由于对文献的不同选择和解读，对马克思恩格斯的哲学观做了不同的阐述。这场争论早已进入历史，但哲学的消灭抑或说终结问题依然存在，尘埃并未落定。随着后现代思潮的播撒，哲学终结论再度成为热点问题，八十年前的争论则有助于我们对马克思主义和哲学关系的认识作出富有历史韵味的考察。为了论述的方便，我

---

① 张立波（1968—　），山西闻喜人，哲学博士。现为中国人民大学哲学院教授，主要从事马克思主义哲学和历史理论研究。本文系北京市社会科学基金重大项目"历史唯物主义与中国道路研究"（17ZDA03）的阶段性成果。

② 谭辅之：《最近的中国哲学界》，《文化建设月刊》1937 年第 3 卷第 6 期。

③ 所谓"新哲学"，是 20 世纪 30 年代上半叶中国学术界对马克思哲学或马克思主义哲学的代称。所谓"新哲学者"，即马克思主义哲学的信奉者。

们从德国柯尔施和苏联德波林派对马克思主义和哲学关系的不同阐发谈起。

一、参照一：柯尔施

众所周知，马克思和恩格斯在 19 世纪 40 年代以及后来许多场合都讲过"废除哲学"，但对这些论述我们不应耽于字面上的理解，而且哲学自身也不会由于只是废除它的名称而被废除。基于把 1918—1920 年西欧无产阶级革命失败归咎于缺乏意识形态准备和政治领导的认识，柯尔施①追问："这一废除过程应当如何完成？或者它是否已经完成？通过什么行动来完成？以什么样的速度完成？是对于谁来说的？也就是说，这一废除哲学应当被看作是由马克思和恩格斯的一次思想上的行动而一劳永逸地完成的吗？它的完成应当被认为只是对于马克思主义者来说的呢，还是对于全体无产阶级，或者对于全人类来说的呢？或者，我们是否应当把它理解为（像国家的废除一样）一个非常漫长和非常艰巨的，通过各个完全不同的阶段而展开的革命过程？如果是这样，那么，只要这个艰巨的过程还没有达到它的最终目标，即废除哲学，马克思主义对于哲学的关系又是什么？"②

柯尔施如此追问，是针对当时关于马克思主义和哲学关系的三种认识：第一种，资产阶级思想家惯于把马克思主义视作"黑格尔主义的余波"，并认为这是马克思主义的弱点；第二种，第二国际的马克思主义理论家很少强调马克思主义理论的哲学方面，认为马克思主义在本性上与哲学没有关系，并把这一本性视作马克思主义科学性的标志；第三种，用康德等人的哲学来"补充"马克思主义，认为马克思主义本来没有哲学，但又离不开哲学。无论具体的意图如何，三种倾向都承认马克思主义和哲学没有什么实质性的关系。在柯尔施看来，在马克思主义和哲学之间关系上的这种纯粹否定的观点，起因于对历史和逻辑的发展非常肤浅和不完整的理解。无论是马克思主义还是资产阶级哲学家，都没有看到马克思的辩证唯物主义和黑格尔的辩证唯心主义之间的历史联系，也没有理解黑格尔哲学在 19 世纪 40 年代衰落的原因。理论认识不只是对社会运动的"反映"，更是社会运动的一个组成部分和方面，是社会运动的表现，所以应当从社会运动的总体性出发来阐释。

基于马克思主义是无产阶级进行的阶级斗争的"表现"这一出发点，柯尔施把马克思主义理论自诞生以来的历史划分为三个阶段。在第一阶段（1843—1848），马克思主义是一种把社会发展和革命作为活的整体来理解和把握的理论。在第二阶段（1848—1900），马克思和恩格斯的马克思主义作为科学社会主义仍然是社会革命理论的唯一

---

① 柯尔施（1886—1961），是 20 世纪 20 年代德国共产党的一位重要的理论家和政治活动家，在 1918 年 11 月的革命中起了积极作用，在短命的图灵根革命政府中任司法部部长。

② ［德］柯尔施：《马克思主义和哲学》，王南湜、荣新海译，重庆出版社 1989 年版，第 18 页。

整体,但是,这个整体的各个组成部分,亦即经济的、政治的和意识形态的要素逐步分离开来,科学理论和革命实践逐步分离开来。由此,社会革命的一般理论变成了对于资产阶级的经济秩序、国家、教育体系、宗教、艺术、科学和文化的批判,导致各种各样的改良企图。在第三阶段(自1900年开始),俄国的马克思主义者开始"重建"马克思主义,在新的革命时期,工人运动自身及表达它的共产主义理论都必须采取明确的革命形式,这也就要求重新考虑这样一些问题:哲学是如何关联于无产阶级的社会革命的,无产阶级的社会革命又是如何关联于哲学的? 更为一般地说,马克思主义的唯物主义是如何关联于意识形态的? 马克思和恩格斯的科学社会主义对哲学的关系是什么?

阶段划分的实质在于历史的重述,在这一重述中,柯尔施表达了对第二国际庸俗马克思主义的历史性理解,也表达了对苏俄马克思主义"恢复马克思的真正学说"之努力的历史性认同,然而,无论是历史性理解还是认同,都透射出明确的批评意旨。按照柯尔施的主张,马克思主义作为一种唯物主义,它的理论认识了社会和历史的整体,而它的实践则颠覆了这个整体。在革命实践中,经济行动、政治行动和理论行动必须结合起来,只有当整个资本主义社会及其经济基础在实践中完全被推翻,资产阶级意识在理论上全部被取消和废除的时候,这一斗争才会结束。在这个意义上,不能过分强调马克思主义超越阶级利益的科学性,科学社会主义本质上是革命过程的理论表现,这个过程将随着这些资产阶级哲学和科学的全部废除,以及在它们之中找到了其意识形态表现的物质关系的废除而终结。第二国际庸俗马克思主义的错误在于,它把马克思的科学社会主义等同于一般社会学,消解了科学社会主义与全部资产阶级哲学和科学之间的真正矛盾,因而可以用来反对现实的社会主义运动。苏俄马克思主义的失误则在于,过分强调马克思主义的意识形态性质,以至于把作为革命过程理论表现的科学社会主义视作形而上学,科学社会主义被当作哲学本身来崇拜时,它内在的革命性和批判性也就大打折扣了。质言之,第二国际和苏俄马克思主义都肢解了马克思主义革命性和科学性的关系,前者以科学性之名埋葬了革命性,后者以革命性之名取代了科学性。

从根本上说,不存在所谓"纯粹理论"的马克思主义这种东西。和同时期的卢卡奇一样,柯尔施将意识形态斗争视作无产阶级革命的一个重要任务,这就要求观念领域的积极介入,要求彻底批判第二国际理论家的宿命论和机械论。哲学必定会被消灭,然而,消灭哲学并不意味着把它作为一种幻想来蔑视、放弃或打发掉,而是要对整个社会进行革命的和实践的批判。基于把哲学和其他意识形态体系当作现实来把握,并在实践上这样对待它们,柯尔施对马克思和恩格斯"超越哲学"的阐述予以这样的理解:(1)不是部分地反对德国古典哲学的结论,而是完全反对它的前提;(2)不只是要反对作为现存世界的头脑或观念上的补充的哲学,而是要反对整个现存世界;(3)这个反对不仅是理论上的,而且也是实践上和行动上的。

《马克思主义和哲学》在1923年出版后,触发了第二国际和共产国际的强烈反应。考茨基批评说:"对柯尔施来说,民生主义只是一个社会革命的理论,别的什么也不是。"这实际上承认了第二国际不再把马克思主义视作革命的理论。季诺维也夫在1924年召开的共产国际第五次代表大会上批评柯尔施和卢卡奇等人是修正主义者,号召进行一场反对唯心主义哲学、反对除辩证唯物主义之外的一切哲学的严厉斗争。在此背景下,以德波林及其学生卢波尔为代表的苏联党的哲学家大加攻击,指责柯尔施和卢卡奇是唯心主义者。柯尔施"用意识形态的形式"总结1924年的"哲学争论"时指出:"这场争论以列宁主义对马克思和恩格斯的唯物主义的解释为一方(在俄国,马克思和恩格斯的唯物主义早已被宣布为正牌的圣经),以那种据说是唯心主义地背离这一正牌圣经的康德的批判先验主义和黑格尔唯心辩证法的观点为另一方。"①对于前者,柯尔施举出的例子就是德波林1924年出版的《列宁:战斗的唯物主义者》和《列宁致马克西姆·高尔基的信》两本书。

二、参照二:德波林派

十月革命后,马克思主义在苏联成为占统治地位的意识形态,但其具体构成和作用尚无定论,于是,相关辩论持续展开。1922年,彼得格勒大学校长米宁撰文《把哲学抛开》,认为列宁和普列汉诺夫所使用的"马克思主义哲学"、"自然科学的哲学含义"之类的旧名词,只不过是一些笔误,此外一无所有,应当将之像宗教一样抛开。此后,斯捷潘诺夫发表讲稿《历史唯物主义和现代自然科学》,批评马克思和恩格斯关于自然界的方法是机械唯物主义,因而不能运用于自然科学。由此,以德波林②为首的被称作"辩证论者"的一方,与以季米里亚捷夫、斯捷潘诺夫等为首的被称作"机械论者"的另一方展开论战,涉及辩证法、科学方法论、哲学史等方面的议题。德波林维护恩格斯《自然辩证法》一书中的论断,反对把哲学和自然科学对立起来,不同意对哲学持否定态度,并在辩证法的理论作用、质和量的关系问题、偶然性的客观性等问题上驳斥了机械论者。机械论者体现了自然科学反对哲学干涉的呼声,辩证论者则拥护哲学之于科学具有至高无上的地位,客观上为党监督包括自然科学在内的一切学科的内容提供了"正当的"理由。③ 1929年召开的全苏马克思列宁主义研究院代表大会第二次会议上,德波林派大获全胜,会议通过决议,肯定马克思列宁主义作为无产阶级专政理论武器的地位,号召在自然科学中应用马克思主义方法,谴责机械论者是"修正主义"、"实证主义"和"庸俗进化论"的反马克思主义派别。

---

① [德]柯尔施:《马克思主义和哲学》,王南湜、荣新海译,重庆出版社1989年版,第73页。
② 德波林(1881—1963),1920年起从事编辑和教育工作,曾在斯维德洛夫大学、红色教授学院、共产主义学院、马克思恩格斯研究院工作,1926年担任《在马克思主义旗帜下》杂志主编,1929年当选为苏联科学院院士。
③ [波兰]科拉科夫斯基:《马克思主义的主要流派》(第3卷),唐少杰等译,黑龙江大学出版社2016年版,第64页。

德波林派的胜利没有持续多久，就受到了米丁、尤金等所谓正统派的挑战。1929年底，斯大林在题为《论土地政策的几个问题》的讲话中指出："我们的理论思想工作赶不上实际工作的成就，我们的实际工作成就和理论思想的发展之间有些脱节。"以米丁为代表的一些人对德波林等哲学界领导提出批评，认为他们不了解社会形势，没有感到哲学任务的严重，没有负起自己的责任，特别是没有以国家工业化、农业集体化为中心，反而忙于解释哲学史，搞经院哲学。德波林等人立即表示反对，反驳说斯大林的指示不适用于哲学领域，坚持哲学战线"例外论"。双方进行了历时一年之久的争论，1930年12月9日，斯大林对红色教授学院支部委员会成员发表谈话，着重讲述哲学上进行两条路线斗争的任务，紧接着，联共中央作出关于《在马克思主义旗帜下》杂志的决议，批评领导该杂志的德波林等人站在孟什维克立场上，使杂志的工作"既脱离了苏联社会主义建设的任务，也脱离了国际革命运动的任务"。苏联红色教授学院党组织作出了第三个决议《关于辩论的总结和马克思列宁主义哲学的当前任务》，该决议包括四个方面的重要内容：

第一，在阶级斗争"尖锐化"和社会主义改造工作"紧张"的时期，各种根本的政治和理论问题都"直截了当地"提出来了。这些情况导致思想战线各个极重要部门的斗争"尖锐化"。这种斗争的"主要意义和作用"在于马克思列宁主义理论在意识形态各个部门展开广泛的进攻，并最终战胜一切反马克思主义、反列宁主义的理论以及第二国际时代理论上的假马克思主义的种种表现。

第二，德波林集团并不是从"正统的马克思主义"立场来批判机械论的。它在方法论的"最重要问题上基本上和本质上"是黑格尔唯心主义辩证法的观点，这种观点在一定程度上可以揭露和批判机械论者完全不懂得一般哲学特别是辩证法的本质，可以批判和揭露他们彻头彻尾的形而上学方法论及其粗陋、庸俗的唯物主义和实证论，由此可以起到一定的积极作用。但是，德波林集团的批判并没有揭露机械论的方法论，它的唯物主义实质和折中主义使得它在一系列问题上"事实上"同意机械论者的观点。

第三，德波林集团以"非马克思主义、非列宁主义"的方法论为基础，用唯物主义、马克思主义的词句"极其仔细地掩饰隐蔽起来"，常常穿上马克思列宁主义的外衣，常常以非常尖锐的形式不仅反对"洛谢夫型"露骨的、僧侣式的反革命唯心主义，还反对"卢卡奇型"的黑格尔唯心主义，但其理论观点和政治观点的"全部总和""实际上按其本质"是孟什维克化的唯心主义。德波林集团的反马克思主义实质具体表现在：理论脱离实践，哲学脱离政治；拒绝采用并歪曲了列宁的哲学党性原则，在哲学上忽视和不承认列宁主义是辩证唯物主义的新阶段；没有能力真正克服黑格尔的唯心主义，并唯心主义地歪曲唯物辩证法；"方法论化"的实质是唯心主义地使"方法和世界观、辩证法和唯物主义、辩证法和认识论、辩证法和历史唯物主义"相脱节。

第四，理论战线的工作人员面临着极其重要和极其复杂的任务，即要把哲学上的全部理论工作提高到新的高度，这要建立在确实学习和研究唯物辩证法领域列宁的最丰富遗产的基础上。①

　　哲学的党性原则现实化为维护党的各项决策，就像机械论者曾经被指责为布哈林及其亲富农的右倾错误提供哲学阵地一样，德波林派被指责为托洛茨基主义的左倾错误提供哲学支持。在德波林派在苏联受到严厉批判之时，柯尔施发表了《关于"马克思主义和哲学"问题的现状——一个反批判》。这篇长文回顾了《马克思主义和哲学》一书出版以来所受到的来自第二国际、第三国际的批评，提出"一场有关现代马克思主义的一般状况的基本争论"业已开始，以考茨基的旧马克思主义正统派和新的俄国"列宁主义"正统派之间的联盟为一方，而以"当代无产阶级运动中所有批评的进步的理论取向"为另一方。柯尔施批评列宁放弃了马克思"扬弃哲学"的观点，创立了一种以"物质"取代"精神"的新学说，他也没有理解辩证法，把辩证法运动置于外部世界，列宁理论中主观与客观、理论与实践的分离也和考茨基理论完全一样，由此，列宁主义者和第二国际正统派一样，都把马克思主义视作"科学"。理论不再是实际工人运动的表现，而成为凌驾于运动之上的"客观真理"，也就蜕变为以无产阶级专政的名义建立起来的"精神压迫体系"。② 柯尔施点到的批评者名单中包括卢波尔、布哈林、德波林，这提醒我们，德波林派隶属于俄国列宁主义正统派，更准确地说，属于在这个正统派塑造过程中作出过贡献、而后又被其摒弃的一个派别。

三、论战背景

　　就在苏联把学习和研究唯物辩证法作为马克思列宁主义哲学的当前任务时，中国哲学界也围绕唯物辩证法展开了一场论战，"哲学消灭论"是其中的一个议题。显然，唯物辩证法论战具有以苏联为首的第三国际的理论背景。

　　与苏联率先由哲学消灭论者挑起事端相似，在中国，叶青在 1931 年《二十世纪》第 1 卷第 4 期上发表《科学与哲学》一文，从科学与哲学在历史上的关系论到哲学的消灭，同年，蜀城在《世界文化讲座》创刊号发表《哲学底存废问题》提出批评。围绕"哲学消灭论"的大规模论战是在三年之后，叶青在《二十世纪》第 2 卷第 8 期发表《关于哲学存废问题》予以回应，并发表《哲学与科学》一文批评张东荪，该文也论述了"哲学消灭论"。叶青的前两篇文章，收入他的《哲学到何处去》一书，于 1934 年底出版。该书由三部分构成。第一部分概论哲学的发展历程，先是哲学从宗教中独立出来，再是科学从哲学中独立出来，这样的一个"否定的否定"过程表明哲学之消灭。第二部分是历史阐述，认为哲学经由黑格尔、费尔巴哈到马克思，古典意义上的哲学消灭了，哲学一般也就消灭了。第三部分是理论说明，由于思维科学的建立，哲学不再有存在的必要。《哲学

---

① 张念丰、郭燕顺：《德波林学派资料选编》，吉林人民出版社 1982 年版，第 106～115 页。
② ［德］柯尔施：《马克思主义和哲学》，王南湜、荣新海译，重庆出版社 1989 年版，第 91 页。

到何处去》甫一问世,即招致批评,艾思奇、艾生、沈志远等人纷纷发表文章,批评叶青。被叶青视作朋友的杨伯恺等人也撰文批评叶青。叶青连续发表十余篇文章回应各方批评,申说自己的观点。参与论战的文章逾五十篇,一时间,论坛熙熙攘攘。

从时间上来看,叶青宣扬"哲学消灭论",正是在苏联哲学界全面批判德波林之时,这应当不是巧合。自瞿秋白 1923 年介绍唯物辩证法以来,苏联哲学界对中国的影响逐渐深入,国人了解的马克思主义从以往的日本镜像改为苏联镜像。德波林曾经被视作苏联马克思主义哲学界的正统,他的著作《康德的辩证法》《裴希特的辩证法》《黑格尔的辩证法》《唯物辩证法与自然科学》《辩证的唯物论与乌里扬诺夫》《伊里奇的辩证法》《辩证法唯物论哲学入门》《近代物质史观》等一经出版,很快就有中译本问世。随着德波林受到批判,新的正统人物和著作诞生,同样也都及时得到国内学界的译介。① 在反对"哲学消灭论"的呼声中表现突出的沈志远,对苏俄革命前后的哲学思潮演进可谓相当熟悉。② 在"哲学消灭论"的论战达到高潮之时,国内亦有专门批判德波林哲学的文章问世。③

在"哲学消灭论"的论战伊始,艾思奇就明确意识到这场论战是对苏联哲学界一系列论战的重演。他在回顾五四新文化运动以来的哲学思潮时指出,"1927 年的新文化运动"将布哈林的机械论、波格丹诺夫的机械论等与普列汉诺夫、德波林和列宁的哲学"毫无分辨地"输入了中国,"分裂的第一阶段"和 1923 年至 1930 年的苏联一样,是对于机械论的批判,布哈林的机械观受到了清算,"社会史的论战"在方法论上也有机械论与辩证法之争;在机械论遭到批判之后,哲学又停滞于普列汉诺夫与德波林的形式主义之"门限",德波林这位反对机械论的中心人物,使辩证法脱离了社会政治而成为空洞的"书本学问",因而受到新的学者之批判。"在中国,德波林的清算是直到 1933 年才开始。"艾思奇把中国社会性质和社会史论战与苏联对米宁等机械论者的批判相比附,把唯物辩证法论战与苏联对德波林派的批判相比附,预言"经过了两次的清算,偷人者无门可入,结果便成为正面的刀兵相见。目前就是正面刀兵的时代"。④

叶青也了解苏联哲学界对机械论派的批判,并欣然领受国内学者对他的批评:"这些批评底共同指点,就是说哲学是机械论的。"他对个中缘由了然于胸,因为从前在苏联提出"哲学消灭论"的人如米宁和史提班诺夫等是机械论者,机械论者说的话是机械论的,机械论是错误的,因而"哲学消灭论"是错误的。机械论在苏联受到批判,苏联批评布哈林,我们也要批评布哈林;苏联批判德波林,我们也要批评德波林,那么,苏联批评了"哲学消灭论",我们怎能不批评呢? 机械论及其"哲学消灭论"在苏联受到了批评,那么,它在中国的命运就不言而喻了。在叶青看来,苏联的机械论固然需要批评,但

---

① [苏联]西洛可夫等:《辩证法唯物论教程》,李达、雷仲坚译,笔耕堂书店 1932 年版。
② 沈志远:《苏俄哲学思潮之检讨》,《中山文化教育馆季刊》1934 年创刊号。
③ 艾娴:《德波林哲学批判》,《清华周刊》1935 年第 43 卷第 3 期。
④ 艾思奇:《廿二年来之中国哲学思潮》,《中华月报》1934 年第 2 卷第 1 期。

并不能就此说机械论者的一切言论都是机械论的,"哲学消灭论"和机械论之间没有逻辑上的关系。按照叶青的观点,"哲学消灭论"的"方法论"是辩证法的,它把事物看成流动的、变化的、发展的,要由一种性质向另一种性质转变。没有永远存在的东西,一切都有其生长死灭的过程。用这种观点来看哲学,就会得出"哲学消灭论"的结论。他反问道:"若以为说哲学消灭论是机械论的,难道要说哲学永存才是辩证法的吗?"①对此,批评"哲学消灭论"的人不是缄默不语,就是答非所问。叶青对苏联的某些"辩证法者"不以为然,认为与其跟着他们走,不如跟着"辩证法大师"马克思和恩格斯走。

如果说苏联哲学界是在论战的过程中,由于认识的深化,由于斯大林的介入,才把德波林派定性为反马克思主义者,把和德波林派的斗争定性为两条不同的哲学路线的斗争,那么,中国反对"哲学消灭论"的思想者们从一开始,就很清楚这场论战的政治性。政治性即阶级性,由于其时中国和苏联的不同国情,这种政治性和阶级性的表现有很大不同。在苏联,政治性表现在是否认同社会主义革命和建设,哲学上的机械论者和唯心主义者都等同于反革命分子,而在中国,表现为是否认同阶级斗争,"哲学消灭论"的信奉者被指认为恐惧阶级斗争,反对社会革命。艾思奇锋芒毕露地断言,"前进的文化和前进的哲学必须由前进的阶级来担当","唯物辩证法的哲学是新的前进阶级之哲学","1927 年以后是没落阶级的丑态已暴露无遗,前进阶级的哲学才达到支配力的顶点的时代"。于是唯物辩证法"风靡全国",其力量之大"为二十二年来的哲学思潮中所未有,学者们都公认这是一切学问的基础"。② 即便这些言论有夸大之嫌,但也大体符合事实,谭辅之就谈道:"1928 年至 1932 年短短的时期中,除了普罗文学的口号而外,便是唯物辩证法和唯物史观之介绍。这是新书业的黄金时代。在这时,一个教员或一个学生书架上如果没有几本马克思的书总要被人瞧不起的。"他还指出:"从前是新哲学向旧哲学进攻,现在轮到新哲学的自己清算了。"③

四、论战内容

就论战主题而言,直接针对马克思主义和哲学的关系问题。关于哲学和科学关系的讨论,涉及马克思主义是哲学还是科学这一重大议题;关于心与物是否综合的讨论,涉及马克思主义哲学是否仍然属于唯物论这一重大议题。论战各方都自称是"新哲学者",那么,首先就要从"新哲学"的发起人马克思恩格斯的著作中寻找依据和支持。

文献 1:"近代物质论底本质是辩证法的。有了它,则那君临于旁的科学之上的哲学早已成了废物,如果对于一切种种的科学成功了它们底一种要求,都明白了自己在事

---

① 叶青:《哲学到何处去》,辛垦书店 1934 年版,第 227 页。
② 艾思奇:《廿二年来之中国哲学思潮》,《中华月报》1934 年第 2 卷第 1 期。
③ 谭辅之:《最近的中国哲学界》,《文化建设月刊》1937 年第 3 卷第 6 期。

物和对事物的认识之整个关系中的地位,则研究这种整个联系的特殊学问便无用了。从此还能从一切向来的哲学中独立地残留下来的学问,便只有思维即思维法则底学问——形式伦理学和辩证法,其余一切旁的学问,都要属于研究自然及历史的实证科学。"①

文献2:"这个历史观结果了整个的历史哲学,亦如自然界的辩证观使一切自然界底哲学归于无用和不可能一样……哲学从自然界和历史中被驱逐出来以后,只剩下一个地域可以给它藏身。这个地域就是纯粹思维。"②

文献3:"在现实生活中思辨停止的地方,现实的、实证的科学,即实践的活动、实践的人底发展过程底阐明,因此就开始起来。意识底浮词空谈停止,让位于现实的知识。一自实际阐明了,独立的哲学便失掉它底存在方法。在它底位置上,至多只能出现一个从人底历史发展研究而抽出之最一般的结果地撮要。"③

义献4:"只靠哲学来调和一切矛盾,就等于要求一个单独的哲学家来完成那只有整个人类在其进步的发展中才能够完成的任务——我们一经明了了这一点(我们始终应该特别感谢黑格尔,因为有了他,我们才得明了),于是在普遍意义之下的哲学这门学问,就到了末日。"④

现在读来,八十年前的译文难免拗口,不过,基本意思还算清楚。按照叶青的观点,文献1系从哲学的需要和内容之丧失上论哲学消灭,文献2系从哲学的对象和任务之丧失上论哲学消灭,文献3系从哲学的方法和性质之丧失上论哲学消灭,文献4系从哲学体系的丧失上论哲学消灭。凡此种种,表明外在于科学的哲学归于消灭,所剩下的只是论理学(即我们通常所说的"逻辑学")和辩证法。论理学是思维及思维法则的学问,属于思维科学,不是哲学。辩证法已与科学结合,成为科学理论了。科学家可以不承认辩证法,但科学是辩证法的。恩格斯说辩证法是自然、社会、思维之运动和进化的一般法则的科学,就是说,辩证法是自然科学、社会科学、思维科学的总论,在它与论理学并列时,也是思维科学的一种。⑤ 而在杨伯恺看来,前引恩格斯所述的哲学消灭,指的是"自然哲学",是德国古典哲学,是存在于科学之外或之上、"君临于旁的科学"之上、研究整个关联的特殊学问,"向来意义之下"的哲学,并不是哲学一般。⑥ 叶青质疑说,抛开那一切,还有什么哲学一般呢? 杨伯恺所说的"哲学一般"是莫须有的,且是反对恩格斯的,恩格斯明确说过:"哲学一般在黑格尔完结了。"德国古典哲学的末日就是哲学的末日。依据叶青的看法,恩格斯说历史辩证法结束了整个历史哲学,自然辩证法结束

---

① [德]恩格斯:《反杜林论》,吴力屏译,笔耕堂书店1932年版,第39—40页。

② [德]恩格斯:《费尔巴赫论》,彭嘉生译,南强书局1932年版,第116—117页。

③ [德]马克思、恩格斯:《德意志观念形态论》,转引自叶青:《〈费尔巴哈论纲〉研究》,辛垦书店1936年版,第246页。

④ [德]恩格斯:《费尔巴哈论》,彭嘉生译,南强书局1932年版,第37页。

⑤ 叶青:《关于哲学消灭论》,《研究与批判》1936年第2卷第7期。

⑥ 杨伯恺:《哲学消灭论底检讨》,《研究与批判》1936年第2卷第7期。

了一切自然哲学,意味着恩格斯不再把辩证法和历史的物质论视作哲学。自然哲学的消灭是说自然不再能做哲学研究,此后只有自然科学存在,这就意味着本体论和宇宙论的消灭;历史哲学的消灭和哲学从历史中驱逐出去,意味着社会人生哲学的消灭,社会界从此为社会科学占领,人生论没有了,留给哲学的只有思维领域了。

叶青之所以主张"哲学消灭论",跟他对哲学和科学两个概念的独特理解有着直接关系。按照当时对新唯物论的一般理解,哲学是研究包括自然、社会和思维在内的整个客观世界的运动法则的一门学问,科学则只是研究客观世界的某一具体部门。叶青则把宗教、哲学与科学都看作"智识体裁",认为它们都是提供对客观世界的说明,从理论上讲,一切都是运动、变化的,一切东西都有发生、发展和死亡,哲学也不例外。历史地看,哲学从宗教中独立出来时,否定了宗教,那么现在,科学离哲学而独立,也就否定了哲学,哲学于是便消灭了。① 叶青所谓"哲学消灭论"的基本逻辑就是如此。反对者则认为,随着科学的发达,是有一些哲学被否定了,但被否定的只不过是旧哲学,如自然哲学和历史哲学,而不是说将全部哲学都否定掉了,像辩证唯物论、"逻辑和辩证法"不曾被否定,哲学也并没有消灭。而且,辩证法是自然、社会和思维之运动的一般法则,科学则是宇宙之部分的法则的研究,它非但不能代替哲学,还需要哲学的指导和概括。

在围绕"哲学消灭论"展开争论的过程中,叶青1936年出版了《哲学问题》和《〈费尔巴哈论纲〉研究》两本书,进一步激发了批评。《哲学研究》一书属于哲学概论性质,对宇宙论、人生论、认识论都有所论及,致力于综合哲学上许多对立的"主义",特别是把观念论和唯物论相统一。《〈费尔巴哈论纲〉研究》一书主要依据《关于费尔巴哈的提纲》第一条,提出马克思吸收了观念论。所以,围绕"哲学消灭论"而展开的争论,就不再局限于马克思恩格斯是否提出了"哲学消灭论",而扩展到他们的新哲学属于什么性质的问题。

叶青辩称,他所消灭的哲学是非科学的、非辩证的亦即玄学的哲学、市民的哲学,一言以蔽之,也就是"哲学的哲学",而不是马克思、列宁的辩证物质论。至于 dialectical materialism(辩证的物质论)是"高级的科学理论,哲学化了的科学理论",是"科学——哲学"或"科学的哲学",它是时代的"骄子"。辩证唯物论已不是哲学,而是科学的理论;哲学这个名词已失去存在的意义。叶青的这个思想是有迹可循的,早在唯物辩证法论战之前,他把哲学史视作唯物论和唯心论互相争辩的历史,认为"唯心论是哲学的,唯物论是科学的","科学昌明底时代,就是唯物论昌明底时代"。② 到他提出"哲学消灭论"时,不但唯心论被视作哲学,唯物论也被视作哲学了。叶青一再申明,他所谓消灭哲学,是把哲学与科学作辩证的综合,综合之后的理论是科学,但却是"哲学的科

---

① 叶青:《宗教、哲学、科学》,《研究与批判》1936年第1卷第9期。
② 叶青:《在科学前的唯心论与唯物论》,《科学思想》1929年第12期。

学"，同时亦是哲学，但却是"科学的哲学"。① 反对者则认为，辩证唯物论并不就是科学，作为科学的哲学，它归根结底还是哲学，只是不同于"非科学"的哲学而已。叶青辩称，他所说哲学的消灭和与科学相统一的哲学，是从前包括科学的哲学和后来又与科学斗争的哲学，而在艾生看来，哲学是否本身会消灭或正在消灭是一回事，叶青想要消灭它是另外一回事。相比较此前强调唯物论的革命作用，主张唯物论有"直接完成思想变革，间接完成社会变革之神圣的任务"②，倡导"哲学消灭论"的叶青不再谈论革命问题，而只是单纯地批评反对者们"不独不懂辩证法，不懂辩证法的物质论，而且根本不懂哲学"③，其实，反对者如艾生并不否认哲学有一个发生、发展乃至消灭的过程，也不否认哲学的初期曾在某种限度内包括科学。

叶青所谓的"哲学消灭"之后，思维科学应运而生，分为三组：言语学和数学属于思维符号的研究；认识学、论理学和方法学属于思维活动的研究；知识学、文学和文化学属于思维结果的研究。如此，思维科学便成为人类的全部知识之研究了。④ 这并个奇怪。叶青定义的思维可以"自己存在"、"外化为事实"、"产生物质"，天地间的一切显然都由它而生。思维是一切现象之源，一切科学所研究的对象都不过是思维现象之一部分，自然科学、社会科学都被囊括进去，哲学亦不例外。所以，在叶青那里，思维科学的诞生和哲学的消灭是同一个过程。问题的严重性还在于，叶青抬高思维的地位，不仅把它和自然、社会并列，鼎足而立，而且把它抬到自然、社会之上，俨然能够产生物质。由此，思维与物质对立起来，对物质发挥作用，并产生物质。⑤ 这样，"心物综合论"也就水到渠成了。

按照叶青在《哲学问题》中的观点，"对于一个研究问题的解答发生答案，至于使哲学成为讨论之学，永远有问题存在"。他所谓的哲学问题，是"客观与主观的问题"，亦即对于自然、社会、思维三种现象应该用客观去说明抑或应该用主观去说明的问题。这就是说，哲学上之有问题，是因为存在观念论和唯物论的对立。叶青自认为他的"物质——观念——物质"公式能够化解物质论与观念论的矛盾，因而，由这个矛盾而起的哲学问题便得到了解决。依据马克思《关于费尔巴哈的提纲》的第一条，叶青提出，观念论在说明现象，在实践方面，都有其作用。他抓住其中"行为方面特别为反于唯物论的观念论所发展"这半句话，强调观念论也有是处，应该保存，不能简单的否定。叶青强调马克思主张吸收观念论，而在批评者看来，问题的关键不在于马克思是否"吸收"了观念论，而在于马克思从观念论中吸收了什么，如何吸收的？

按照叶青的观点，马克思对于观念论的"吸收"，是吸收了观念论的"根本原理"和

---

① 叶青：《科学与哲学》，《二十世纪》1931 年第 1 卷第 4 期。
② 叶青：《科学玄学底论战与唯物唯心底论战》，《科学思想》1929 年第 17 期。
③ 叶青：《关于我底几个理论意见》，《文化批判》1937 年第 4 卷第 3 期。
④ 叶青：《思维科学底必然》，《中山文化教育馆季刊》1935 年第 3 卷第 2 期。
⑤ 艾生：《叶青之所谓思维科学》，《思想月刊》1937 年第 1 卷第 3 期。

"构成原理"。他从"思维决定存在"中引申出"观念转化为实在",认为"这在自然方面说是错误的,在社会方面说则有其正确性"。① 正是在这里,叶青有意或无意地制造了混乱。"思维决定存在"是观念论的基本命题,它和"存在决定思维"的唯物论命题相对立,而"观念转化为实在"则是次一级的命题,观念论和唯物论都可以接受。叶青却非常简单地提出:"行为或实践就是把观念转化为实在的感性活动。这当然是观念论的。因为以思维决定存在为基础之故。"这个推论是完全错误的。马克思在承认观念论发展了"行为"方面的同时,明确指出它的这一发展是"抽象的",他也没有因为旧唯物论"忽视行为",而把"行为"完全交付给观念论,从而使得"吸收观念论的是处,结局变成了观念论的俘虏"。②

如果简单地抛弃了唯心论,唯物论也就成为机械的了,所以物质论和观念论必须统一。这是叶青的基本观点。在论证这一观点时,他运用了所谓"正反合"的辩证法,以"物质——精神"概括机械的物质论,"精神——物质"概括观念论,"物质——精神——物质"概括辩证的物质论,这样,辩证的物质论就成为机械物质论与观念论的综合了。③在批评者看来,心物综合论绝不是新哲学,不是辩证物质论。所谓心与物的"综合",不过是相加而已,心和物属于不同的单元,心物综合论是不折不扣的二元论。按照沈志远的批评,叶青有马赫主义和新康德派的嫌疑,实际上是帮助了观念论。叶青综合物质论和观念论的结果,不仅重构了观念论,消解了物质论,而且消解了哲学。王宜昌概述了叶青哲学的"三变":"第一变"是"以科学和玄学来糅合哲学、消灭哲学","第二变"是"不敢糅合和消灭","第三变"是"以心物糅合来消灭哲学"。④ 这样的概括应当说是准确的。

就在"哲学消灭论"鏖战正酣之时,陈伯达、艾思奇等人发起了新启蒙运动,把组建最广泛的联合阵线作为根本的目标。因而,艾思奇提出了"联合哲学"。这就引出了一个新的议题:它和叶青的"心物综合论"是否具有同质性?⑤ 站在新哲学的立场来看,哲学一定是有派系性的,绝不是超然的,哲学上的论争一定是由于现实社会的矛盾反映。叶青的错误在于,他没有认识到或有意地无视,哲学上的物质论和观念论代表的是两种不同的世界观,是两个在社会物质生活上完全不同的人群的思想体系,而不只是因为人生观不同而对思维与存在关系得出的不同意见,因而绝无可能"综合"和"统一"。而且,哲学问题是现实的社会的反映,不单是"讨论之学",只要现实社会还存在问题,观念论和唯物论便不可能统一,哲学也不可能消灭。艾思奇提出"联合哲学",是从政治的需要提出的,属于权宜之计,这固然招致批评,但人们会更多地从策略和务实方面来看待,而叶青受到的批评就严厉多了,他的哲学头脑是"为着中国的金融资本、专制主

---

① 叶青:《观念论不可吸收吗》,《研究与批判》1935年第2卷第7期。
② 黄琪:《叶青哲学的本质》,《思想月刊》1937年第1卷第4期。
③ 叶青:《关于"物质——精神——物质"》,《研究与批判》1935年第1卷第8期。
④ 王宜昌:《叶青哲学的三变》,《思想月刊》1937年第1卷第1期。
⑤ 心远:《谈联合哲学与统一哲学》,《思想月刊》1937年第1卷第5期。

义、唯心哲学"而"统一"出了一个"新的哲学理论"。① 我们不得不说，政治第一，政治立场对了，哲学论说即使浅薄也能赢得更多的理解。

五、代表人物

在哲学消灭论及整个的唯物辩证法论战中，叶青可谓是第一个主角。他先是和张东荪针锋相对，后来又和艾思奇等人唇枪舌剑。由于他其时已经脱党，更由于他在论战之后没几年公然反党，我们在历史地回顾这场论战时，很自然把他视作反派人物。在一本研究艾思奇的著作中，如此论断艾思奇对叶青所做批判的意义：

第一，他的批判戳穿了叶青"马克思主义专家"的伪善面孔，揭露了其以马列之名反马列之实，为大地主、大资产阶级服务的丑恶嘴脸，使人们认识到叶青是一个反共凶手、理论骗子，从而推动了 30 年代中国共产党领导的思想文化战线上反对白色恐怖的斗争的深入开展。

第二，他的批判揭露了以叶青哲学为代表的洋奴哲学、买办哲学、卖国哲学的诡辩性与欺骗性，为中国革命的哲学论证做出了积极的努力，为毛泽东新民主主义革命理论的哲学基础做了有益的先期铺垫工作。

第三，在批判的过程中，艾思奇对马克思主义哲学的一系列基本原理作了通俗而又深刻的解释，使人们认识到马克思主义哲学的基本原理也能且最能说明中国社会历史的问题，一方面加快了马克思主义哲学通俗化、民族化、大众化、中国化的进程，另一方面也极大地提高了进步人士的觉悟，促使一批又一批进步青年觉悟起来，投身革命，奔向延安。②

这三个论断无疑是历史的论断，泛泛而谈，是成立的，也是有力的。即便我们不完全接受线性史观，也不能不承认，人的思想发展是有逻辑的，他后来的思想在先前的作品中是有迹可循的。在基本的历史把握方面，上述论断无懈可击。叶青本人后来的陈述也支持这种论断，他在回忆中有这样一段话："共产党注重哲学，我则主张哲学消灭论；共产党强调唯物论与唯心论的对立，我则主张心物综合论"。③ 过于简单、条理分明的论断难免给人不满足之感，我们不妨从历史编纂方面加以探究。

谭辅之在《艾思奇哲学与叶青哲学之比较观》一文把艾思奇和叶青称作"两个哲学阵营里的主帅"，两个人都声称自己是新唯物论者，指责对方不是新唯物论者，又都认

---

① 王宜昌：《叶青哲学的三变》，《思想月刊》1937 年第 1 卷第 1 期。
② 马汉儒：《哲学大众化第一人——艾思奇哲学思想研究》，云南人民出版社 2002 年版，第 146—147 页。
③ 《任卓宣评传集》，帕米尔书店 1965 年版，第 302 页。

为自己懂辩证法而对方不懂。对于艾思奇在马克思主义哲学中国化史上的地位,也已有诸多高度的评价,这里不再赘述。对于叶青,学术界的态度以否定居多,我们不妨详加讨论一番。上述论断的问题,首先在于它没有很好地运用历史感的弹性原则。这里所说的弹性原则,是指历史像弹簧一样,可以压缩,也可以伸长,由此,历史的时间感会有很大的不同。比如,我们可以把昨天发生的事情推得远一些,仿佛多年前发生的事情,也可以把多年前发生的事情拉得近一些,仿佛昨天发生的事情。无论压缩还是伸长,都是一个认识和阐释的思想行为。上述论断把 20 世纪 30 年代上半期发生的事情,向 20 年后的历史实情牵拉,类似于"从后思索",也有"一切历史都是当代史"的意味,不过,还是有很大的不同。

在这里,需要注意的是过程性原则和过渡性原则的区别。上述论断很好运用了过程性原则,第一条中的"戳穿"、"揭露"、"使人们认识到"、"从而推动了",第二条中的"揭露了"、"作了"、"先期铺垫",第三条中的"使人们认识到"、"一方面加快了"、"另一方面也极大地提高了"、"促使"等用语,都具有过程性的意味。论战是一个过程,人们思想的变化是一个过程,人们行动的深化和升华更是一个过程。过渡无疑也是一个过程,但是,过渡性原则不同于过程性原则,它注重的是过程中发生的变化,特别是实质性的变化。

叶青的经历不乏传奇色彩。他原名任卓宣,曾与周恩来等人在法国发起组织"中国少年共产党",1926 年回国后在党内有一定位置,1927 年第一次被捕后在刑场死里逃生,1928 年第二次被捕后脱党,主要从事马克思主义理论写作,著述颇丰,一度被视作马克思主义的理论家。即便我们把叶青在党时期的工作视作一种"投机",把他脱党后的马克思主义写作视作一种"打着红旗反红旗",也需要对他的变化作出必要的分析。到目前为止,没有任何证据表明他的马克思主义写作有反对马克思主义的主观动机,即便到了论战后期,他把唯物辩证法与无产阶级革命区别开来,否认唯物辩证法的政治性,也不能被简单地视作背离马克思主义。据此而言,我们大体上认可这样的一种看法:就学术评价而言,当叶青批判张东荪的哲学体系以及胡适的实用主义哲学时,在对马克思主义哲学的理解上正确的因素居多,即使有错误的地方,也多是误解所致;但是,当他以一个"新哲学"创造者的心态阐释其"哲学消灭论"、"心物综合论"和"思维科学建立论"等主张时,则多是对马克思主义哲学经典文献的曲解,论证上也充满了矛盾。①

在探究叶青在唯物辩证法论战中的角色和身份时,应当注意到,叶青本人也是不断变化的,一方面,叶青在参与论战,另一方面,论战的不断展开也在改变叶青。叶青不是一成不变的,不存在所谓的一个一成不变的参加论战的叶青。从过渡性原则出发,可以提供这样的一种解释,叶青最初对马克思主义的信仰是真实的,他参加论战的初衷是为了澄清马克思主义的本来面目,就这个初衷而言,他和艾思奇没有区别。从过渡性原则

---

① 耿彦君:《唯物辩证法论战研究》,社会科学文献出版社 2005 年版,第 416 页。

来看,论战对于艾思奇具有特别重要的意义。正是在论战时期,艾思奇撰写出版了《大众哲学》。围绕该书发生的争论,本身就是唯物辩证法论战的一部分。毫无疑问,正是由于已经具备了基本的理论修养,艾思奇得以在论战中锋芒毕露,另外,论战推动了艾思奇的成长。就此而言,在讨论唯物辩证法论战时,不宜过分地突出叶青和艾思奇的"主体"地位,而应把论战本身作为"主体",叶青、艾思奇及其他参与者都是论战中的角色,由于出场的前后不同、机会不同、表现不同,参与者各自获得了不同的发展前景。

论战中的斗争,可以更多地从戏剧冲突的角度来看待。论战本身并无官方或党派的组织背景,论战各方也都以"新哲学"或"新唯物论"自称,就此而言,这是在马克思主义哲学研究领域内部发生的一场论战,但由于各方的政治立场不同,学理上的论争也就具有了"真捍卫"与"实破坏"相斗争的意味。比如,按照沈志远的批评,叶青是穿着新唯物论的"外套","混进"新唯物论队伍中来"散播"布尔乔亚的思想种子和"破坏"新唯物论的阵营的。不过,批评者并没有拿叶青的政治身份"说事",因而,一般说来,这场论战属于学理和思想方面的论战,而非政治性的论战,但论战的火药味十足,以至于艾思奇翻译完《新哲学大纲》后,兴奋至极,因为"有了这一部书,就等于有了一面照妖镜",叶青哲学的错误和毒害一目了然,新哲学论战也就"得到一个正误的标准",当有助于读者更加明白为什么要和叶青论战。

在围绕"哲学消灭"发生的论战中,双方对文献的解释各取所需,向自己论证的方向展开,这未尝不可,也很难说谁对谁错。解释原本就允许读者一定限度内的自由发挥,有意的曲解作为一种指责可以引发对叶青政治立场的批判,问题在于,有意曲解和政治立场何为动因?就当时对叶青的批评而言,鲜见有批评者把叶青的曲解归咎为他的政治立场。基于叶青的政治立场而批评他的曲解,无疑把学术理论问题简单地"政治化"了。思想水准有限不失为另一个原因,大多数的批评者都会这样看待,然而,这样的批评是叶青所不能承认的。作为一种解释原则,苏联哲学发挥了重要的作用,"与俄国新机械论者不谋而合"成为叶青错误的全部。

论战各方都了解苏联当时的哲学论战,并依据自己的思想认识和政治立场选择站队,由此,论战一开始就具有明显的表演性。表演与其说是真诚的反面,不如说恰恰是真诚的表现,艾思奇等人反对"哲学消灭论"的真诚性尤其值得信赖。相比之下,叶青的真诚性大打折扣,他有意无意地选择了站在德波林派一边,却偏偏要显示自己思想的特立独行,针对各种各样的反对意见,他不断作出各种辩称,貌似强词夺理,实则困扰重重。这一方面是历史语境的缘由,一方面是他个人的想象力有限。从根本上说,叶青囿于马克思主义的解释框架之内,难以作出有效的突破和发挥。对当时的中国马克思主义信奉者来说,阶级斗争正在进行,政治斗争正在开展,要想把马克思主义贯彻到底,彻底地坚持马克思主义,哲学是不能终结的。叶青对马克思主义和哲学的内在关联,对哲学和政治的内在关联,似乎缺乏与时俱进的认识。就此而言,他对马克思主义的理解是教条化的。叶青的理论对手们在学理上不比他高明多少,甚至在文献的阐释上更为刻板,然而,对于历史语境的把握方面略胜一筹,对于马克思主义的运用也就显得更为真诚和用心。叶青则由于对时代和政治的把握出了问题,不能不表现出明显的思维混乱。譬如,在叙述科学与哲学综合后的成果时,叶青认为它具有物质论、进化论、相对论、一元论、有定论等特征,意在打击观念论、机械论、绝对论、二元论、多元论和无定论(自由意志论)。这样的并列明显是混乱的。

六、余 论

从柯尔施的《马克思主义和哲学》到德波林的《哲学与政治》,可以勾勒出一条国际范围内马克思主义哲学论战的基本线索。在斯大林去世后,苏联科学院出版社出版了德波林的论文集《哲学与政治》。这部由德波林自己编选的论文集,名称本身就表明了其哲学思考与政治的关系,他在该书"序言"中写道:"在我成为一个自觉者以来的六十二年里,我一贯忠于社会主义和共产主义的伟大神圣理想,在我开始自己的科学和文学活动以来的五十五年里,我一直在为辩证唯物主义而战斗。我的作品中没有一篇不是宣扬辩证唯物主义、批判修正主义和同资产阶级意识形态作斗争的。"我们没有理由否认他的真诚和主观动机,与此同时,也不能不意识到,从柯尔施的《马克思主义和哲学》到德波林的《哲学与政治》有一条明确的线索:马克思主义有哲学或"是"哲学,并且,这种哲学同时意味着乃至"就是"政治。区别在于,柯尔施在强调哲学与政治的内在关联时,对意识形态保持必要的警惕,德波林则缺乏警惕,并积极地为意识形态服务,只不过他所服务的意识形态未能达到斯大林的要求,从而最终受到批判。

我国1930年年初兴起的唯物辩证法论战,在时间上衔接了苏联哲学界对机械论者和德波林派的批判。就此而言,唯物辩证法论战是苏联哲学批判的重演和延续。当时的中国尚处于第二次国内革命战争时期,不像苏联那样已经是社会主义国家、共产党已经成为居于全方位领导地位的执政党,所以,唯物辩证法论战的规模有限,政治性也没有呈现出苏联那样的意识形态性,对论敌所戴的政治帽子也比较泛泛,火药味相对要温和许多。围绕"哲学消灭论"而起的论战是唯物辩证法论战中的一个组成部分,它的意义大小、地位高低,取决于唯物辩证法论战在中国马克思主义哲学发展中的意义和地位。反之,唯物辩证法论战在中国马克思主义哲学发展中的意义,也取决于其中的每个部分的意义。无论是把唯物辩证法论战视作十年之久,还是视作七年之久,抑或是其他的时长,都包含了这样一些内容:叶青与张东荪哲学之论战,关于唯物辩证法的生存权、科学性、实践性和革命性问题,关于唯物辩证法与形式逻辑的关系问题,关于"哲学消灭论",关于认识论、历史观和人生观诸问题,等等。这些内容的学术性显而易见,思想性毫无疑问,政治性更是不容忽视。

对唯物辩证法论战的学术性的否认不是一种客观的态度,对其思想性的否认不是一种公正的态度,对其政治性的忽视更是一种不可原谅的错误。"哲学消灭论"的论战所表明和凸显的,正是唯物辩证法论战的政治性。这种政治性直接承继了 1927 年后的中国社会性质和社会史论战。中国社会性质和社会史的论战,涉及对马克思唯物史观的阐释,在这个过程中,哲学基本问题和方法论的重要性脱颖而出。因此,就有了唯物辩证法论战,它是马克思主义哲学内部"清理门户"的一场论战。围绕"哲学消灭论"的论战作为唯物辩证法论战中的一场"小论战",亦可以视作 1923 年科玄论战的一种延续和深化。由一般的社会生活和思想领域深入到哲学领域中去,参与者比科玄论战的参与者多,斗争也更为激烈,以至于"1936 年可算是中国哲学界最热闹的一年"①,但这场论战对于中国马克思主义哲学进程的意义更为重大,值得详加阐释。此时距唯物辩证法 1923 年以来在中国的最初传播不过十年,论战的高度却已相当可观。辩驳的议题,观点的提出,对马克思、恩格斯观点的援引、阐释和论证,所有这些,即便在今天看来也是值得肯定和赞赏的。

在 1937 年 8 月写作的《矛盾论》中,毛泽东指出:"苏联哲学界在最近数年中批判了德波林学派的唯心论,这件事引起了我们极大的兴趣。德波林的唯心论在中国共产党内发生了极坏的影响,我们党内的教条主义思想不能说和这个学派的作风没有关系。因此,我们现在的哲学研究工作,应当以扫除教条主义思想为主要的目标。"②有研究者提出,毛泽东同志关注苏联的哲学论战,详细地研读了当时苏联批判机械论者和德波林学派的哲学新著,从某种意义上可以说,《矛盾论》是对德波林学派和机械论者进行论战的著作。也就在同一年,陈伯达基于恩格斯"近世哲学"的根本问题即思维与存在之关系问题的论断,大体梳理了中西哲学史上的两条路向。尽管没有把矛头直接指向叶青的"哲学消灭论",但末尾提出"这两个路向的自己演变,在每个时代,都因具体社会关系的变迁"而变迁内容和形式,"这两个路向的自己演变,同时又正是构成了两千余年来整个哲学史自己演变的两个方面"。"要研究哲学史,这点是需要了解的。"③陈伯达所提出的哲学史研究的一般原则,我们不妨视作哲学消灭问题论争来自马克思主义方面的一个总结。

英文摘要

Marxism and Philosophy:

A Case Study of the Thesis of "Eliminating Philosophy" around 1935

ZHANG Libo

(Renmin University of China)

Abstract: In the debate about dialectic materialism in the first half of 1930s, the thesis of "Eliminating Philosophy" is a very important topic. The background and nature of this debate could be under-

---

① 谭辅之:《最近的中国哲学界》,《文化建设月刊》1937 年第 3 卷第 6 期。
② 《毛泽东选集》第 1 卷,人民出版社 1991 年版,第 299 页。
③ 陈伯达:《哲学上的两条路向及其历史的演变》,《自修大学》1937 年第 1 卷第 1 期第 8 号。

哲学家

stood deeply by analyzing the basic clue of debate about Marxist philosophy in a international scope from *Marxism and Philosophy* by Korsch to *Philosophy and Politics* by Deborin. Involving the relationship between philosophy and science and the relationship between materialism and idealism, this debate is essential to clarify the nature of Marx and Engels' philosophy. Both sides in this debate are with obvious performativity. Ai Siqi's application of Marxism appears to be sincere and attentive because he is better at grasping the historical context, while Ye Qing's confusion comes from his inappropriate grasp of times and politics. There is no doubt that this debate is academic and ideological. More importantly, it shows and highlights the political meaning of the debate about Materialistic Dialectics. A review of the debate about philosophy elimination theory is helpful to go deep into Marxist philosophical, political and ideological qualities, then to comprehensively grasp what Marxism is and what it is for.

Keywords: Marxism; Eliminating Philosophy; Ye Qing; Karl Korsch; Abram Moiseevich Deborin

【民族国家与多元
文化主义】

超越民族国家的想象

龚　群[①]

内容提要：哈贝马斯认为，欧洲现代民族国家是在近代以来的市民社会发展过程中形成的。公民的权利保障是现代民族国家的基石。现代民族以自然主义的民族为基础，但其实质在于公民自由，而在民族国家的概念里，包含着公民个人自由与民族自由，即内在具有现代公民的普遍主义与民族特殊主义两重因素。现代经济社会和政治社会的发展超越了民族国家的主权概念，欧盟就是在这样的背景下成立和发展起来的。哈贝马斯认为，从公民普遍主义发展出来的不仅仅是欧盟，而且应当有着更为意义深远的人类价值目标，这就是世界公民社会。

关键词：哈贝马斯　民族国家　公民权利　欧盟　世界公民社会

民族国家的特性以及超越民族国家的发展，是哈贝马斯20世纪晚期以来的运思方向之一。哈贝马斯认为，民族国家的前景如何，是当代政治发展的重大问题。就其现实意义而言，哈贝马斯对于这一领域的讨论，是为推动欧盟寻求哲学基础，同时哈贝马斯也认为，这是一个关涉人类前景的重大政治问题。

一、现代民族国家

我们知道，欧洲是一个以民族国家为主体的大陆。然而，欧洲民族国家的出现是近来以来的事情。在现代意义上的民族诞生之前，国家就已经存在，而"国家和民族是在18世纪晚期革命之后融为一体的"[②]。不过，实际上，民族同样是一个古老的概念，在古罗马人那样，就已经有了这样的概念："natio"。哈贝马斯指出，"民族首先是一些有着相同起源的共同体，他们定居在一定的地域，并构成邻里关系；文化上拥有共同的语言、风俗和习惯。"[③]这并不意味着已经形成了现代意义的民族，而只是欧洲现代民族出现的前提。这是因为这些共同的居住条件并没有政治上的含义，或者说他们在政治上

---

①　龚群，中国人民大学哲学院政治哲学研究中心和国际中国哲学与比较哲学研究中心教授，博士生导师。

②　[德]哈贝马斯：《包容他者》，曹卫东译，上海人民出版社2002年版，第129页。

③　[德]哈贝马斯：《包容他者》，曹卫东译，上海人民出版社2002年版，第129—130页。

还没有达到一体化的地步。换言之,从国家层面来看,早期欧洲虽然有国家这样的政治组织形式,但与民族这样的内在成员并不相关。从民族的意义来看,古老的民族概念仅仅表明了血缘与地缘的同种同源性。以德意志民族的形成为例。德意志民族是在德意志的封建等级制国家中形成的。在 18 世纪晚期,德国知识分子推动了民族意识的转变。"这种民族意识转变最初发生在城市里,主要是受过教育的市民阶层,然后才在大众中得到呼应,并逐步发展成为波及所有人的政治运动。民众的民族意识逐渐加强,凝聚成为民族历史上广泛传播的'想象共同体'"。① 因此,舒尔茨说:"所以,在 18 世纪最后十年和 19 世纪,形成了民族……经过大量学者,出版商和诗人的酝酿,民族产生了,但在相当长的时间只存在于人们的思想中,而不是在现实中。"②当人们真正有了民族意识,并以民族成员身份来认同自己时,民族才真正成为民族,或成为现代民族。而当人们以民族成员身份来理解自己在国家中的存在时,民族国家开始融为一体。

哈贝马斯指出,欧洲民族国家的形成又是与社会成员从臣民身份向公民身份转变同步进行的,即随着封建主主权向人民主权的转变,臣民的权利转变为人权和公民权,即公民的政治自由权利,而民族或民族意识,"它使一国领土内的居民有了一种通过政治和法律而表现出来的新型归属感。这种民族意识是共同的起源、语言和历史的结晶,这种属于'同一'民族的意识把臣民变成了一个政治共同体中的成员——作为共同体中的一员,他们会相互负责。民族或民族精神是最初的现代集体认同形式,为法治国家形式奠定了文化基础。"③现代民族意识的觉醒是与欧洲社会从封建社会向资本主义社会转型过渡内在关联的,因此,又是以公民意识的出现相关联的。这个过程也就是 17、18 世纪欧洲市民社会的出现。资本主义最初发展是在欧洲中世纪的城市中。随着中世纪晚期欧洲经济向商品经济和自由市场经济的发展,中世纪城市开始出现市民阶层和市民社会,"近代资产阶级'市民社会革命',开辟了市民社会与政治国家的二元发展进程。人们享有的不再是古代人那种依附于共同体的自由,而是现代个人独立的自由,也即……'个人拥有社会必然尊重的权利'。"④公民权利意识的觉醒又与民族意识的觉醒同步进行,并且,公民的个人权利,既是权力活动的方向,同时又决定了政治国家行为的限度。因此,随着现代民族(或公民民族)的形成,现代国家也出现了。

哈贝马斯的现代民族概念不得不面对的是自然主义的民族概念,即民族是有着共同的血缘起源或地缘关系的共同体,如格林所说:"一个民族是由说同一种语言的人组成的集体。"⑤民族有着谱系学的起源以及共同的语言、共同的文化、艺术与道德,这些

---

① [德]哈贝马斯:《包容他者》,曹卫东译,上海人民出版社 2002 年版,第 130 页。

② H.Schulze,Staat und Nation in der Europaeischen Geschichte,Muechen,1994,p.189.

③ [德]哈贝马斯:《包容他者》,曹卫东译,上海人民出版社 2002 年版,第 133 页。

④ 马长山:《国家、市民社会与法治》,商务印书馆 2002 年版,第 151 页。

⑤ J.J.Muller, Die ersten Germanistenage, seen in Literaturwissenschaften und Sozialwissenschaften, 2, Stuttgart,1974,S.11.

因素形成民族成员间团结的纽带或团结的资源。哈贝马斯说:"人民民族具有原始同质性,而且界限明确,在民族国家当中也有具体的表现。"①共同的文化背景形成共同的民族精神,或者说,建立在前政治的血亲关系基础上的"出身共同体"。当然,这也就是人们所说的"民族",但不是现代意义的民族。哈贝马斯认为,这些仅仅是现代民族或现代民族国家的前提和基础,然而,现代民族国家的本质不在这里,而在从封建的臣民关系向现代的公民平等关系转变,并且,是公民间的平等关系确立了现代民族国家的本质。因此,在他看来,这种同质性的观念"与政治自由主义的普遍主义来源却很难切合"。② 这是因为,自由主义的公民自由所追求的是普遍有效的个人自由或个人权利。但不论怎么看,在公民或市民社会(公民社会)基础上所形成的现代民族国家内在具有这些自然主义因素,是其前提和基础。③

在哈贝马斯的观念里,现代民族国家核心的理念是自由,然而,自由包括两个方面:一是内在公民的自由,二是民族的自由。哈贝马斯把现代公民的出现,看成是现代民族国家出现的前提。公民是拥有自身个人权利和政治权利的个人,个人的自由权是现代民主政治也是民族国家的基石。然而,民族自由则是一个不同的概念。马基雅维里是欧洲近代史上第一个具有现代民族意识的人。在马基雅维里的时代,意大利四分五裂,备受外族的蹂躏。马基雅维里认为,与个人自由相比,民族自由更为重要,因为如果没有民族自由,个人自由也就无从实现。因此,从马基雅维里时代起,民族自由或民族国家的自由就是民族国家的核心理念。民族国家自由作为集体自由,又与主权概念相关联。"根据马基雅维里的这个概念,主权国家一开始就受到'权力'的左右。在现代国家抵抗外部敌人,捍卫自我的战略中,产生了民族存亡意识。这样也就有了第三个'自由'的定义。民族自由作为一个集体概念与上述两个个人的自由概念(即社会成员的个人自由和国家公民的政治自律)发生了冲突。更重要的是,我们究竟如何来理解民族自由。"④实际上,在上述论述中哈贝马斯已经大致把民族自由概念的内容讲清楚了。民族自由是与民族自主、自决或民族国家的主权相关的概念,然而,当民族自由与权力相纠缠,民族的自由就有可能变性为维护某种类型的权力统治而不容外部的干涉。在这个意义上,民族就有两副面孔。

哈贝马斯指出,近代以来的公民自由是共和主义的成就。然而,现代民族实际上是由两种因素所构成,一是由有着公民权利与自由的公民所构成;二是从人类学意义上自然生成的民众,即由世代所续的国民所构成。但这两种不同的因素代表了两种民族的

---

① [德]哈贝马斯:《后民族结构》,曹卫东译,上海人民出版社 2002 年版,第 17 页。
② [德]哈贝马斯:《后民族结构》,曹卫东译,上海人民出版社 2002 年版,第 17 页。
③ 当然,哈贝马斯也看到,美国这样一个民族国家并非是在自然主义的基础上形成的,而是在保障公民的个人权利基础上,以宪法爱国主义为中心而形成的民族国家。在这样的民族国家里,大家都是外来者,但同时又是这样一个民族国家的成员。
④ [德]哈贝马斯:《包容他者》,曹卫东译,上海人民出版社 2002 年版,第 133—134 页。

力量。从而民族国家始终存在着普遍主义与特殊主义的内在张力。在哈贝马斯看来，任何一个个体在现代民族国家中都是双重身份，一是公民，二是有着人类自然传承意义上的个人。公民是民族国家民主合法化的源泉，而由自然传承意义上的民众组成的民族则致力于促使社会一体化。因此，任何一个现代民族国家，都可以说有着两种共同体，一是靠自身的力量建立自由而平等的公民政治共同体；二是由共同的语言和历史所铸造的同源同宗的人们的历史命运共同体。哈贝马斯指出，这样两种共同体，同样也是现代民族国家的两种倾向。以公民共同体精神来主导民族国家，才能与民主法治国家的普遍主义的自我理解完美结合起来，这样，民主的观念就可以占据主导地位，并渗透到社会一体化的生活方式之中；然而，如果以前政治的自然生成的共同体精神来主导，那么，共和主义的成就就会陷入危机。当民族主义意识的发展脱离现代公民的普遍主义，当民族自由的理念开始与公民自由的理念相背离，那么，就有可能把现代民族国家拖入危险的境地。哈贝马斯说："从 1871 年到 1914 年的欧洲帝国主义历史，以及 20 世纪的民族主义（更不用说纳粹帝国的种族主义），都说明了这样一个痛苦的事实：即民族观念几乎没有加强民众对法治国家的忠诚，反而更多的是动员大众，去追逐那些与共和主义基本原则格格不入的目标。"[1]民族主义情绪被少数政治精英所利用，从而使得民族主义与暴力和战争相关联。哈贝马斯指出，我们应当从这段历史中汲取教训，从最初形成和发展动力的潜在矛盾中摆脱出来。换言之，我们不能脱离作为现代民族国家基石的公民权利与自由来追求民族主义的目标，不能摆脱现代法治国家的轨道来追求现代国家发展的目标。

二、后民族国家时代

从欧洲的近代史来看，现代民族国家是在资本主义的市场经济中发育成熟起来的。现代民族国家承担着其发展经济的功能，而当资本主义的市场经济发展起来，国内市场就已经远远不能满足其利润追求的目标，从而走向国际市场，世界市场也就呼之欲出。资本主义经济的特性使得其国家的边界不可能约束其突破边界的发展。然而，"现代意义上的'国家'是一个法学概念，具体所指是对内对外都代表着主权的国家权力，而空间上则拥有明确的领土范围，即国土，社会层面上指的是所有从属者的结合，即全体国民。"[2]国家作为一个法学概念，最重要的特征是它拥有对内对外的主权。资本主义经济发展所具有的超越其国家主权约束的普遍性，从而使得国家主权朝内坍塌。资本主义经济在其发展之初就谋求超越国界的世界市场，在全球化当下的世界经济环境条件下，"越来越多的企业投资战略都把连为一体的国际金融市场和劳动市场作为决策

---

① ［德］哈贝马斯：《包容他者》，曹卫东译，上海人民出版社 2002 年版，第 136 页。
② ［德］哈贝马斯：《包容他者》，曹卫东译，上海人民出版社 2002 年版，第 127 页。

依据,这种趋向慢慢影响到了所有的工业化国家"。① 一方面,各个民族国家都有自己的活动空间,但是,全球化已使权力很难对经济发展产生影响。虽然目前特朗普在下大力气让美国的产业回归美国,但是,多年来美国的资本都在海外寻求低廉的国际劳动力成本。哈贝马斯指出:"如果干预主义政策所针对的国民经济尚存一线生机,主权国家就可以从各自的经济中获得好处。但随着经济发展越来越国际化,国内政策失去了对生产条件的控制,于是也失去了对赖以课税的赢利和收入的控制。"②世界经贸组织、世界银行以及各种跨地区性的经济合作,都在发挥着超民族国家的经济职能。随着全球化的进程加速和地球村的到来,以及资本越来越加快在全球的流动,在哈贝马斯看来,我们已经进入了一个"后民族国家"的时代。

民族国家不仅对内主权坍塌,而且对外主权也在丧失。在欧洲告别中世纪而形成各个民族国家之初,国际社会主要是由独立的民族国家的行为者所组成,而相互之间则处于无政府状态。各个民族国家依靠自己的力量来保卫自己的国民和国家的利益。然而,在全球化时代,单一的民族国家已经不能仅靠自己的力量来保卫自己的国民和国家的利益。哈贝马斯把这看成是对外主权的丧失。一个国家的政策只能在自己的国内范围内推行,然而,如果周边国家为了自己的政治或安全需要,在自己的边界上进行多次反复的大型核试验,而本国的政策则无力影响到他国,但这显然影响了国内的安全。哈贝马斯说:"一个周边国家完全可以为了自身的安全,而在自己的边界上布置反核武器。当今世界在生态、经济和文化上越来越连为一体,在这样一个世界上,国家之间相互重叠,它们作出了合法的决策,而这些决策在它们自己的社会和领土当中越来越难以找到有针对性的个人和地区。"③虽然我们今天这个世界,在民族国家的领土界限上仍然界限分明,但是,像核污染、雾霾、流行传染病等这种"自发性的超越边界的事件",主权原则无力抵制。一国被动地接受他的决策所造成的不利后果,本国的决策不可能参与,也没有决策权。

面对世界经济一体化,以及跨国出现的政治经济和军事问题,以及威胁人类前途和命运的全球问题,需要各民族国家进行共同治理或共同协调。在合作过程中,需要各民族国家转让自己的部分权力,从而在民族国家之外,形成了军事联盟或跨国的经济组织。在哈贝马斯看来,这也是主权丧失的表现。"多层政治的实践在联合国之内或之外发挥着积极的作用,这样至少可以在某些方面弥补民族国家主权的丧失所导致的效率不足……国际间的磋商机制,比如松散的七国首脑会议以及像北美自由贸易组织和东南亚国家联盟甚至欧盟这样的政治组织,都足以说明:民族国家在内政和外交上的界限为何消失不见了。"④正因为民族国家的主权的丧失,哈贝马斯认为,一个超越民族国

① [德]哈贝马斯:《包容他者》,曹卫东译,上海人民出版社2002年版,第141页。
② [德]哈贝马斯:《包容他者》,曹卫东译,上海人民出版社2002年版,第142页。
③ [德]哈贝马斯:《后民族结构》,曹卫东译,上海人民出版社2002年版,第82页。
④ [德]哈贝马斯:《后民族结构》,曹卫东译,上海人民出版社2002年版,第83页。

家的时代已经到来,并且,一个后民族国家的世界结构也正在形成。

三、欧 盟

　　身处欧洲的哈贝马斯,在后民族国家时代,首先遇到的是欧洲联盟的合法性问题。欧盟的成立,首先是基于对和平的渴望,因为欧洲不仅是给世界带来深重灾难的两次世界大战策源地,而且主要战场就在欧洲;其次则是第二次世界大战后欧洲经济发展的需要。由于欧洲小国关税林立,从而对于资本主义打破国界的统一市场的要求带来了人为边界的阻碍。因此,实现欧洲的统一市场是第二次世界大战后欧洲尤其是西欧经济快速发展的必然趋势。然而,成立欧盟是一个怎样的目的? 难道仅仅是实现欧洲的单一货币和建立欧洲的统一市场? 或者说,是否有可能建立一个类似于美利坚合众国那样的跨国法律政治主体? 人们认为:"欧洲联盟条约承认成员国的独立和主权,因此,欧洲联盟有义务去尊重每一个成员国的民族认同。"①哈贝马斯认为,这是确立在民族认同前提下的主权概念"反对把主权移交给跨国组织设置的概念上的障碍。"②在哈贝马斯看来,这并非有利于欧盟的发展。这是因为,哈贝马斯更看重欧盟作为欧洲近代民族国家内在具有的共和主义成就,而他认为,欧盟就包括这种普遍主义的因素。但更有甚者,有人认为欧盟的合法性仅仅在于相互利益或共同利益的需要,因而一个单一的欧洲民族在政治上是不存在的,"如果说,没有理由让我们认为,欧洲人无法组成一个类似于民族的共同体,那么,也没有任何迹象表明,欧洲人可以形成一种能够提供合法性的欧洲人民意志"。③ 如果抱有这样一种观点,那么,我们就是把欧盟看成是各国仅仅为了经济发展而形成的类似于"权宜之计"的暂时协定,而不是一个迈向更加具有政治意义的共同体。

　　不过,哈贝马斯也意识到了此问题的艰难性。哈贝马斯承认不同的民族认同是政治共同体的前政治的基础,"如果'民族'的团结力量的确离不开一个'自发形成的'共同体的前政治信任基础,而且,这个基础似乎都已经所有同胞在社会化过程中继承了下来,那么,我们就可以断言,并不存在一个统一的欧洲民族"。④ 即使我们可以确认不存在一个统一的欧洲民族,但并不能够否认,欧洲不存在一个团结的基础,不会有超越民族国家的欧洲范围的民主意志。哈贝马斯指出,在欧盟各民族国家之间的协商与沟通表明,欧盟各国在某些基本政策方面是可以协调起来,"如果一些政策获得了经济的协调,并有效地进行了再分配,那么,这些政策就肯定会受到欧洲范围内民主意志的支

　　① Europaeishche Grundrechte Zeitschrift,1993,S.439.
　　② [德]哈贝马斯:《包容他者》,曹卫东译,上海人民出版社 2002 年版,第 174 页。
　　③ H.Luebbe,Abschied vom Superstaat,Beilin,1994,S.100.
　　④ [德]哈贝马斯:《后民族结构》,曹卫东译,上海人民出版社 2002 年版,第 113 页。

持"。① 1999 年,欧元区正式启动以来,各加入国的货币正式从流通领域退出,原来的马克、法郎、里拉都消失在人们的视线里,成员国的货币发行权、金融控制权让渡给了欧盟。欧洲统一市场正式形成。通过统一货币体系的建立,使得各国结算、汇率、储备的组织管理职能部分在欧盟内部公共化;而欧洲统一大市场的形成,成员国内部在资本、商品、劳动力、人员以及技术等方面实现了自由流动,成员国相互之间的海关职能完全公共化。在哈贝马斯看来,经济一体化的成就不仅扩大了欧盟合法性的基础,而且也体现了民主协商对于共同意志形成的作用。但经济一体化并不等同于政治一体化,哈贝马斯说:"从政府间磋商机制转向一个政治共同体,不仅需要一种共同的民族合法化程序(它超越了民族国家的选举权和公共领域的限制),而且也需要一种共同的意见形成的实践,它扎根于一个欧洲公民社会当中,并在整个欧洲范畴内展现出来。后民族民主的这种合法性条件今天显然没有得到满足。"②

当代德国思想家克劳斯·奥佛(Claus Offe)等人认为,经济的一体化并非能够导致社会的一体化,社会的一体化是在一种成员的归属感中体现出来的。这种成员的归属感是在前政治的民族共同体中实现的。从而我们也可知道,为什么关注自我的公民把自己的偏好置于国家权威之下,并承担相应的义务。哈贝马斯认为这种观点有偏颇性,即仅仅承认只有在民族共同体才可培养认同感、归属感,如果确实这样,那欧盟就失去了可以形成共同的文化心理基础的前提。实际上,这种论调本身忘记了欧洲在形成现代民族国家过程中公民普遍主义(或共和主义)的一面。不过,哈贝马斯同时承认,单纯依靠经济的一体化并不能够实现社会的一体化,因此,必须要有另一套方案,这套方案是政治的而不是经济的。哈贝马斯说:"一部欧洲宪章已经具备了一部功能发生变化的宪法的特征,只有当它真的开创并实现了民主过程,它才能发挥出自己的作用。这种合法化过程必须依靠一个欧洲的政党体系,而欧洲政党体系的形成前提在于,现有的政党首先在本国范围内就欧洲的未来展开争论,通过争论把相互对立的利益协调起来。反之,争论又必须在一个欧洲范围内的政治公共领域当中获得反响,而这个政治公共领域本身的前提在于建立一个欧洲范围内的公民社会,其中必须具有不同的利益组织,非政府组织以及公民运动等。"③哈贝马斯在这里所说的在欧洲的不同民族国家之间如何形成政治团结和公民团结。哈贝马斯相信通过公共领域里的公共论辩,以及欧洲范围内的公民社会的发育,能够形成公民对欧盟的认同感和归属感。但他认为,这是一个学习的过程,这样一种学习会促使各自进行反思,并放弃偏见,学会宽容,克服地方主义。而超越国家的社会一体化积累起来这样的经验,"就是欧洲现代化自我理解的核心内容:一种平等的普遍主义,它使得我们——作为野蛮的民族主义的后嗣——能够轻松地

---

① [德]哈贝马斯:《后民族结构》,曹卫东译,上海人民出版社 2002 年版,第 112 页。
② [德]哈贝马斯:《后民族结构》,曹卫东译,上海人民出版社 2002 年版,第 113 页。
③ [德]哈贝马斯:《后民族结构》,曹卫东译,上海人民出版社 2002 年版,第 115—116 页。

转向一种后民族的民主制度,建立起普遍的承认关系"。① 哈贝马斯在这样讲时,实际上运用的是他的交互主体伦理学。即从单个主体中心论转向交互主体(intersubjectivity)论,如果是单个主体中心,即各个民族国家都只把自己看成是利益的主体或行动的主体,而把对方则看成是实现自己目的的手段,那么,就不可能发展出普遍性的关系。交互主体论即在交往行动中的各方都把对方看成是应当尊重的主体,都视对方为目的而不仅仅是手段,相互尊重相互承认,从而建立起普遍的平等主体关系。

欧洲一体化进程从 20 世纪 50 年代就开始了,然而,这一过程充满了反复和斗争,这一斗争就是围绕着民族国家的主权和超民族国家权力之间展开的斗争。在几十年的发展过程中,欧盟政治经济一体化的程度在不断加强,但各民族国家的民族主义情结并没有终结,甚至还有抬头迹象。《里斯本条约》能够获得各国的通过,在一定意义上就是民族主义的胜利。但《里斯本条约》使得各国能够有一个进一步深度政治经济一体化的法律框架,从而又是欧洲普遍主义的胜利。然而,近来英国的脱欧公投成功,表明民众中的民族主义意识仍然相当强烈。这同时也表明,有着心理和文化认同基础的欧盟,要成为哈贝马斯希望看到的更具有政治统一体特性的欧盟,还有很长一段路要走。

四、世界公民社会

哈贝马斯关于民族国家思想的另一个重要方面,就是全球化对民族国家的影响问题。哈贝马斯认为,全球化具有解构民族国家职能的功能。全球化通过全球交往关系超越了国家界限的限制,从而使得不同民族国家之间的联系更加频繁,关系更加紧密,因而超越了民族国家的地方性认同。各国地区性经济联盟和国际经济组织,以及各种跨国公司的全球性经济活动,使得全世界的经济制度结构发生结构性转变,这一结构性转变改变了民族国家的行动方式,从而使得民族国家的行动方式处于与国际社会的相互呼应之中,而它自身的塑造力量不得不受到限制。以我们上述所说的话来说,民族国家的内外主权在全球化的过程中正在丧失。

哈贝马斯进一步指出,在全球化的经济背景条件下,只要卷入到全球化的经济秩序之中,一个国家对内部的经济政策必然产生对外部经济生态的影响。另外,现代生产所导致的全球生态失衡或生态危机,恐怖主义、大规模杀伤性武器的扩散,全球毒品犯罪、世界性难民,等等,这些危险的全球化早已把整个世界联合成为一个不由自主的风险共同体,而"民族国家无法再用一种'闭关锁国的政策'重塑昔日的辉煌"②。全球化问题正在引发地方主义、民族保护主义的抬头,而全球化经济的发展,必然引起并仍将引起世界政治格局的剧烈变化,在这种变化过程中,哈贝马斯认为,民族国家作为一个成熟

---

① [德]哈贝马斯:《后民族结构》,曹卫东译,上海人民出版社 2002 年版,第 116 页。
② [德]哈贝马斯:《后民族结构》,曹卫东译,上海人民出版社 2002 年版,第 93 页。

的历史形态,必然会完成自己的历史使命而彻底走向"衰亡"。也许哈贝马斯对于民族国家功能向跨国联盟或世界性组织的转移让渡的前景的诊断过于仓促,但哈贝马斯向我们描绘的这幅世界图景值得我们思考。不过,哈贝马斯并不承认经济力量能够完全决定或引领世界的走向,他认为政治力量同样对于世界进程具有重大影响。换言之,他认为影响世界进程的力量就不可排除政治的作用。这一点充分体现在他关于"世界公民社会"的构想之中。

在民族国家主权衰落的论点上,哈贝马斯提出"后民族国家"的论点。在哈贝马斯看来,后民族国家社会,最终将发展成为"世界公民社会",或世界公民共同体。所谓"世界公民社会",哈贝马斯的设想是,本来在民族国家内部就生长的公民普遍主义,即对公民权利的承认本身不能仅仅看成是对于某一民族国家具有意义,而是具有超越国界的意义。换言之,哈贝马斯所诉诸的是在全球范围内的就人权达成共识,就此而言,一国的公民也就可说是世界的公民。在民族国家的范围内,"公民团结的基础是各种特殊的具体认同,而世界公民的团结则只能建立在人权所表达的道德普遍主义基础之上"。① 世界公民社会的组织是世界性的,而这样世界性组织与国家组织起来的共同体有很大的不同,主要表现在它不会排斥任何一个人,而将充分包容所有参与者,因为它是最大限度的组织,而不允许划分内部和外部的界限。与民族国家相关联的公民的自我理解是把自己看成是某个特殊的政治共同体中的一员,然而,包容性的世界公民共同体中的公民没有这种自我理解。哈贝马斯说:"如果世界公民在没有这种自我理解的前提下在全球层面组织了起来,甚至还创建了一种民主选举出来的代表大会,那么,我们的规范构成就不能依靠一种伦理——政治的自我理解……,而只能依据法律——道德的自我理解。规范形式的共同体根本不可能存在排他性,它是一个由道德人格组成的集体——也就是康德所说的'目的王国'。因此,只有在大同政治共同体中,'人权'才会构成规范的框架,也就是说,带有道德内涵的法律秩序才会构成规范的框架。"②哈贝马斯把世界公民社会就看成是康德式的目的王国,这是因为,它已经不在民族国家局限意义上的政治共同体的范围内,而只有道德人格才是它的规范规定性。康德意义的道德人格是建立在对于人的规范性理解前提上,即只有是人作为一个理性存在者而存在,那么,所有人都能够将目的王国看成是自己立法所建构的共同体。因此,它超越了所有民族国家的局限而将所有人看成是同一大同世界共同体的建设者。

然而,这无疑是哈贝马斯所提出的一种世界共同体愿景。这是因为,他也意识到,在当今世界上,存在着多层次、多文化的政治机构,世界社会的政治文化缺少共同的政治伦理基础,然而,伴随着全球性市场的出现,哈贝马斯认为全球性的协商机制的建立,将会导致有决策能力和行动能力的行为者相互妥协,在共同的国际经济政治背景下,协

---

① [德]哈贝马斯:《后民族结构》,曹卫东译,上海人民出版社2002年版,第121页。
② [德]哈贝马斯:《后民族结构》,曹卫东译,上海人民出版社2002年版,第120页。

商各方可以采取共同认可的规则和价值,来达成一种工具理性式的共识,进而超越自己的特殊性而趋向一种超民族国家的团结。但当前的世界政治充满了不确定性,不同文化对于人权的理解并非在同一层次。因此,哈贝马斯承认,这样一种世界公民共同体还处于形成过程中。

英文摘要

Beyond the Imagination of the Nation-State

GONG Qun

（Renmin University of China）

Abstract：Habermas believes that the European modern nation-state was formed in the development process of the modern civil society. The protection of citizens' rights is the cornerstone of modern nation-state. The modern nation is based on the naturalist nation, but its essence lies in the freedom of citizens. However, nation-state contains the citizen's freedom and national freedom in the concept of nation-state, that is, universalism of modern citizens and national specialism. The development of modern economic society and political society has transcended the concept of sovereignty of nation-states, and the EU has been established and developed in this context. Habermas believes that the development of civic universalism is not just the EU, but also should have more far-reaching human value goals, which is the world's civil society.

Keywords：Habermas；nation-state；civil rights；EU；world civil society

从章太炎出发思考多元文化主义：
何以不齐而齐？

马　琳[①]

内容提要：当前，面对多元文化主义政策的失败，学者们纷纷反思多元文化主义的基本前提与原则，对其加以理论重建。本文通过对章太炎中期的政治哲学的探究，引入道家的齐物观，探究这样的观念如何可以运用于处理生活在同一区域或是邻近区域的族裔之间的关系。首先，本文讨论章太炎作于 1911 年前后的《齐物论释》中所表述的"不齐而齐"的思想，指出这种平等/齐物观可以为构成一种道家版本的多元文化主义提供怎样的基本立场。之后，本文介绍章太炎关于中华民国建国之后如何处理汉族中央政府与其他四个主要的非汉族民族的方针政策，阐明他关于民族关系的主张与传统儒家思想基本上是一脉相承的。本文第三部分讨论章太炎基于道家立场的国家理论，并在第四部分展示章太炎思想徘徊于儒家与道家之间所产生的紧张之处。

关键词：章太炎　道家　齐物/平等　多元文化主义　非汉族民族"夷夏之辨"

近年来，欧洲国家纷纷宣布放弃政治上的多元文化主义政策（multiculturalism）而倾向于针对非主流族裔的融合政策，其中尤为引人注目的事件是德国首相默克尔（Angela Merkel）2010 年在公开场合正式宣布：多元文化主义政策失败了。由此，相关学者不得不面对"多元文化主义理论在道义上的破产，或者说多元文化主义政策令人难堪的失败"[②]这样的局面，从而进一步反思多元文化主义的基本前提与原则，尝试对其加以理论重建，以寻求对待非主流族裔的新的有效的方针、政策。需要注意的是，到目前为止，中国学者大多把多元文化主义理解为以不同国家为载体的不同文化形态之间的关系，而在国际学界，多元文化主义则特指处理同一个政体之下不同族裔之间的关系的某种基本导向，尤其是强调不同族裔保持其文化传承之特色，它与其他的导向，诸如社会整合、文化同化或者种族隔离等政策相对立。

---

①　马琳（1970—　），中国人民大学哲学院《哲学家》副主编。研究领域为欧陆哲学、中西比较哲学、艺术哲学、中国哲学。邮箱：Malin2008@ ruc.edu.cn。本文系国家社会科学基金后期资助项目"重新发现海德格尔、列维纳斯与中国哲学"（项目编号：16FZX016）的阶段性研究成果。

②　Viren, Murthy. *The Political Philosophy of Zhang Taiyan: The Resistance of Consciousness*, Leiden/Boston: Brill, 2011, p.1.

哲学家

　　本文旨在引入道家的齐物观,探讨这样的观念如何可以运用于处理生活在同一区域或是邻近区域的族群之间的关系。文章的切入点是章太炎以老庄道家为主要理论框架的中期政治思想。章太炎是著名的近代哲学家、辛亥革命的思想领袖,"中华民国"的国名就是他提出的,他还设计了中华民国的国旗(五色旗)。早年,章太炎师事古文经学学者研习古代经典,1894 年甲午战争爆发以后,他开始在报刊上撰文表述其政治思想。1900 年,章太炎出版了其影响深远的《訄书》(修订版 1904 年),书中对清政府(1644—1912)的辛辣针砭在当时引起了巨大的反响,此外,此书还主张把儒家经典视为历史文献而非圣人之言。

　　由于章太炎的政治活动,他曾七次被清廷以及袁世凯(1859—1916)通缉,三次被捕入狱。为了躲避追捕,章太炎数度逃亡到日本、中国台湾,在那里接触到了大量的西方书籍的日文版。1903 年,章太炎书就了著名的《驳康有为论革命书》,驳斥了康有为(1858—1927)君主立宪制的保守主张,指出中国必须通过革命来推翻清廷的统治。同年,章太炎被捕入狱,在狱中度过了三年,其间他专心研读佛教经典。1906 年获释后,章太炎东渡日本,在那里继续其政治与学术生涯。1911 年武昌起义爆发后,他返回中国进行革命活动。章太炎专门研讨庄子的著作《齐物论释》作于 1911 年前后,专门讨论民族问题的《中华民国解》以及提出道家式的国家理论的《国家论》均作于 1907 年,这些皆是本文的研究所依据的重点文献,因此,笔者对章太炎的生平介绍就暂时到此。

　　本文第一部分讨论章太炎在《齐物论释》中所表述的齐物/平等观念。一方面,章太炎强调平等关涉万千事物的原初状态,平等并非某种需要去实现的理想目标,而是世界原本的真理;另一方面,章太炎并不回避谈论事物各种各样的差异,差异是事物存在的方式。如果人们不是试图抹去差异以求得表面上的"平等",不是把某种固定的普遍标准强加于事物之上,而是接受差异,认可差异,那么,事物的平等就可以在其各种各样的差异性中展现出来。

　　一些学者已经把章太炎对庄子文本的阐解与发挥同文化多元论(cultural pluralism)联系起来,如王玉华的《多元视野与传统的合理化:章太炎思想的阐释》①以及汪荣祖的《超越儒教中国:康有为与章炳麟之间的对抗话语》②。中国学者常称这种文化多元论为"多元文化主义",但其所关涉的主要是以不同国家为载体的不同文化形态之间的关系(通常他们只把一种文化形态归于每个国家——实际上只考虑到了此国家的主流文化形态),尤其是中国(汉)文化与西方文化总体之间的关系。为了避免误解,我们将这种理论关注称为"文化多元论"。然而,这些学者尚未把章太炎的观点与

---

　　①　王玉华:《多元视野与传统的合理化:章太炎思想的阐释》,中国社会科学出版社 2004 年版。
　　②　Wong, Young-tsu., *Beyond Confucian China : The Rival Discourses of Kang Youwei and Zhang Binglin*, London and New York : Routledge, 2010, pp.142-143.

本文所关心的多元文化主义问题关联起来，即如何处理生活在同一个政体之下的不同族裔之间的关系。

本文第二部分探讨章太炎关于在革命之后即将建立的中华民国这样一个政体之内如何处理汉族与其他四个主要的民族之间的关系。此处先说明一个翻译的问题。在英文文献中，汉族通常被翻译为 Han nationality，然而，根据章太炎的文本，"族"主要是由血缘承递关系来界定的，因此笔者认为将其翻译为 lineage 比较合适，而 nationality 易于与 nation（国家）相混淆，给人以生活在中国的各个不同的民族都可以有自己独立的国家这种误解。周凯荣（音译）建议把"族"翻译为 Han race-lineage，但 race 的本义为"种族"，这会令人误会同一国家之中不同的民族皆是不同的种族，把民族之间的距离拉得过大。① 第二部分的讨论所依据的主要文本是章太炎作于 1907 年的《中华民国解》。尽管中期章太炎自认为在哲学上忠实于道家哲学，他关于民族关系的主张与传统儒家思想基本上是一脉相承的。与传统儒家一样，他主张在"华夷之辨"的基础上来判定文明的价值、确定具体的融合政策。此外，章太炎对"中华民族"的定义是本质主义的，亦有违于道家思想。

汪荣祖在探讨章太炎对于即将建立的中华民国的政治制度的政见之时，曾介绍过《中华民国解》其中的一部分内容，但他并没有从章太炎的政治哲学出发来讨论这份文本中关于如何处理不同族裔之间的关系这个问题。汉学家慕唯仁在其专著《章太炎的政治哲学：意识的抵抗》中也没有触及这份文本中这方面的思想。② 大多数中文二手文献只提及《中华民国解》中有关如何界定中华民族的问题，而对其以大量篇幅所讨论的民族问题不置一辞，这或许是因为其中所表达的一些观点迄今为止仍然是一个政治上的敏感问题的缘故罢！

与《中华民国解》的基本思想导向不同，章太炎关于国家的独特理论清楚地展现出道家思想的影响，本文的第三部分将聚焦于这个侧面。诸如慕唯仁等学者认为，章太炎在《国家论》这篇文章的主要导向是把唯识学的奥义运用于政治理论。③ 然而笔者以为，此文之洞见与道家思想亦是契合的。章太炎把国家视为处于低位的自身空无一物的河床，它永无间歇地接纳、承送着水流，但从不借助于强力，也不企图把任何事物据为己有。处于低位的告诫以及水之喻与《道德经》中的章句遥相呼应，而章太炎关于中华民国政治制度的一些具体建议也反映出类似的思想前设。

在本文第四部分，笔者探索章太炎思想中的不相一致之处。尽管章太炎力荐老庄

---

① Chow, Kai-wing., "Imagining Boundaries of Blood: Zhang Binglin and he Invention of the Han 'Race' in Modern China." In *The Construction of Racial Identities in China and Japan*, edited by Frank Dikötter, London: Hurst & Company, 1997, p.34.

② Murthy, Viren., *The Political Philosophy of Zhang Taiyan: The Resistance of Consciousness*, Leiden/Boston: Brill, 2011.

③ Ibid., pp.191-194.

思想,但他似乎有意无意地把借用、发挥道家思想限制在这样的前提下,即中华民国是一个理所当然地以汉族为主体、提倡其他民族向汉族看齐、与汉族单方面地融合的政体,民族多样性没有价值,更谈不上理应受到保护。此外,笔者简要地谈谈中西方学者在寻求多元文化主义的新版本之际,可以从老庄道家汲取哪些思想源泉。

一、"不齐而齐":章太炎通过道家而表述的齐物/平等观念

章太炎对《庄子》的研习着重于第二章《齐物论》,他的《齐物论释》作于1910年,修订本出版于1914—1915年。梅约翰(John Makeham)等西方学者认为,章太炎在中国传统思想之中最为倚重的是佛教——确切地说,是在章太炎的时代得到重振的唯识宗。他们主张,章太炎把唯识宗思想作为权衡中国传统哲学的尺度,早期的中国经典(包括《庄子》在内)皆是对在唯识宗那里"得到完全的、系统的表述"的智慧之"见证"。① 运用黑格尔的话语,我们可以说:唯识宗即是发展到了极致的理念主义哲学(Idealism),而之前的思想形态都是对于同一真理的各式各样的片面表述。汪容祖等学者则认为章太炎是在借用一切可即的思想源泉来表达自己的见解,他"把[西方的]文化多元论的新酒装进了庄子《齐物论》的旧瓶之中"②,因此,把章太炎的《齐物论释》视为纯粹从佛学立场来阐释庄子是一种误解。

关于这个问题,笔者持一种中间立场。我们知道,章太炎在从1903年至1906年三年的狱中时光,阅读了大量的佛学经典,尤其是《瑜伽师地论》以及其他因明学、唯识学的经典。不过,他对《道德经》与《庄子》的接触则是在他的早年,并且,他曾直接地讲道:"中国的老子庄子更高妙",而宗教则"总不免持守自宗,攻击异己"③。章太炎对佛学的兴趣主要着力于从哲学的角度来挪用其论说,并不拘囿于传统经论。尽管他运用佛学术语来阐解道家的齐物观,但他对老庄的理解并不仅仅借重于佛学,而是与传统的注解大致谐和。他以"不齐而齐"来传达道家的平等观,并且明确指出,"不齐而齐"比佛家的平等观更进了一步(见下文)。

在另一方面,虽然我们可以从"不齐而齐"引申出文化多元论这样的现代观念,但是我们不能像汪容祖那样认为章太炎主要的做法在于把现代观念读入《齐物论》之中。章太炎对于其对庄子的阐解尤为自矜,深信其独特性独步天下。众所周知,他自称其《齐物论释》发前人所未见,"一字千金"④。在他其他的著述中我们也可以注意到,章

① Makeham, John., "Zhang Taiyan, Yogācāra Buddhism, and Chinese Philosophy." In *Learning to Emulate the Wise*, edited by John Makeham. Hong Kong: The Chinese University Press, 2012, p.104.

② Wong, Young-tsu, *Beyond Confucian China*: The Rival Discourses of Kang Youwei and Zhang Binglin, London and New York: Routledge, 2010, p.141.

③ 章太炎:《论佛法与宗教、哲学以及现实之关系》,载黄夏年主编:《章太炎集、杨度集》,中国社会科学出版社1995年版,第6页。

④ 章太炎:《国故论衡》,载《精读章太炎》,鹭江出版社2007年版,第247页。

太炎对于西方理论并非亦步亦趋，而是更加留意于融通中西，独出己意，发前人、西人所未发（见本文第二部分关于民族主义的讨论）。

章太炎的《齐物论释》开篇第一段话是：

> 《齐物》者，一往平等之谈，详其实践，非独等视有情，无所优劣，盖离言说相，离名字相，离心缘相，毕竟平等，乃合《齐物》之义。次即《般若》所云字平等性，语平等性也。①

《齐物论》以丧己忘我为始，以梦蝶物化为终，废除了是与非、彼与此、人与物之间的严苛界限。尽管事物之间具有各种各样的差异，它们皆是平等、齐平的，这是一种原初的平等。上述引文中的"离言说相，离名字相，离心缘相"出自《大乘起信论》，意思是说如果人们脱离话语、词汇以及对待物的因果式的思维方式，自然可以看到一切事物归根结底都是平等的。平等——这个用来翻译西方的 equality 这个概念的词语原本来自佛家。章太炎开宗明义，《齐物论》所谈论的就是平等的问题，佛家的宗旨与"齐物"之义是相合的。不过，他认为庄子的齐物思想比佛家更胜一筹。

我们来看《齐物论》开头的风喻，即南郭子綦与颜成子游之间的对话。子綦称他已是身如槁木、心如死灰，声言子游只听到了人籁，但却没能听到地籁与天籁，并给出一段生动的描绘：

> 夫大块噫气，其名为风。是唯无作，作则万窍怒呺。而独不闻之翏翏乎？山林之畏佳，大木百围之窍穴，似鼻，似口，似耳，似枅，似圈，似臼，似洼者，似污者。激者、謞者、叱者、吸者、叫者、譹者、宎者、咬者，前者唱于而随者唱喁，泠风则小和，飘风则大和，厉风济则众窍为虚。而独不见之调调之刁刁乎？
>
> 子游曰："地籁则众窍是已，人籁则比竹是已，敢问天籁。"子綦曰："夫吹万不同，而使其自己也。咸其自取，怒者其谁邪？"

章太炎解释道，"《齐物》本以观察名相，会之一心"②。风起之际，万千窍孔振振作声，各嘘其气，正如世界上有各种各样的名相。它们犹若家鸡野鹊，其声殊异，自抒胸臆；又如游尘细沙腾跃而起，千变万化，此乃地籁。地籁之音，绵延不绝，如泣如诉，如嘻如吁，百调千律，此乃"不齐"。不过，各种声音又是"使其自己"，不依赖于外界，皆是自心现影，别无本体，并没有一位主体在操纵万窍之怒号，故曰依止藏识，此乃天籁。藏识

---

① 章太炎：《齐物论释》，载《章太炎全集》第6卷，上海人民出版社1986年版，第4页。
② 章太炎：《齐物论释》，载《章太炎全集》第6卷，上海人民出版社1986年版，第8页。

中的种子乃是相之本质,亦是名言之起源。"地籁则能吹所吹有别,天籁则能吹所吹不殊。"①地籁展现出百调千律,参差不齐,从而"所吹有别";天籁则揭示出:若依定境,一切名相皆可空,从而"所吹不殊"。只是当执念于藏识,产生了我执,以为相在根识之外,才产生了误解;以相异的名相各执一词,才产生了纷争。"名相所依,则人我法我为其大地,是故先说丧我,尔后名相可空。"②子綦之丧我,即是依止定境。

章太炎试图借用佛家的术语来阐明《齐物论》开头关于忘我、地籁与天籁之喻,而我们则可以借用郭象(252—312)的注解从另外一个角度来阐释天籁。子綦在描绘地籁之时提到,风乃"大块噫气",何谓"大块"呢? 郭象的解释是"大块无物"③。风这种"无物"没有自己的声音,风之起不依赖于任何事物,当然也不依赖于人。然而,它吹入千窍百孔之中,使得地籁之音籁籁而起,千婉百啭,此"无物"即是天籁。这种描述也符合人们的常识:风总是无区别、无主观偏差地吹过万事万物,不依赖于事物之外观,也不依赖于人们对于事物的价值判断。

章太炎从庄子的齐物思想出发,提出"不齐而齐"的平等观或者说齐一/齐物观:"齐其不齐,下士之鄙执;不齐而齐,上哲之玄谈。"④如何翻译"不齐而齐"? 慕唯仁将其翻译为"see[ing]the unequal in the equal",意即"在齐中见不齐"⑤,稍后他承认这个译法有些含混,提出另外一种翻译"to let the unequal be unequal is equality"⑥,意即"任其不齐,所以为齐"。笔者认为,我们应当从对"齐"字的解释来把握"不齐而齐"的含义。根据《说文解字》,"齊"齐本是象形字,表示吐穗的禾麦其上均平。徐锴的注释认为,象形字"齊"中的"二"表示"地";清代段玉裁更加详细地解释道:"禾麦随地之高下为高下,似不齐而实齐。参差其上者,盖明其不齐而齐也。引申为凡齐等之义。"⑦我们可以看到,段玉裁的解释似乎受到了《庄子》的影响,麦苗依随着地势的高低而显示出参差不齐,但实际上却是齐平的。章太炎的解释是:齊者,"因物付物,所以为齊"⑧。

显然,"不齐之齐"之深义与慕唯仁所言相反,不是"在齐中见不齐",而是"在不齐中见齐"。因此,我们可以将"不齐而齐"翻译为 achieving equality by leaving things uneven/unlike。慕唯仁的第二种翻译有所改进,但把"不齐"翻译为 equality 的反义词在英文语法中却构成了一个不必要的悖论。"不齐"是达到"齐"的对待物的方式,因此,笔者将"不齐"翻译为 uneven,而"齐"则可以被视为中文中对应于 equality 的准共

① 章太炎:《齐物论释》,载《章太炎全集》第 6 卷,上海人民出版社 1986 年版,第 65 页。
② 章太炎:《齐物论释》,载《章太炎全集》第 6 卷,上海人民出版社 1986 年版,第 65 页。
③ 郭庆藩:《庄子集释》第一册,中华书局 1985 年版,第 46 页。
④ 章太炎:《齐物论释》,载《章太炎全集》第 6 卷,上海人民出版社 1986 年版,第 61 页。
⑤ Murthy,*The Political Philosophy of Zhang Taiyan*, p.211.
⑥ 慕唯仁:《重新思考章太炎与现代性:对汪荣祖教授的回应》,载《"中央研究院"近代史研究所集刊》。
⑦ 参考资源:http://www.zidiantong.com。
⑧ 章太炎:《齐物论释》,载《章太炎全集》第 6 卷,上海人民出版社 1986 年版,第 61 页。

相,它包括了 equality 的一些内涵,但同时也保留着其原有的内涵,例如"等视有情"。①

　　章太炎指出,人们不应被名、相、心所迷惑,而看不到事物原初的齐一状态,当然,人们也不能把一种虚假的平等的面纱人为地笼罩在一切事物之上。人们应当复还于事物之虚静,正如天籁实乃无物,等视有情,但并没有用一种统一的标准来对待事物;又如子綦之丧我,从而使事物在齐一之境中仍然如其所是。《齐物论》为章太炎提供了一种可以超越当时引进中国的某种西方平等观的齐一思想,这种西方观念把平等视为乌托邦式的人人均等的抽象的平等。道家的齐一思想超越了同一与差异之间的二元对立,更为重要的是,它还超越了人与其他事物之间的鸿沟。正如章太炎讲道:

　　　　近人所谓平等,是指人和人的平等,那人和禽兽草木之间,还是不平等的。佛法中所谓平等,已把人和禽兽平等。庄子却更进一步,与物都平等了。仅是平等,他还以为未足。他以为"是非之心存焉",尚是不平等,必要去是非之心,才是平等。庄子临死有"以不平平,其平也不平"一语,是他平等的注脚。②

　　因而,承袭着道家精神,章太炎的平等观并不仅仅涉及生活世界中的万事万物,并不仅仅主张众生平等,而是要齐平人与其他事物(人亦是"物",这层意思体现在现代汉语中的"人物"一词之中),甚至连善恶、是非等价值观念皆要齐平。人们要注意,自己的价值观总是受到自身的偏见所限制,因此,不能只是依据某种固定的价值标准来衡量事物的对错,而必须从具体事物的实际境况出发,因物付物,事物乃齐。章太炎经常引用《道德经》第 64 章的"以辅万物之自然而不敢为"来说明这一点;此外还引用《道德经》第 49 章:"圣人无常心,以百姓之心为心。善者,吾善之;不善者,吾亦善之,德善。"③

　　章太炎指出,人们不应当从自己关于善恶、对错的前见出发而把一种似是而非的平等强加到事物之上。相反,人们应当认可事物之间的差异,留意自己的价值判断的局限之处,依据事物的自然特性,使自己不断地与物为春,跟随事物之变化而变化自身的观点、立场,"如户有枢,旋转环内,开阖进退,与时宜之,是非无穷,因应亦尔",此即庄子所谓的"不由而照之于天","莫若以明"④。

　　① "准共相"是笔者所提出的一个比较哲学方法论的概念,详见马琳:《比较哲学中的家族相似概念及其跨文化延拓》,《学术月刊》2016 年第 7 期。
　　② 章太炎:《国学概论》,曹聚仁整理,上海古籍出版社 1997 年版,第 34 页。相似的说法参见章太炎:《论佛法与宗教、哲学以及现实之关系》,载黄夏年主编:《章太炎集、杨度集》,中国社会科学出版社 1995 年版,第 14—15 页。
　　③ 章太炎:《论佛法与宗教、哲学以及现实之关系》,载黄夏年主编:《章太炎集、杨度集》,中国社会科学出版社 1995 年版,第 14—15 页。章太炎:《齐物论释》,载《章太炎全集》第 6 卷,上海人民出版社 1986 年版,第 17 页。
　　④ 章太炎:《齐物论释》,载《章太炎全集》第 6 卷,上海人民出版社 1986 年版,第 17 页。

上述道家思想对于政治哲学的意味即是：所有的国家、民族、社群以及个人皆有生存与自由发展的权利。我们不能仅凭自己的标准来评判其他文化的价值。在《齐物论释》的题解部分，章太炎特别提到尧伐三子之问这个故事，在注解中又对其作出详解。

> 昔者尧问于舜曰："我欲伐宗脍、胥、敖，南面而不释然。其故何也？"舜曰："夫三子者，犹存乎蓬艾之间。若不释然何哉！昔者十日并出，万物皆照，而况德之进乎日者乎！"

下面是章太炎大段征引的郭象的评论，这在其《齐物论释》中是不多见的，因为在别的方面他并不满意郭象对《齐物论》的解释：

> 将寄明齐一之理于大圣……夫物之所安无陋也，则蓬艾乃三子之妙处……今欲夺蓬艾之愿而伐使从己，于至道岂弘哉，故不释然神解耳。若乃物畅其性，各安其所安，无有远近幽深，付之自若，皆得其极，则彼无不当而我无不怡也①。

章太炎赞誉郭象的这些注解确切地领会了庄子的意旨。不同的邦国处于不同的地域，各安于其所安之处，怡然自得。人们不能从中原的标准出发，认为居于蓬艾之国是蛮昧之邦，更不应该从这样的判断出发而讨伐它们，试图将其转化为中原文明。这种做法无异于以玉盘珍馐来招待海鸟，以钟鼓之声来取悦鼹鼠，两种情况皆致客人受宠若惊、颠连取毙。

不同的邦国具有不同的习俗，此为"不齐"。"文明"与"野蛮"之分是对这些邦国所作出的一种价值判断。然而，它们皆能各安其俗，互不相碍，正如十日并出，各安其所。美德应当比太阳伟大，因此，一位具有美德的君主应当能够容纳其他这三个邦国的存在。这种阐释是大多数《庄子》的注家所赞同的。而郭庆藩则提出另外一种解释：

> 家世父曰：伐国者，是非之见之积而成者也。而于此有不释然，左右伦义分辩竞争八德，交战于中而不知。夫三子者，蓬艾之间，无为辩而分之。万物受日之照而不能褪其形，而于此累十日焉，皆求得万物而照之，则万物之神必敝。日之照，无心者也。德之求辩乎是非，方且以有心出之，又进乎日之照矣。人何所措手足乎！②

郭庆藩提出了一种道家针对儒家称誉美德的做法的重要批判，此种注解更好地表

---

① 章太炎：《齐物论释》，载《章太炎全集》第6卷，上海人民出版社1986年版，第39、99—100页。
② 郭庆藩：《庄子集释》第一册，中华书局1985年版，第90页。

述了道家的齐一思想。他认为：十日之照物，使得万物衰敝，无计逃脱，但是，十日之照物是无意的；而讲求是非的美德标准则是人为的，其害甚至有过于日之照，意欲讨伐他国的想法即起源于是非之见，人们将如何是好呢？结论自然是：人们应当祛除是非之心，正是是非之心引起各种不同的美德之间的冲突，使得从是非之见出发来看待他国之人无法怡然释怀。这种阐释避开了把容纳他国归结于在圣人身上彰显出来的一种美德（因为所谓的美德仍然需要用一种价值标准来衡量），从而把问题集中于彻底地祛除是非之见，而不是依赖于圣人之言。

章太炎认为尧问一段应当是《齐物论》之七章的最后一章，之所以放在第三章，恰是出于其致用利见的功效："原夫《齐物》之用，将以内存寂照，外利有情。"①他敏锐地观察到这个故事与现实形势所具有的惊人的相似之处。古往今来，侵略者从来不承认其蚕食的行为，而总是诉诸某种堂而皇之的理由，总是声称其目的在于传播文明于野人之中。这种借口的根源即在于义野不齐之见。然而，侵略者野心却为其侵略的行为所暴露无遗，"为桀跖之嚆矢明矣"②。试图消灭所谓的野蛮邦国、推广自家文明的做法起源于文野不齐之见，这种偏见是最难以消除的。不过，"文明灭国"的借口却被庄子揭穿。章太炎接续着庄子而主张："世情不齐，文野异尚，亦各安其贯利，无所慕往"；"终举世法差违，俗有都野，野者自安其陋，都者得意于娴，两不相伤，乃为平等"③。我们可以把章太炎对尧问故事的发挥称为一种初步的道家版本的多元文化主义。

章太炎顺便批评了当时主张无政府主义的政治家。章太炎与无政府主义之间的关系较为复杂。根据札罗的研究，一方面，章太炎认为民族主义高于无政府主义，因为后者对于当时中国的形势是不适合的；但在另外一方面，无政府主义对于章太炎的"个人主义的情愫"具有一定的吸引力，在其著名的《五无论》中，他似乎把它视为"通往最终实在的第一步"④。无政府主义者宣称，当国家、区域、乡镇等这样的划界彻底消失、所有的道德准则都销声匿迹之后，就能够实现完全的平等。章太炎指出，即使当这样的理想状态实现之际，无政府主义者仍然还保留着文明与野蛮之分别，为了达到、改进文明，必须使得工具日益先进、饮食日益佳善、着装日益精美，而为了实现这样的进步，必然要驱使某些民众劳形苦身，如此而来，人与人还是不平等。因此，齐物之论，究其极必须齐文野之见。

在许多文字之中，章太炎似乎完美地现身为庄子思想的承继者、宣扬者，他认为当时所流行的公理观以及墨子的天志观皆以普遍之论蒙蔽了人们的心智，其论与庄子的

---

① 章太炎：《齐物论释》，载《章太炎全集》第6卷，上海人民出版社1986年版，第39、100页。

② 章太炎：《齐物论释》，载《章太炎全集》第6卷，上海人民出版社1986年版，第39、100页。

③ 章太炎：《齐物论释》，载《章太炎全集》第6卷，上海人民出版社1986年版，第6、39、64、100页。

④ Zarrow, Peter., *Anarchism and Chinese Political Culture*. New York：Columbia University Press, 1990, pp. 51~52,183.

齐物说相去甚远。① 然而,作为一位志在重振中华的革命者,章太炎当然清楚理论与实践之间的差距。正如一只美丽的玉卮虽然珍贵,却不易付诸日用,哲学之论说虽然高妙,却难以付诸实施。中华民国建立之后,倘若其他四个主要的非汉族民族也成为中华民国之一份子,那么,如何处理汉族与这些民族之间的关系?章太炎关于这个问题的讨论明显地体现出传统的华夏中心论,这与他所信奉的庄子的齐物之见背道而驰。

二、章太炎关于汉族与其他民族之关系的华夏中心立场

在章太炎的时代,梁启超(1873—1929)、杨度(1875—1931)等学者主张,经过数千年的共同生活与交流,中国各民族已经融合为一个大民族,尤其是汉、满、蒙、回、藏五大民族(梁启超没有列举"藏",而是"苗"②)。他们建议把这样一个大民族称为"中华民族",强调其中"华"字的文化内涵。他们认为,[繁体字]"華"字是"花"的本字,字义为"花朵","華"的含义即是中华文明之美好与灿烂,其他采纳了汉文化的民族亦是"中华民族"之一份子。这是从文化上、而非从血统上来定义中华民族。梁启超把这一定义称为"大民族主义",以与"小民族主义"相对比;根据"小民族主义",中华民族的主体只能是汉族。③

章太炎坚持梁启超所谓的"小民族主义",在作于1907年的《中华民国解》中,他追溯了华夏民族(章太炎认为这只是汉族的另外一个名称)之形成的复杂历史。章太炎认为,"华"字来自"华山","夏"则出自"夏水",亦称"汉水"。"华"字起初是指称邦国,而"夏"则指称这样一个生活在中原的"种族"。"汉"字则出自"汉朝"(西汉,公元前202年至公元25年),其地理范围与华国相同。因而,"华"、"夏"、"汉"的指称是相互重叠的,其内涵是一致的。作为民族(章太炎倾向于使用"种族"来指称汉族)名称的"汉"包含着对华国的指涉,而"华"——"中华民国"之"华"——则意味着即将建立起来的中华民国的主体应当是汉族。④ 章太炎的观点与传统的"夷夏之辨"是一脉相承的,"夏"指称生活在中原的汉族,而"夷"则指称生活在中原以外的其他民族。

章太炎竭力强调"华"字的地理意味,其背景是杨度对"中国"与"中华"的区别。在《中华民国解》中,章太炎数次提到杨度所主张的"金铁主义"[这种主张认为中国应当寻求经济上的富裕(金)与外交上的强势(铁炮)]。杨度提出,"中国"主要是一个地

---

① 章太炎:《排满平议》,载《章太炎全集》第4卷,上海人民出版社1985年版,第262页。持公理者,章太炎可能所指的是康有为,参看Wong,2010,p.3.对于某些持公理者,甚至夫妻关系也可以从几何原则中推演出来(这与从前的算生辰八字可谓异曲同工吗?)。

② 梁启超:《饮冰室合集》第2卷,中华书局1989年版,第19页。当时,"回"主要指涉的是生活在新疆的穆斯林民族,也泛指所有的穆斯林民族。直到1956年给各民族分别命名之后,"回族"才被用来指称现今主要生活在内陆的某些特定族群。

③ 梁启超:《饮冰室合集》第2卷,中华书局1989年版,第75—76页。

④ 章太炎:《中华民国解》,载《章太炎全集》第4卷,上海人民出版社1985年版,第252—253页。

理上的概念，原本用来区分远与近的地区；而"中华"主要用以界定文化之优劣。"华"既非邦国的名称，亦与血统无涉，它是一种特定文化的名称，是文化统一的象征。生活在"中国"（中原）的人可以退化为蛮人，而蛮人亦可以进化为文明人。"中华民族"是对长期生活在一起的已经融合为一体的各民族人民的总称。① 顺便提一下，"大民族主义"者所提出的这种广义上的"中华民族"概念后来被中国共产党所借用，来作为在政治斗争中攻击国民党的一个理论基础，而国民党则似乎继承了章太炎式的狭义的以汉族为主体的民族概念，忽略了与其他民族之间的团结。②

与杨度的文化主义立场相对，章太炎提出一种在地理、传统与血统上三重统一的狭义的"中国"概念。在界定汉族之时，他尤其强调血统的重要意义：

> 夫言一种族者，虽非铢两衡校于血统之间，而必以多数之同一血统者为主体。何者？文化相同自同一血统而起，于此复有殊族之民受我抚治，乃得转移而翕受之；若两血统立于对峙之地者，虽欲同化莫由。③

慕唯仁注意到，章太炎有时区分开"种"（race）与"族"（lineage）这两个概念，这是章太炎驳斥梁启超从其君主立宪的立场出发所提出的满族与汉族属于同一个"种族"的理论基础。④ 慕唯仁认为，"族"指称血统与文化，章太炎是在"种"的范围之内来使用"族"的概念的。上述引文则表明，章太炎把血统作为界定"族"的根本标准，而文化之认同则决定于血统之同一。在录于《訄书》的一篇文章中，章太炎提出，满族人与日本人同属于黄种人，但是，日本人与中国人是相同的族；而中国人［汉族］与满族则不是同一个族。如此看来，"种"可能更多地指涉人类学意义上的外貌及生理特征，因此章太炎承认汉族与满族是同一个种，但却不是同一个族。上述引文也表明，当血统是决定性因素之时，章太炎所使用的"种族"一词应当被理解为古汉语语法中的偏义复词，其词义落在"族"之上。

有的学者认为，章太炎关于民族国家的想法主要是受到了西方现代民族理论的影响，例如，王玉华引用章太炎的这段文字作为这种观点的论据："且民族主义之见于国家者，自十九世纪以来，遗风留响，所被远矣。撮其大旨，数国同民族者则求合，一国异民族者则求分"。⑤ 然而，章太炎这段话的背景是评论严复（1854—1921）翻译的英人甄克思（Edward Jenkins）所著的《社会通诠》（原题为 *History of Politics*）。他列举出甄克

---

① 参见《杨度集》，湖南人民出版社 1986 年版；章太炎：《中华民国解》，载《章太炎全集》第 4 卷，上海人民出版社 1985 年版，第 253 页。

② See Liu Xiaoyuan, *Recast All Under Heaven: Revolution, War, Diplomacy, and Frontier China in the 20th Century*, New York: Continuum, 2010, pp.115–116.

③ 章太炎：《中华民国解》，载《章太炎全集》第 4 卷，上海人民出版社 1985 年版，第 255 页。

④ Murthy, *The Political Philosophy of Zhang Taiyan*, p.76.

⑤ 章太炎：《〈社会通诠〉商兑》，载《章太炎全集》第 4 卷，上海人民出版社 1985 年版，第 332 页。

哲学家

思所描绘的宗法社会与中国传统社会的四大区别,从而论证甄克思的理论不能被照搬到中国。章太炎指出,当时所谓的民族主义精神长久以来已然固存于"吾种"的才智之中。因此可以说民族主义并非外来的,而是在特殊事件的激发之下显示出来的。可见,章太炎并不以为民族主义作为一个外来的西方的政治概念可以拯救"吾种",当人们把章太炎称为一位民族主义者之时,不能把民族主义直接地等同于西方学者所提出的民族主义。事实上,章太炎所主张的"〔小〕民族主义"与明末清初之际顾炎武(1613—1682)等学者的志趣是一致的,顾炎武计划撰写一部中国姓氏史,借以彰显满族人是"我族"之异类。章太炎时代的许多革命者亦有此想法,这也是他写作《訄书》的一个中心关怀。

从这样一种"小民族主义"出发,章太炎提出他对于处理汉族与其他四个主要的非汉族民族之间的关系问题的总体原则以及具体措施。我们提到过,章太炎对于汉族的界定所采用的主要标准之一是地域,并且,他试图沿用西汉时期的版图来界定中华民国的疆域。根据这一标准,他提出,朝鲜和越南本是中国的一部分,其民众与汉族享有同样的文化以及血统。因此,理想地说,朝鲜和越南应当被光复,重归中土。缅甸虽然不是西汉的疆土,但在明代时隶属于云南府,众多汉族移民到那里,因此,它也可以被光复。

然而,章太炎认为,西汉以外的疆域,即蒙古、回部(即新疆)、西藏(章太炎称为三荒服),原来并非中国的一部分。西藏、回部在明代时只有册封,并非属地,蒙古则从未臣服于中原。西藏在宗教上与中土尚有交通,而"回部、蒙古宜无一与汉族相通",因此,"三荒服则任其去来也"。尽管蒙古、回部、西藏"并非故土",但由于他们并不隶属于任何国家,那么,"循势导之",其实他们比朝鲜、越南与缅甸更易于被纳入中华民国的版图。①

如果"三荒服"真的可以自由选择是否从属于中华民国,那么在某种程度上可以说章太炎将他们与汉族等视之,是平等地对待他们。然而,章太炎并没有切实地讨论这种可能性。其中一个重要的原因是,在当时的国际形势之下,这些地区的民族的自决权似乎只能停留在理论的层面上,由于其落后的状况,这在实践上是不可行的。此外,正如章太炎指出,沙俄一直都在觊觎回部与蒙古;英国欲图吞并西藏;而法国则虎视眈眈妄想控制云南与广东。如果这些区域独立出去,那么势必使得这些企图更加容易得逞。而倘若这些地方落于外强之手,那么中原地区就很难维持其领土之完整。② 因此,章太炎认为从政治策略上来讲,应当把蒙古、回部、西藏三疆纳入民族革命胜利之后即将建立的统一的中华民国之中。在《中华民国解》中,他以大量篇幅讨论了如何把蒙古、回部、西藏顺利地"同化"或者说"醇化"于汉文化之中。

---

① 参见章太炎:《中华民国解》,载《章太炎全集》第4卷,上海人民出版社1985年版,第257页。
② 章太炎:《中华民国解》,载《章太炎全集》第4卷,上海人民出版社1985年版,第261页。

章太炎从数个方面来探讨同化的进程：从语言方面来说，在回部的汉人比其他两部都多，而回人聪颖胜于蒙人，因此在这方面易于醇化；尽管蒙人稍嫌迟钝，但由于与汉人通商，可以逐渐习得汉话；而藏人离中原最为遥远，且拥有自己独特的宗教与文化，其语言亦属于完全另外一种体系，因此，在语言方面对他们的醇化最为费力。

在经济与生活习俗方面，回部的农耕形式与汉民无大异，人们筑室而居，环城以郭，亦与汉人相类；而在西藏，由于高山深谷阻断交通，无法游牧，且土地硗薄，亦无法稼穑，人们居住在简陋的木屋里，略胜于蒙人的帐篷；在蒙古，戈壁广阔，即使在平地亦有大片的沙漠，由于其游牧生活，蒙人不得不支篷而居，唯有王公贵族才享有居室。因此，在经济与生活习俗方面，对蒙人最须用力将之同化。

在律法与政令方面，有清一代，虽然西藏实施的是神权政治，清政府还是常常派遣满官到那里辅佐。章太炎认为以后可相应地派遣汉官到那里；蒙人的首领是酋长，其律法与中原具有很大的差异。不过，对于那些归化效忠于中原的部落，依然可以派遣汉官任治；唯有回部在这方面有些麻烦，根据章太炎的解释，这主要起因于满清政府对待回部的酷虐政策，令其无辜而遭到流亡。满人虽然在回部设置了行省，但仍然年年课税，苛政不止，"非若蒙古之为肺腑，藏教之被尊崇"①。某些学者曾把清政府的民族政策美化为儒家式的"多元文化主义"，宣称清政府视己为兄长，而把其他民族当作需要被照顾的小兄弟，这种理想化的描绘缺乏历史的真实性，至少与章太炎此处的叙述大相径庭。② 由于"满洲视回部若草芥"③，这自然激起回民的憎怨，并转而迁怒于汉官，从而，回部成为躁动最易于兴起之地。因此，就律法与政令而言，回部是最难以醇化的地区。章太炎建议，可以在那里派遣官员、兴办学校，暂时对其现行律法不作变更。待二十年之后，回部可冀与内地相比拟。

至于如何对待满人的问题，章太炎在其他文稿中也谈到过。一方面，他表达出对于满人的极度憎恨，宣称他们的祖宗是动物而不是人。④ 满人的语言、宗教与生活方式皆与汉人相异。因此，他们当然不是"华夏"之一份子，作为异族，他们当然不能统治汉人。尽管满人敬拜孔子，尊奉儒教，但那在本质上是为了维护其在中原的统治所采取的政治策略。此外，尽管他们大多数人都通汉语，接纳了汉俗，但仍然不能说满人已经与汉人醇化了——主张君主立宪制者以此为理由认为无须推翻清朝的统治——因为他们以少数（五百万人）统治着占大多数的汉人（四万万人），因此，绝对有必要推翻清政府的统治。

在这个问题上，章太炎与康有为的立场针锋相对。康有为认为，只要满清皇帝能够

---

① 章太炎：《中华民国解》，载《章太炎全集》第 4 卷，上海人民出版社 1985 年版，第 257 页。
② 这种美化、粉饰的一个例子是：He，Baogang.，"Minority rights with Chinese characteristics"，in *Multiculturalism in Asia*，edited by Will Kymlicka and Baogang He.New York：Oxford University Press，2005，pp.56~79。
③ 章太炎：《中华民国解》，载《章太炎全集》第 4 卷，上海人民出版社 1985 年版，第 257 页。
④ 章太炎：《訄书》，中西书局 2012 年版，第 18 页。

施行变革、推动现代化进程,满清政府仍然可以延续其统治。康有为也采用了历史考证的方法来论证其观点,试图证明满人与汉人起源于同一个祖先,满人并非异族人。

在另外一方面,章太炎也不赞同由于满人是"非人"而应当将满人斩尽杀绝的偏激主张,他认为,只要满人交出政权,回到他们在东北的起源地,那么,汉人可以如同对待日本人与泰国人一样对待他们。设若汉人惟欲复仇,杀戮满人,那么满人的后代也会相应地向汉人复仇,杀戮汉人。如此一来,冤冤相报,无有终结。再者,清政府所雇佣的汉官与满人同样的酷虐,因此,仅是对满人复仇是不公道的。①

三、章太炎道家式的国家理论

在上一节,我们看到,章太炎对中华民国的展望是一个绝对以汉族为主体的国家,其中一个主要的原因在于他盼望中国重新实现地域、传承与血统三因子的统一,恢复传统意义上的华夏国;他对汉族的定义尤其以血统为基本标准。这些观念与章太炎曾经严厉批斥的儒家传统实际上是一脉相承的。此外,他对中华民族的定义是本质主义的,与道家思想背道而驰。不过,在一些政论文稿之中,章太炎表述了一种道家式的国家理论。

在1907年,也即在他写作《中华民国解》的同一年,章太炎撰写了《国家论》一文。在文中,他提出一种把个体置于国家之上的政治理论,宣称:

> 一、国家之自性,是假有者,非实有者;二、国家之作用,是势不得已而设之者,非理所当然而设之者;三、国家之事业,是最鄙贱者,非最神圣者。②

当然,章太炎采用了一些佛教术语,如"自性","假有","实有"等,但其思想在总体上仍然可以说是道家式的。他采用佛家的说辞是因为他相信"佛法应务,即同老庄"③。他认为,个体是由各种物集聚而成,没有实有;不过,相对于个体所聚成者,则可以说个体为实有,而所聚成者为假有。相应地,国家为人民所组合,因而人民具有实在,而国家没有实在。章太炎用线与布的关系来说明此点。一线一缕,经纬相交,以成布帛。而当经纬散乱之时,线缕之自性犹在,而布帛则已不复存在。相应地,人可以组合为村落,组合为军队,组合为国家,但是,村落、军队、国家均无实有,只有人是真实的。

章太炎顺势批评了当时的一些国家论者,他们把国家作为主体,把人民作为客体,其理由是:国家千年而无变易,而人民却有父子更迭,种族移易的变化。章太炎运用溪

① 章太炎:《排满平议》,载《章太炎全集》第4卷,上海人民出版社1985年版,第262—263页。
② 章太炎:《国家论》,载《章太炎全集》第6卷,上海人民出版社1985年版,第457页。
③ 章太炎:《论佛法与宗教、哲学以及现实之关系》,载黄夏年主编:《章太炎集、杨度集》,中国社会科学出版社1995年版,第14页。

流之喻来反驳这种说法:溪流之槽或许千百年不变,而槽中之水则朝夕奔流,无有停止,因此也许可以说溪槽为主体,而槽中水为客体。然而,溪槽究竟是由什么东西所构成的呢? 有左右的堤岸,下面的泥沙,以及中间的空处。岸与泥沙的自性皆是土,不能说即是溪槽;唯有中间的空处可以与溪槽联系起来,因此,人们所指的溪槽究其底竟只有空处,空则非实有。不过,溪槽之空还能够以肉眼观察得到,而国家之空则无法用肉眼观察到。人们所能看到的国家,除了人民之外,唯有土田山渎,但即使把国家当作主体的学者也不会认可土田山渎即是国家,即是主体,因此,宣称国家为主体,只是一句空话。有的人认为国家具有制度法律,人民有代谢,而制度法律则不然,此乃国家之实。章太炎指出,制度法律也会有变更,纵使其无变化,但它们是前人所制定,之后传下来的,因此仍然出自人之手。前人已不复存在,所传下来的制度法律即"无表色",究其实际,它们并非可以独立于人,不能把它们作为国家的主体。因此,国家非实有。

从这样一种道家式的国家观出发,章太炎在20世纪20年代提出并支持"联省自治",他主张,中央政府不应过强,20世纪10年代所产生的政局动荡其主要的根源是中央政府权力过于集中。由于总统与总理职位的权力过大,几乎所有的军阀、政客都企图攫取这样的权位,于是引起混战。因此,中央政府只能具备有限的权力,如同"虚牝"一般甘处下位①,甚至不需要有中央议会。只有这样,权力的争斗才可望结束。

"联省自治"这种制度的实质在于,各省议会可以建立各自独立的政府,拟定各自的宪章;公务及军事官员、士兵及警察都应当是本地人;各级官员的聘任应当由公共选举来确定。这些独立的省会可以联合起来构成一个联合政府,但仍然保持其自治,联合政府仅是象征性的。不过,章太炎所说的联省自治只涉及汉族的省区。

在法律与法规方面,章太炎指出,不能盲目地追随西方的做法,而应当根据传统习俗、倾向以及人民的愿望来裁决,这些因素是构成万物的"规矩"。章太炎引用韩非的《解老》来说明其主张:"万物莫不有规矩。议言之士,计会规矩也。圣人尽随于万物之规矩,故曰不敢为天下先。"②为政者在决策时不能从其个人臆断出发,而应了解民众的意愿。例如,他反对用阳历来取代传统的阴历,其原因并非阳历不好,而是因为这一决策的裁定过程不符合程序。改历是由参事会所决议的,而组成参事会的成员大多是各省督府的代表,并非由国民公选而产生的。由于中国的民众长期以来所习用的是阴历,因此这样的重要决定应当征求民众的意见。③

总的来说,章太炎认为中国直接采纳西方的政治体制是不合适的。他再次引用《道德经》第64章来说明:"政治法律,皆依习惯而成,是以圣人辅万物之自然而不敢

① 章太炎:《联省自治虚置政府议》,载《章太炎学术文化随笔》,中国青年出版社1999年版,第163—164页。

② 章太炎:《国故论衡》,载《精读章太炎》,鹭江出版社2007年版,第109页。

③ 参见章太炎:《章太炎政论选集》,中华书局1977年版,第539、547页。

为,更要在去甚,去奢,去泰。其横取他国已行之法,强施此土,斯非大患不灵者弗为"。① 民主立宪的体制发源于法国,美国对其作出了修订,而中国则应当创造出第三种民主立宪的体制。不可能有普遍有效的政治制度,更不能将他国的政治法律强行施加于中国,空悬一理驱使民众去遵从。法则、规章必须适合固有的民情旧俗。

四、章太炎思想中的内在紧张

每当只是涉及汉族之时,章太炎似乎总是遵循老子的无为教诲,把民众而非政府置诸中心地位,因为国家是一个虚体,没有实际的存有。然而,每当事情涉及汉族与其他民族之间的关系之时,章太炎却毫无保留地倡导(汉族)中央政府有权力也有必要在几乎每个方面都对其他民族实施强势的同化政策,如在语言、经济与生活习俗、律法与政令等方面。在上一节中,我们看到,他认为某些决策问题民众应当具有优先的发言权,但他从未考虑过其他民族的民众是否也有权决定他们是否愿意改变其生活方式、遗弃其语言、尽可能地变换成另外一种非本己的身份。

就章太炎所主张的"联省自治"而言,我们也可以质疑:其他民族是否也可以像其他的汉族省份那样,有权建立自治政府,自行拟定宪章,拥有自己的军队、警察,自行选举各级官员? 对这个问题的一种回应是:倘若这些中原以外区域的民众不尽量向中原看齐,那么就很容易产生分裂,招致外国势力的入侵。然而,同样的焦虑也适用于"联省自治"之下的所有汉族省份(章太炎似乎把云南、广西列为汉族省份)。

我们还记得《齐物论》中的尧伐三子之问,章太炎借用这个故事质疑西方政治体制的普遍有效性,质疑文明的普遍量尺。然而,他把这个故事仅仅比拟于(汉族)中国与西方国家之间的关系。在驳斥"文明灭国"论之时,章太炎揭穿了运用当时流行的"物竞天择"论来证成攻伐他国的荒谬之处,主张"物有自量,岂须增益,故宁绝圣弃知而不可邻伤也"②,文野不齐之见是根深蒂固的偏见,但常常被用作侵略与兼并的借口。是非之见是用不齐的态度来对待事物的一种表现。章太炎提出:"诚欲辨别是非者,当取文明野蛮之名词而废绝之。"③风起之际,万千窍孔发出各种各样的声音,产生一种不齐的表象;然而,正是由于它们各自依照其不同的特性、功用而作其声,它们又是齐一的、平等的。尧伐三子之问很好地说明应当如何对待中原以外的文化。

遗憾的是,当章太炎转向(汉族)中央政府与其他民族之间的关系问题时,他似乎忘记了他从庄子那里所学到的不齐而齐的思想,他似乎忘记了这种关系是相互的、双向的、自下而上的、自愿的关系,而非单向的、自上而下的、强制的。从而,他提出一种单方

---

① 章太炎:《章太炎政论选集》,中华书局 1977 年版,第 537 页。
② 章太炎:《齐物论释》,载《章太炎全集》第 6 卷,上海人民出版社 1986 年版,第 100 页。
③ 章太炎:《齐物论释》,载《章太炎全集》第 6 卷,上海人民出版社 1986 年版,第 100 页。

面地从（汉族）中央政府出发对待其他民族的完全同化的强制性政策。

这其中，语言的权利颇值得一提。在1908年，章太炎驳斥了中国应当废除中文、采纳世界语（当时称为"万国语"）的主张。倡导这种做法的人认为象形文字是不文明的民族所使用的，而拼音文字是文明民族所使用的。在其论辩中，章太炎也征引了《齐物论》："余闻风律不同，视五土之宜，以分其刚柔侈敛。是故吹万不同，使其自已，前者唱喁，后者唱于，虽大巧莫能齐也。"①章太炎指出，世界语是在欧洲语言的基础上人为创造的，因此只有在欧洲它才能是一种便捷的交流工具（笔者以为，即使在欧洲，世界语作为一种理想语言而非自然语言亦是不可行的，这也是它自行消亡的原因），而不适合于其他国家。章太炎不厌其烦地列举出中文的优点，并且又一次征引《庄子》："凫胫虽短，续之则忧；鹤胫虽长，断之则悲。"②他评论道，倘若人们把中国古代复杂的语音体系运用于欧洲语言，那就犹如试图延伸鸭子的腿；而倘若人们试图把欧洲的字母体系施用于中文，那就犹如试图截短鹤的腿。其言外之意即是：差异颇大的语言是彼此平等的，没有所谓的开化人的语言和不开化人的语言；不能把某种语言的特征作为普遍的标准而令其他语言向它看齐。然而，令人迷惑的是，当章太炎主张其他民族应当采纳汉语（这可能会导致其本族语言遭到歧视、遗忘）之时，他似乎完全放弃了他关于语言平权的洞见。

尽管章太炎把血统作为辨别汉族最为关键的尺度，然而，"夏"与"夷"数千年的比邻而居、熙来攘往，已经使得人们不可能真正地辨别出没有受到任何"夷"的玷污的纯粹的汉族血统。康有为等在当时就指出了这一点。在《左传》等先秦典籍中就有关于其他民族的习俗对于中原的影响这方面的记载（《左传》是章太炎最为看重的典籍之一）。此外我们知道，章太炎是一位非常渊博的学者，难道他就丝毫不了解周边民族的语言对于汉语的影响？完全依赖血统的标准来界定汉族在实践上是不可能的。血统的原则事实上是服务于政治与（汉）民族主义的目的，尤其是服务于当时章太炎等人通过革命推翻清政府的政治主张。周凯荣（音译名）曾指出，把大部分中原居民认定为"汉族"是当时反对清政府的政治宣传的一部分，③这种宣传可以使得更多的人获得认同感，从而加强凝聚力。盖伊也认为，汉民族的同一性其实并不像官方政策所宣称的那样令人信服。④

由于章太炎提出了一种具有道家倾向的政治哲学，我们期待他同样也提出一种道家式的多元文化主义，但是，他却让我们失望了。不过，如果我们将其道家式的政治哲学的要素加以发挥，那么我们或许可以对当前多元文化主义的出路获得一些良好的教

---

① 参见章太炎：《驳中国用万国新语说》，载《章太炎全集》第4卷，上海人民出版社1985年版，第337页。

② 章太炎：《驳中国用万国新语说》，载《章太炎全集》第4卷，上海人民出版社1985年版，第351页。

③ See Chow, Kai-wing, "Imagining Boundaries of Blood: Zhang Binglin and he Invention of the Han 'Race' in Modern China," pp.43-44.

④ Ghai, Yash., *Autonomy and Ethnicity: Negotiating Competing Claims in Multi-Ethnic States*, Cambridge: Cambridge University Press, 2000, p.77.

益。就其反对普遍理性（公理）、认可文化多元性而言，我们可以说多元文化主义的宗旨与章太炎所主张的"不齐而齐"是不谋而合的。

有人把西方的多元文化主义破产的一个原因归结为其原本旨在于保护文化多元性的"任其作为"（laissez faire）政策，但这种政策却导致某些族群内部——尤其是某些穆斯林群体——对弱势成员的自由与人权的侵犯。有些学者可能会觉得这种政策与道家的无为主张十分相似，因此他们会质疑道家思想对于多元文化主义的重要性。就这一个侧面而言，我们不能把无为等同于"任其作为"，等同于纯粹的宽容与不介入。我们应当注意，无为并不意味着一无所为，而是顺应于事物自身的韵律，正如章太炎曾引用过的《道德经》第64章所言，无为的含义是："以辅万物之自然而不敢为。"无为是辅助性的，非强制性的，不是将外在的标准强加于事物。无为的图景恰如庄子在《齐物论》中所描绘的那样：虚空无物的风没有差别地吹过万物，让万物自身去发出自己的曲调。这些曲调在一一对比的近距离观察中各各不同、各各不齐，但聚在一起却构成了一首宏大的、均衡的交响乐。

章太炎的《论国家》中有一则隐喻可以用来很好地说明不同的民族群体如何能够被确切地包容于同一个国家之中。章太炎是在谈论国家的边界之时给出这则隐喻的。他指出，我们不能想当然地以为一切事物都有确定的界限。实际上，万物之间都是相互关联、相互转化的。仅当它们需要保护自身之时，一棵树才会长出树皮，一条虫才长出壳，人与动物才长出皮肤。[①] 因而，事物之间的界限的产生是一种应对的举措，而不具有本质性。

相似地，一个国家设立边界是出于保护领土的需要，但是，边界的存在并不是必然的。一条河两岸的风景看起来是泾渭分明的，然而，这条河却能够完美地将两岸的风景囊括于其中（作为倒影）。[②] 因此，事物都是相互包容、相互转化的。章太炎曾经把国家比作溪槽，此处，我们可以把国家比作河床，把不同的民族比作两岸的风景，河流可以无偏私地倒映两岸的风景，而两岸的风景则依然故我，不失其特性。相应地，一个国家也可以等视不齐、均等地包容不同的民族。

如果章太炎真的认为国家必须是虚空的、不施强力的，那么他就必须放弃他以汉族为主体对中华民国的定义，把中华民国视作一个能够平等、宽松地容纳多元民族的虚牝一般的国家。从道家立场出发，一个国家应当均等地对待各个民族，不施加单向的同化政策。墨菲评论道："人们已经严肃地质疑多元文化主义对于一个文化多元的民主国家是否真的是维护社会凝聚力的一个方案。许多批评者实际上视之为一种引发分离、分裂以及社会解体的举措。"[③]针对这一批评，道家式的回应可以是：维护文化多元性并

① 章太炎：《国家论》，载《章太炎全集》第 6 卷，上海人民出版社 1985 年版，第 459 页。

② 章太炎：《国家论》，载《章太炎全集》第 6 卷，上海人民出版社 1985 年版，第 460 页。

③ Murphy，Michael.，*Multiculturalism：A Critical Introduction*.New York/London：Routledge，2012，p.3.

不意味着在相异的民族之间划定严格的界限，然后各人自扫门前雪，哪管他人瓦上霜。正如章太炎指出，所有的界限都是一种回应的措施，其自身并没有不变的本质。比邻而居的民族可以对彼此的生活方式、价值观念产生各种程度的影响。

五、结　语

有些学者希冀儒家可以为多元文化主义的困境提供一个出路。儒家能否不孚此望，这不是本文的课题。但是从本文的探讨中，我们看到，传统儒家治国的一个必要的理论基础是夷夏之辨，也即文明与野蛮之别。尽管一些学者主张，清政府在如何对待其他民族的问题上接受了儒家精神，倡导和谐与融合，把其他民族视为小兄弟，如同长兄一般照顾小兄弟。① 然而，对和谐与融合的倡导显然是以清政府的统治以及对其他民族的有差别的衡量作为前提的。

我们知道，除了汉、蒙、回、藏、满以外，中国还有众多其他民族。在 1949 年中华人民共和国成立之后，民族学家一共界定出 56 个民族，汉族以外的其他民族被统称为"少数民族"。根据刘晓原的研究，"少数民族"的用语最早出现在 1924 年的一份国共合作的官方文件中。② 笔者以为，这个用语也很可能发源于西方理论，经由马克思主义传入中国。那么，我们是否可以质疑这样一个用语与传统的"夷夏之辨"在思维取向上异曲同工，因为"少数民族"中的"少数"一词并非只具有数量的含义。虽然在中文语境中人们不会使用"多数民族"这样的表述，但"占多数的人具有统治权"（majority rule）的思想未免隐含在"少数"的用语之后，相应地，占少数的人似乎自然应当只适合拥有次要的政治权力，并且由于其文化与习俗的差异而可能受到歧视。我们还记得，章太炎曾经列举出当时汉族与满族的人数对比（四万万对五百万），他想当然地认为——并且预设所有的人都会认为——不能由少数来统治多数。少数与多数之别（这似乎是另外一种版本的更为隐蔽的夷夏之辨）或许也是章太炎所主张的单方面的同化政策的理论基础。这样的分别遗忘了道家不齐而齐的齐物观。

笔者以为，儒家思想并不能够为多元文化主义指出新的出路，而有可能事与愿违，只是带来意识形态上的倒退。我们需要首先弄清楚究竟是什么原因导致了西方多元文化主义政策的失败。"任其所为"的方针是否潜在地拉开了各种民族群体之间的距离，加深了彼此的隔绝？而这样的状况是否更进一步地导致对于"少数民族"的普遍无知、偏见与冷漠？美国进攻伊拉克是否亦是出于文野不齐之见？我们不难注意到，军事进攻往往同时伴随着针对伊拉克"落后"的文化陋习的揭露与抨击。在急切地转向非西

---

① He, Baogang., "Minority rights with Chinese characteristics".

② 刘晓原：《从"五族共和"到五域统合——辛亥革命和中国国家形态近代转型》，载吕芳上编：《近代国家的型塑》，国史馆 2013 年版。

方文化寻求多元文化主义的出路之前,学者们应当首先质疑、厘清多元文化主义的基本前设与概念。

笔者以为,中国以及西方的学者可以从由章太炎所发挥的道家的"不齐而齐"思想中体会到:首先,事物之间没有严格的分界,以此类推,各民族之间也没有严格的界限,尤其是长期比邻而居的民族;其次,理论家不能想当然地把自身来自中心地区、来自于"多数"群体的身份等同于某种普遍的、假想的中立的立场,从这种立场出发,把其他文化视作需要加以评估、宽容、远离或是同化的对象。遗憾的是,我们的现状是:大多理论家都来自其国度的多数群体,并且毫不掩饰这种身份,因为他们认为这是一种值得骄傲的身份。笔者认为,我们应当避免使用"少数"、"多数"这样的用语,因为其意义并非数字的对比,而是包含着不平等的观念。出自这样的理念,笔者建议,在需要使用统称之时,使用"非汉族民族"比使用"少数民族"为好。

对于民族的定义问题,我们也需要持一种道家的立场。王汎森对于章太炎的种族思想有很好的概述:

> 章太炎的种族思想已与传统大不相同,传统的种族思想容许夷狄进于中国,则中国之;但章氏对此完全不能同意;他强调种族的"单一性"及"历史渊源性",认为不同民族之间的差异,有如动物种类之不同,决无法调和。故其种族思想中,"部族隔离性"(tribal isolation)极强。①

这涉及本文所阐述的"大民族主义"与"小民族主义"之争。不过显而易见,王汎森(以及大多数研究者)对于这样一种狭隘的民族定义没有提出任何疵议,而唯有赞誉之辞:"章氏在民族主义方面的贡献,信可垂诸青史而永不磨灭。"②本文的问题导向并不纯粹是历史学方面的事实,而且也在于,在现今时代,我们应当如何借鉴章太炎的道家式的政治哲学思想,同时超越其在民族问题上的局限之处。

英文摘要

Thinking with and against Zhang Taiyan on Multiculturalism
Achieving Equality by Leaving
Things Uneven(*buqi erqi* 不齐而齐)?

MA Lin

(Renmin University of China)

Abstract:This paper initiates elements of a Daoist stance as regards the basic assumptions and princi-

---

① 王汎森:《章太炎的思想:兼论其对儒学传统的冲击》,上海人民出版社 2014 年版,第 65 页。
② 王汎森:《章太炎的思想:兼论其对儒学传统的冲击》,上海人民出版社 2014 年版,第 103 页。

ples involved in debates on multiculturalism. This is to be achieved via an examination of Zhang Taiyan's mid-term political philosophy, which is shaped by his interpretation and development of Daoist thinking, especially the idea of "Achieving equality by leaving things uneven". After explicating the basic tenets that point toward a Daoist stance on what is now called multiculturalism, I discuss Zhang's concrete proposals concerning the relation between the Han lineage and the other four major ethnic groups in the to-be-established Republic of China. Then I investigate Zhang's unique theory of the state. Lastly, I explore the discordance in Zhang Taiyan's thinking despite his privileging of Laozi and Zhuangzi's ideas.

Keywords: Zhang Taiyan; Daoism; *qiwu*/equality; multiculturalism; non-Han lineage; "Keeping *yi* and *xia* separate"

从章太炎出发思考多元文化主义：何以不齐而齐？

【中国哲学】

东方人生哲学多元真理观的方法论探究

杜保瑞①

内容提要：东方人生哲学对准人生问题提出解决的方案,并追求理想完美的人生,其中有若干重要的学派,以及一些精彩的著作。他们所提出的意见各不相同,但都能有效解决问题,只要情境符合,操作者又能诚恳地实践,都能带给人生莫大的贡献。这么说来,各个学派都是有用的,因此,就不需要统合于一元了。因此,本文主张,中国哲学各家各派是相对多元的关系,因此也不需要有对错以及高下的争议。本文之作,借由周易六爻的架构将中国哲学各学派的问题意识与理论宗旨予以解明,这些理论所关切的问题各自属于六爻中的不同位阶,而各种不同的人生就是在这六个位阶中发展的,从而建立整套的人生图像,说明各个学派都是人生不同阶段不同位阶所需要的智慧,因此必须是多元兼容的。

关键词：儒家　墨家　法家　庄子　老子　道教　佛教　多元真理观

一、前　言

东方哲学的要点是人生哲学问题,意旨解决人生问题的智慧,它有儒、释、道的主要学派,也有《易经》《人物志》《近思录》《菜根谭》《朱柏庐治家格言》《弟子规》等的生活智慧宝典,都是为生活所用,也都道理切近,并真能解决问题者。问题就是,学习者是否真正理解其旨。又,如果不把它们放在生活现场上去阅读,只是片面抽象地学习,没有生活历练的印证,只是成了空头的学问,学术诚固其然,用处则是一无是处。学习东方哲学,就是为了解决自己的人生问题,就是要应用在生活世界中的智慧,不在这个面向学习,固然也是学习,但实在就跟这种智慧没有直接相应的关系了。问题是,这种生活上的学习,会因个人体会不同、个性能力不同,而有种种不同的感受,那么,这样还能当成哲学研究的课题吗? 哲学不就是要严密的推理论证,以及绝对的精确理论吗? 要讨论这个问题,就要对人生哲学的真理观进行深入的认识,虽然人生哲学充满了各家的论辩,彼此争议,辩证高下,实际上而言,笔者认为这一切必须是互为真理的多元立场。一

---

① 台湾大学哲学系教授,大连理工大学海天学者。

旦接受多元价值立场,那就是每一家都有它的道理,都可以解决一种特定的人生问题,都是有效果的哲学,因此清楚明白地了解这一套哲学进而正确地运用它,就有了系统内部的哲学严密学的意义了。

二、多元真理观

儒释道三教辩证自古即然,最早是道家庄子菲薄孔子,而《论语》中也不乏和隐者的对谈,①价值辩证先秦即已开始,自佛教传入,道佛两教甚至有法术的较量,华严宗密《原人论》却将儒道收入它的世界观系统,②明末三教辩证大张旗鼓,③当代仍有新儒家辩破道佛。三教之间在理论辩争上势如水火,但现实生活中却又有三教之人水乳交融的事实。究竟是个人的所学不精,以致误解而交融?还是理论上的根本误解,因误解才有对立,否则,本来在运用上就可以交涉圆融呢?笔者的立场是后者,解消理论上的误解,使得运用上得以交融。然而,三教辩证与新儒家的锋头都是理论的实情,如何面对这种对立冲突的尖锐挑战呢?这就要从方法论、真理观的角度来谈了。方法论讲究理论成立的方法,重点在形成理论的系统性,真理观讲究理论的类型、应用与选择的方面,了解真理观,才能妥当地运用,用在改正自己、提升自己,而不是用在轻视别人、否定别人,于是各家智慧皆能为己所用,各家智慧成为一套多元交融的共构系统。面对什么问题就使用什么理论,使用什么理论就深入了解它,并切实遵守它的指导,于是人人成为各家智慧的实践高手,运用之妙存乎一心。当然,这需要先在理论上解决各家的对立,这就要靠方法论和真理观的探究。

三、方法论问题

儒释道三教有自己不同的世界观、价值立场休养方式和理想人格,从而形成理论的系统,笔者即是以宇宙论、本体论、工夫论、境界论说之并架构之④,但是,这样的系统性理论是如何形成的呢?归根结底,是形成于教主的价值意识的坚持,以及实践的成效,或是对前人实践成效的诠释。当价值意识成为自己的心理状态,从而意志坚定地行动之后,所有的现象便都依据这个立场来理解及对待,这样一来,就没有不能成立的理论了。也就是说,价值意识是选择的结果,根本上来自教主的意志决断,世界观是配合价

---

① 参见杜保瑞:《从儒道对比谈庄子哲学的现代意义》,http://homepage. ntu. edu. tw/~duhbauruei/4pap/2dao/20. htm。

② 《华严原人论》:"佛教自浅至深。略有五等。一人天教。二小乘教。三大乘法相教。四大乘破相教。五一乘显性教。"其中,儒道两家就在人天教中。

③ 儒家的王船山,佛教的藕益智旭都是此中的大家。

④ 参见杜保瑞:《中国哲学方法论》,台湾商务印书馆2013年版。

值意识而开发认识的,有此在世界的型态也有它在世界的型态,在价值观确立之当下,世界观的此在世界、它在世界的型态已经预设在那里了,只是等着实践的经验去经历它、体证它、验证它而已。在坚守价值以投入行动的生活中,就有了休养方法的认识与讲究,这就是工夫理论。在展现这个价值信念于生活世界中的样态,这就呈现了人格的理想,这就有了境界论。于是,各家的理论是各家的信念选择与实践呈现的结果,因此各家都能够成立,因为都有实践的证明①。这就是成立说。但各家之间的辩论与非议呢?这其实是一场永远无法成功的事业,甚至是打不完的战争,因为领域上是根本不同的,以为有冲突对立都是理论认识不明的结果。儒释道各家的创教都不是基于否定对方而成家成教的,都是有自己清明的价值实感而建家立教的。可惜的是,就算是真正掌握到自家理论的核心问题与终极智慧的人,也未必能清楚地认识它教的问题与智慧,稍不收敛,辩论与非难就来了。各家不同的问题与世界观的真相为何呢?讨论这个问题,就进入了中国哲学真理观的范畴了。为彰显这个问题的深度,以下先介绍梁漱溟、冯友兰和劳思光对于人生问题的分类和意见。问题分开了,答案自然也就不必有所冲突了。它们只是解决不同问题的不同工具罢了。

四、入世与出世的人生面向

以上借由三位当代哲学家对中国各家哲学的分类定位之说明,笔者企图建立一个理论上的立场,那就是,儒释道各家只是在面对不同问题提出解决方案的智慧体系,彼此不需以为有理论的对立。虽然如此,因为各家已经建立了严密而庞大的理论体系,其结果便导致各家理论表面上有重大的差异对立,其中尤以宇宙论问题为要,宇宙论问题中的关键因素,就是世界观在于此在世界还是在于它在世界的差别的问题。这个差别,决定了哲学体系的入世主义还是出世主义的不同立场。

前文所说的经验值的差异,主要就是针对此在世界和它在世界而言说的,这也是决定于对生死的看法而提出的,若有死后的生命,则世界观必有它在世界,则生命的理想就可能定在彼岸,而以彼岸为理想,就是出世的人生观,这就和以现实世界的建设为目标的理想有极大的不同了。主张有它在世界及追求彼岸理想的宗教哲学体系,通常会有修炼、修行工夫以为超感官能力的获致,一旦获致,经验就出现,则彼岸的经验将成为论究价值的基础,于是出世的人生观就诞生了,关键就是人生以追求彼岸的永恒生命为目标,此世的经历只是促成彼岸的新生命的过程而已,因此此世的社会体制之角色地位就不是出世人生观的价值目标了。相对地,没有它在世界观的人生哲学,追求此世的理想,价值实现在社会体制的建构上,个人的成就评量也放在社会体制的位阶上,这便是入世的人生哲学。

---

① 参见杜保瑞:《实践哲学的检证逻辑》,《哲学与文化月刊》第490期(2015年3月)。

入世的哲学，不谈它在世界，不谈死后生命，不以死后生命的状态作为此世行谊的目的，追求人在世间的角色扮演。在东方哲学中，儒家，道家老子，法家，《易经》《人物志》《菜根谭》等都是重要的入世哲学体系。

五、出世主义哲学的形态

至于出世的体系，在东方哲学中，有庄子及大小乘佛教者是。庄子有神仙的世界观，这就是它在世界了。庄子的人生理想，或者在世间做个逍遥的智者，或者修炼成仙做个长生不死的仙人，逍遥的智者其角色固然是人间性的，但他不以社会体制的建设以及自己的社会地位为追求的目标，其背后还是有神仙思想作为终趣，能成仙，则是最高最好，不能，就死后化为泥土回到造化之中，这也是自在的。佛教大小乘都有轮回生死的世界观及生命观，它在世界及彼岸的生命对于此世生命的意义是重大的，更是根本性决定的。大小乘的差别是内部的，小乘主解脱，大乘主自度度人，自己解脱的历程中同时协助他人一起解脱，由于协助度众的关系，自己的解脱就变成不是第一序的目标了。现代佛教讲人间佛教，将佛教的觉悟的智慧实现在此世之中，但标准为何？依然是佛国的价值，同时不可能摆脱它在世界的存在之认识，以及轮回生命观的知识前提。信念上此在世界可以净土化，但永远会有新的世界需要被净化，也就需要有不断的再来人于世间度众净化①，以行菩萨道的事业，因此不论事业是多么地人间性，佛教的价值理念还是彼岸的。此处，中国道教是一特例，道教有它在世界观，但是道教有神仙道教和天师道教两型，神仙道教如庄子，追求彼岸出世的自在逍遥，以为神仙就是自由自在逍遥自适不理人间俗务的，所以是标准的出世主义形态。但天师道的道教，他们的道士以及信徒，追求的都是人间社会的正义与道德，借由与鬼神的沟通，以役使天地的力量，协助人间，建立道德秩序，所以尽全力维护社会体制的正义，努力于追求人间的美好生活。因此，尽管有它在世界，但它在世界的存在也是以建设此在世界的理想为目标，可以说是一套有它在世界观的入世主义的哲学。也就是说，天师道教有它在世界观，但追求此世的价值理想，是入世主义的人生哲学。神仙道教有它在世界观，并且追求它在世界的生命自由，是出世主义的人生哲学。

小乘佛教，有它在世界观及轮回生命观，追求永生不死的生命，以解脱人间世的生老病死之苦，是个人性的哲学，是出世主义的哲学。大乘佛教，追求众生觉悟成佛，做法是积极入世救度众生，固然以人间世界为活动的场域，但知识的领域则是包含无尽的法界，终极的理想仍是彼岸永恒的生命，是出世主义的人生哲学。

这三型的出世主义的哲学观，是中国哲学理论内部的主要出世形态，简述之如下：

---

① 再来人指的是佛教的似地以上菩萨以及有阿罗汉果位者，已经超越六道轮回的生命境界，却愿意入世为人，以人类的生命形态助众离苦，谓之再来人。其实，依据轮回观，所有的有情众生都是不断的再来人。

道家庄子与神仙道教：否定社会体制，追求个人自由，超凡入仙：个体户、艺术家、文学家、气功师的自由哲学。

小乘阿罗汉：轮回观下，超出六道，离苦得乐的解脱道：苦命人改运转命的哲学。

大乘佛菩萨：遍学世出世间法，救度众生，自觉觉人：大智慧者济世度众的哲学。

至于入世的各家而言，理想在此岸，建立良好的社会体制以追求良好的人生为目标。虽然如此，还是有种种的类型，墨家、儒家、法家、《老子》《易经》《人物志》《菜根谭》等。简述之如下：

墨家：节用节葬非乐非攻基层百姓安居乐业：小市民节约简朴哲学。

儒家：知识分子对家国天下社会体制的维护：知识分子爱民哲学。

《老子》：稳居高层领导之位以为人民百姓服务：大官领导哲学。

法家：巩固君权维护国安赏罚二柄富国强兵：高阶主管的机关管理哲学。

《人物志》：识人用人的人才分类管理晋用：知己知彼的职场人事管理哲学。

《菜根谭》：职场纵横认清人性品鉴意境追求福德：儒道融合的人生最高智慧。

《易经》：阶层体制情境设想命运限定趋吉避凶：了解环境应对进退的角色扮演哲学。

这些入世的哲学，每一家的理论都是正确的，但是面对的情境以及问题各是不相同的。

六、入世主义哲学的形态之墨家

墨家思考的是直接站在底层人民的立场，而且是从满足基本温饱的需求上的发言，国家的强盛与否，文明礼仪的丰盛与否，都不是它的考虑。所以有节用、薄葬、非攻、非乐的思想，此外，它与天师道教有一共同的信仰，那就是有它在世界的观念，但它在世界的存在是以此在世界的人生为目标，鬼神的功能是助成人间世界的秩序，而行其善恶赏罚的作为，人的存在非以成神为目标，人的存在仍是以人的生命生活为目标，人的生活需要君王非攻、兼爱，若不能为此，则以明鬼、天志告诫之，若能照顾人民的生活，则崇尚君权，而告知尚同。所以墨家也是有它在世界观，却是入世主义的人生哲学。

七、入世主义哲学形态之儒家

儒家的形态是以知识分子的身份要求君王行仁政、爱百姓，关切的是人民的生活福祉，认为帝王的角色是以照顾人民为第一目标，至于知识分子自己，则应修养自己以为人民服务，并且协助君王成为管理阶级，但自身不是统治阶级，而是永远以批判的眼光要求统治者爱人民、行仁政的知识分子管理者阶级，统治者能重用儒者，则儒者鞠躬尽瘁、死而后已。儒家的价值就是服务的人生观,人生以服务为目的,在追求国家照顾百姓,人人安居乐业的过程中,同时成就了自己的生命价值,朝闻道,夕死可矣。所以,儒家总是在基层各个地方第一线面对百姓的生活,照顾基层人民百姓的生活福祉。至于中央高层的生活,那是统治者阶级,儒者通常不自以为是统治者阶级。若是自以为是统治者阶级,基本上已经超出了儒家的价值立场了。但儒者不是不可以位居要津,然而,要位居高位,就需要《老子》的、《人物志》的、《易经》的等其他类型的人间智能,简言之,要有与小人、权臣周旋的技巧,要有忍耐、受辱、承担、坚毅的精神。征诸孔、孟,高官厚禄都不适合他俩的形态,而是知识分子哲学家的类型,发言以建立万世不朽的价值为目的,知识分子的性格是最浓厚的了。但是儒者是要承担天下的,然而,在秦汉之后的中国官场,儒者哲学家少有位居高官大位的,即便是建立巨大功业的王阳明,也是外臣统帅的角色,而不是中央大员的角色。宋代大儒,周敦颐是小官,张载是地方官,程颢地方官时间长久,程颐虽一度为皇子师,因太拘谨,始终无法成为朝中大员,晚年被贬抑四川而作《易程传》,朱熹也是地方官,却因学术名气太大而遭朝廷忌惮,被治以伪学之罪。可见,儒者做地方官较适合,一旦要上升至中央大员,势必改变头脑不可,否则必遭大难。因为,儒者就是知识分子而非统治者性格,想的就是人民百姓的生活,而非自己做大官享厚禄的生活。当然,也有读了儒书而做上大官却忘了百姓生活的人,但是这种人已经不算是儒者了。

八、入世主义哲学形态之道家老子

道家老子也是入世的哲学,但却是在世间做大官的哲学,儒者之所以做不来大官,就是不能与小人共利益,老子的智慧,就在于要成为永远的大官集团中的一分子,以便为百姓谋福利,但要待在这个位阶,就必须把私人的利益完全让出去,功劳是君王的,永远不可揽功自居,免遭忌惮。权力一定要和其他大官分享,免遭嫉妒。利益一定要分配给部属以及民众,以落实自己的理想。利益给民众本来就是儒者的价值立场,这没有问题,问题是儒者不懂得如何与"小人喻于利"这个现实周旋。孔子关切的是"君子喻于义",只是一味要求自己,但与小人周旋的智慧没有真正开发,这就需要道家老子来补充一下,老子就明言"弱者道之用""不敢为天下先""治人事天莫若啬",这都是把利益让出去而辛劳自己来的做法。这样,小人的贪欲心就照顾好了,自己要实践的理想就没有人来掣肘了,则天下事就可以依己意来处置了。"非以其无私耶,故能成其私","夫唯不争,故天下莫能与之争"。老子的哲学是怀抱儒家服务天下的理想,却认清小人为己争欲的面目,但因君王通常没有识人之明,以及总是好逸恶劳,故而容易为小人围绕。因此能够跻身君王身边的大官、好官总是不可能不同时伺候好小人,否则无以治国,然而,这正是一般的儒者做不到的地方。既然放不下这个身段,忍不下这口恶气,赔不起这张笑脸,那很简单,就是做小官,在地方基层做事,服务百姓。若要位居高位,没有老子这种"无为而无不为"的智慧是待不住的。总之,老子一样是入世主义的哲学,但却是大位高官的哲学,并且是预设了儒家服务的人生观的儒家哲学的辅助系统。

九、入世主义哲学形态之法家

法家向来强调富国强兵,且以赏罚二柄统治人臣,是一部给国君治理国家富强盛大的治国宝典,这就当然是入世主义的哲学,目的当然是建立及维护甚至强大国家体制。在法家的思考中,国家团体的强大才是唯一目的。法家的人才也是要协助国君治理国家的,但是国家才是目的,个人只是工具。法家的思考中不谈个人理想,想的都是国君的利益,都在劝告国君做对的事情。国君要面对的问题和人臣要面对的问题是不一样的,国君不是官位,地方小官、中央大官是官位,但国君不是官,而是最高领袖,一切权力财富的根源地,故而国君之位人人贪想,一旦被夺而失去君位则身死刑戮,十分惨烈,因此保住君位是国君第一要务,其次便是保住国家,尤其是在战争的时期,大国兼并小国,小国一旦战败,战士死于战场,国君要不身死、要不为奴,百姓则皆为奴,土地货财归他人所有。面对这样的局面,国家绝对不能失去,所以国君必须保住国家的存在,这就是法家在思考的问题。

要是儒家,国君不行仁政,则亡国是必然的,甚至知识分子可以揭竿起义,而诸侯王发动革命也是应该的,这就是站在百姓生活的角度想事情的结果。但在法家,却不只是国君行不行仁政的问题,国君当然要行仁政,但是国君如何应付国际攻伐征战,如何统御臣下,尤其是如何面对强臣豪士,这些儒家是没有深入反思的,儒家反思的是君王如何才是爱人民、爱百姓的,儒家总是想要碰到好的君王,但好的君王常常被谋害,而坏的君王又欲望过多,一样会亡国灭身,因此,如何协助中才之君强大国家?这就是法家的课题,法家的建议就是法、术、势的运用。

然而笔者以为,再好的技巧也需要国君自己有足够坚毅的性格以及聪明的头脑以理解法家的智慧,这样才能成就法家希望他们成就的大业。总之,法家的哲学是入世主义的哲学,是维护国家体制的哲学,是唯组织目的的管理哲学,是与现代公司企业的管理哲学同一思考方向的价值立场,员工只是工具,必须对组织的直接目标有所帮助才好的职员,如同法家对百姓的态度,只有能农能战的士兵才是好用的国民,国民是国家强盛的工具,不是国家的目的。然而,当时代走到了战争时期,当国与国间处于生死相拼的格局,不用法家的管理方式是不行的,但只有法家也是不行的,这也被秦的灭六国却又被推翻的历史所印证。就国家体制的维护而言,一时的强大要靠法家,但长治久安要靠儒家。至于知识分子大臣官员个人的进退,那就需要各种不同的学派智慧,关键是当下面对的问题要清楚准确地掌握,法家只为国家体制计,为君王领袖人物计,对个人是寡恩薄情的,个人的生命需要靠其他的学派智慧才能温润。

十、入世主义哲学形态之《人物志》

《人物志》是中国古代的人事管理哲学，篇首提出孔子《论语》的人才分类观点以为开宗明义，篇尾《释争篇》提出道家老子的修养智慧以为收尾。该书建立了许多人才类型分类的知识，说明人才的优缺点，人君与人才互动时的考虑要点，不同类型能力的人才在会场开会时的种种不同表现，不同领域的人才在学习阶段、为官阶段和卸任后的不同的个人命运。观察一个人是否真正优秀的几种技巧，通常会容易看错人的几种毛病。最后，只有在职场上谦虚有礼貌，利益不与人争的人，才会爬到高位，"战胜而争不形"是《人物志》最高的职场竞争原理。总之，《人物志》的智慧之运用，作为领导者必须是观照全局的通才，作为一般性的人才，则需谦退不争才能站上高位施展才华。《人物志》就是入世主义的人生哲学体系，虽然有特定的问题意识，直接面对人才识别的问题，但背后的价值观就是儒家服务的人生观，目的在借由良才的拔擢而建立优良的体制，以为人民大众服务。基本上，做官的人都需要有人事管理的智慧，一旦成为最高领导者，则天下的干部都是由你去任命的，这时候更是绝对不能没有人事管理的直接准确的智慧，所以《人物志》绝对是体制的哲学，入世主义的哲学。

十一、入世主义哲学形态之《菜根谭》

在中华智慧宝典中，还有《菜根谭》一书值得百嚼不厌。笔者个人认为它是结合了儒道两家的智慧精华，其中道家包括了老子的以及庄子的思想，儒家强调入世承担服务，《菜根谭》也砥砺世人要有承担的志气。老子告人要谦虚礼让，《菜根谭》就说"宠利毋居人前，德业无落人后"，这样才能久安于人臣之位。一旦高层进入权力斗争的白热化时期，知识分子就要看清而退出，因为危险至极，同时所为之事皆是恶坏至极之事，所以不宜参与，这就是庄子的心态立场。《菜根谭》讲话的对象还是知识分子，是有儒者性格且有仁德之心的君子，不是一味只想着自己权势利益的嗜欲深重之人，这些人有可能身居高位，而且他们的目的就是身居高位，但手段是凶残的，所以为民服务的官员是不宜跻身权力争夺圈子的，因此劝诫知识分子要及时退出，退出就是庄子的形态。也就是说，《菜根谭》既能提起服务的志向，也能知道不与小人争利，更能看透暴君权臣奸党的真面目，而急流勇退，"爵位不宜太盛"。此时，就差不多是跟官场说再见的时候了，而不是像屈原投汨罗江死谏的举动，从国家的角度，国还是被灭了，从个人的角度，徒让家人伤心而已。所以，笔者以为，从知识分子的角度言，《菜根谭》是孔、老、庄的智慧综合体，入世的理想中含有出世的智慧，以出世的心做入世的事业，能行则行，不能则止。既有服务社会的志气，又有看透人心的潇洒，既能承担大任，又能看破权力的伪装。主要是入世主义的哲学，但却吸收了出世主义的智慧，但却与它在世界观关系不大，追求的并不是它在世界的永恒生命。

十二、周易六爻的时位逻辑：角色、命运、智慧、人生以及学派理论

周易哲学有种种理解诠释的进路，若是从义理易的进路而言，则是将其卦爻辞视为解决人生问题的智慧指引。周易六十四卦，象征六十四种人事情境，借由情景模拟而找出问题，并提出解决的建议。每卦六爻，借由初、二、三、四、五、上的六爻序列，或是说明事件发展的六个阶段，或是说明同一事件中的六个不同位阶的人物的应对进退，或是说明同一个人物在生命的六个不同阶段中的命运发展。这样的架构，以人物阶层言，便是以上三爻为高阶、为中央，以下三爻为地方、为基层。这样一来，可以作为日常生活中的个人角色命运以及应对智能的一套模型，从而说明了社会不同阶层的人物的　生命运，甚至可以将中华国学的智慧类型比附在这样六个位阶的命运特征以及观点倾向之中。总之，这样的思维就是体制性的思维，就是入世主义的哲学观，是在人世间的阶层位阶中理解生命的故事以及进退之智慧。以下就六爻的智慧运用而谈。

（一）角色

首先，就角色言，初爻代表刚入组织的新鲜人，二爻代表基层中获得任命的干部，有其专业执掌以及明确的角色扮演，三爻代表基层中从干部之位退下来的资深人员，四爻代表已经跻身高层的领导集团中人，五爻就是领导者，只有一人。上爻是四爻主管之位卸下来退居第二线的高阶资深顾问，也可以是五爻退下来的人物。

（二）命运

就命运言，初爻没有好坏的问题，一切事不干己，有好事颁奖也没他的份，有坏事惩罚也轮不到他，这是一般正常的情况，当然有例外，但那肯定是组织本身处于不正常的状况中。二爻表示获得荣誉受到重用，只要有所表现，便会得到奖赏。三爻不负主要责任，没有主管之职，或者是边陲地区的主管，脱离中央，或者是上下相搏的冲突焦点，三爻迫于形势，上下两党冲突时，我便被迫正面遭殃。总之，一切体制内倒霉的事情他都碰得到，可以说是最凶险的一爻，自己也常会因为说错话而惹祸，因为心理不平衡。四爻已是高位，关键就是会斗争夺权，与同事斗争，甚至向国君夺权，因此也是一个危险的位子，但只要谨慎低调，基本上表面上是安全的，不像第三爻连表面上都不安全。第五爻身负天下重任，天下人也都为其所用，大家的成功都是他的功劳，只要人事正确、政策正确，他就能高枕无忧，所以他也是一切成败的真正负责人。第六爻空有高高在上的地位以及荣誉，但因离位因而无有实权，有时不免心中有失落感，因此多少会想要干涉五、四、三、二个爻的行动。

（三）智慧

以上谈角色及命运。接下来谈应对进退的智慧建议。初爻以学习为原则，其他众人之事以沉潜为道理，不必发言，发言也不会有人重视。努力培养实力就是最有智慧的做法。初爻不担纲任务，若是一进组织就被授予重任，这虽然未必是坏事，但必定是组织出了纰漏，组织不正常，才有初爻担大任的情况发生。

二爻既已受命，就得好好做事，事情必以办成为原则，以累积未来更上高位的实力，不可畏事怕难，因为主管就是重要角色。只要事情办成，正常情况下，基层应有的奖赏荣誉是少不了的。二爻无论如何要和五爻合作，否则组织不成组织了，上下主事者合作，天下太平，大事可成。

三爻处于上不上、下不下之位，做事有功不在我。三爻不在核心而在边陲，有好事轮不到我。若无优良的素养，肯定愤世嫉俗，为己招祸。智慧的做法是，要么采取出世的价值观，避开冲突点的角色，不必为团体卖命，既已身处边陲，索性追求自己的逍遥去了。要么采取入世主义的道德立场，做事为公，不为己私，君子有成人之美，因为自己非主管之位，协助组织做事之后，功劳或二或四，虽然功劳不在我，但心中有团体，仍然诚恳地做，树立形象，将来必有机会登上四爻。以周易入世主义的价值立场而言，三爻虚位，故而多怨多难，关键是一心仍在组织的角色成就上，但人生就是有角色被夺、光彩黯淡的某些时刻，处于此时，或者忍耐避祸待时，这是入世主义者的态度，时机成熟，环境正常，实力坚强，终有跻身四爻高位的一天。或者放下成就感动机，准备在职待退，不再以组织角色评价自己以至约束自己，而开始追求自由的人生，这就是出世主义的态度。

四爻高层主管，有机会为天下人谋福利，得到权势为组织创造利益，但是这需要真正有道德境界的正人君子才能为之，否则多为争权夺利而糟蹋了这大好的高位，智慧的做法是一心一意为众谋利，并且功劳归给五爻，权力与其他四爻共享，切莫一人独享，利益及资源就给下三爻。这样的四爻，将永有机会在此位上，为体制服务，又保住地位，又不与人结仇，关键就是看得淡利益，以及有真正的理想性格，这样的第四爻，就是一切有专业、有能力的人才人生的归宿，只要时代环境尚有可为，一切有能力的人最后都是到了第四爻。

就第五爻而言，这是古代的君位，现代公司的董事长，一切团体的领导人之位。在正常的体制下，在正常的环境中，领导者享有一切的资源与荣誉，"普天之下莫非王土，率土之滨莫非王臣"。然而，现实的场景是：领导者要负一切的责任，天下安危系于一人之身，最重要就是用人与政策。若非从第二爻起就认真治事，岂有用人之聪明？若非自幼即有大志，充满理想，岂能知道政策在哪里？然而，古代君王并非从基层升起，既无人事经验、也无政策理念，治国的能力就不甚足够了，周遭皇亲国戚想要谋杀夺权，身边近臣权臣想要推翻替代，邻国重兵相加想要灭你王国，这样的君位，简直危难至极。智慧的做法就是：既要了解保住自己权位的技巧，又要能够知人善任，重用人才，更要研究好政策,使国家强大,使敌人不敢觊觎。此非天下极智之人,熟能与于此位。可知,一般只为自己权势、名利而求者,实不宜居此大位,必不能护己保国福泽利民,且多半只落得个受人屈辱的下场。一般有能力的人才实在到第四爻就好了,第五爻是非得有不世出的人才不可就位的。

第六爻已卸下权势的光环,大位实权已经交出去了,人生该做的大事都已了办,接下来要面对的是自己的最后事,那就是环顾一生的命运,接受自己的死亡,在自己还位居职场的最后时光,好好盘整过去的人际关系,尽一切可能修补裂痕,让自己在真正退休之后,心无挂碍,身体健康,享受老人安逸的生活,最后无疾而终,含笑九泉。这是最有智慧的做法,也等于是以出世主义的思想处理自己的人生。但世人多看不破,最后的职场时光依然要争夺高下,这就把最后修补人际关系的机会给浪费光了,同时也把护育自己身心健康的能量也消耗光了,真正退休之后,许多无奈、埋怨、不满,甚至是人际关系的怨恨都留在心中日日伴随,心情不好的情况下,身体肯定好不到哪里去,最后或许就在病痛中离开这个人世间。

第六爻已经经历了人生所有的风光,社会地位又高,形象又好,只要愿意为社会付出,在不必动用体制资源的前提下,依靠自己的影响力与实力就可以作出很多有益社会的事情,慈善家、哲学家、教育家都是适合的角色。第六爻对体制内的角色与资源切莫再有任何动用的念头,"及其老也,血气既衰,戒之在得"否则必使第五爻为难甚至怨恨。事情可以做,但以不动用公家资源为原则,所做之事也必须不是体制已经在做的事情,这样的角色扮演就是既有功能又不让人忌惮,这才是智能的做法。六爻除非在例外的情况下,否则组织不会希望他出面,例外就如发生战争,组织请出老人,敌人望而胆寒,但这必须是被邀请之后才出面为宜。

（四）人的一生

就人生的整体而言,每个人其实都是在社会体制中的不同阶级,因此就有了不同的人生景象。这就是说,有人终生就在第一爻的爻位阶级中。有人到了第二爻,就一直在第二爻任职直到退休。有人从第一爻经历第二爻之后到了第三爻,就停在此处直至退休,或是没有经历第二爻而是自觉地选择了类似第三爻的自由业,经历一生。有人经过初、二、三之后到达第四爻,最后退休前退居第二线,成为第六爻而后退休。或者一直待在第四爻直至退休,亦即一直是高阶第一线的重要主管角色。有人经历初、二、三、三、四直至第五爻,民主政体有任期,因此有第六爻的阶段。君王体制就会第五爻到死,公司董事长也会第五爻到命终,除非自己早点宣布退位不理。那些有四、五爻经验而在退休前卸任的高层,则是走到了第六爻。但也会有一些人,在没有经历四、五爻的阶段下,却直接过着类似第六爻的生活,因为他有巨大的福报,那就是富三代、贵三代,他们无须经历艰难的人生,就已经拥有了家族给予的富贵生活。或根本就是自己选择进入这样的境界,那就是宗教家,他们自觉地放弃社会位阶的角色,却又以人生导师的姿态教化世人,而取得了第六爻的地位。

现在,对于人生的主要时段在扮演社会阶层中的特定角色的人们,他们特定的需求视野和状态,其实会决定了他们所采取的人生方略,这就是下一节要讨论的主题。

十三、从周易六爻看中国哲学各学派的形态

由于周易六爻的理论模型,恰能深刻地反映人生问题的各个面向,而中华国学的各家理论,也是面对各种不同人生问题的解答系统,因此,笔者企图将中华国学的各学派或经典的理论,镶入这六爻的模型中,借由不同阶层人物所面对的不同问题,彰显各学派本身的问题意识与观点特色。

(一) 第一爻:墨家

墨家哲学的宗旨,始终是站在基层人民的需求立场上的发言,它看到社会上种种侵犯抢夺的事情,以及国家之间的掠夺战争,因此主张兼爱,这样人间就不会有互相伤害的事情,但是,这个想法过于简单化,它忽略了自然人性在情感的作用上是有亲疏远近之别的,因此,兼爱可以是结果,但是过程上却宜有亲疏先后之别的。它看到战争对人民百姓造成的巨大破坏,因此主张非攻,这样人民就不会死于沙场,但不检讨战争发生的原因,因此对国君没有说服力。它看到百姓物资匮乏、民不聊生,故而主张节用、薄葬、非乐,这样民众的物资就不会浪费在无用之处,但也因此对于礼仪和情感的需求看得不重。它看到国家上下不一,君民离心,故而主张尚贤与尚同,使国家团结在君王的领导下,以伸张国力。但为限制国君的权力,便又讲究明鬼与天志,借由鬼神赏善罚恶之大能,以便约束君王。当墨子以百姓阶级的眼光看待世界的时候,自然这些价值立场就出现了。然而社会是个复杂体,不同阶层各有不同角色以及生活原理,人生要全面地看待,才能照顾到所有人的需要。墨家的理论,始终在民间,墨家巨子的行踪身影,始终在各处奔走,从不进入体制,不是社会高层,像游侠一般的。笔者认为,就是因为墨家以第一爻的位阶为自己观察反思的进路,所以成就出这些价值立场,墨家就是初爻的哲学,为下阶层人民百姓的生计而发言,墨家哲学是初爻的哲学,但墨子巨子却是第六爻的人物,因为他超越基层以及高层,一心为天下百姓之福祉而奔走奉献。

(二) 第二爻:儒家

儒家是知识分子爱人民百姓的哲学,他们面对国君时自认为是国家管理的专业人士,国家存在的目的、政府的功能、官员的角色,儒家都清楚议定好了。对于国君,儒者认为他们应该要爱百姓、行仁政,若能如此,即能王天下。儒家对礼乐的重视是要引导情感,让人们懂得互相关怀。儒家对君王的礼敬是因为对君王的角色有所规范,符合角色规范的君王自然必须给予最高礼敬。国君的角色以照顾人民为其天职,如若不然,儒

家也是有墨家天志的观念,谓之天命,天命也是会移转的,所以把百姓照顾好才是国君的角色原理。儒者心中的关怀就是天下百姓的福祉,总是站在地方基层做第一线为民服务的事业,所以儒者做小官是绝对称职恰当的。儒者关心自己的荣誉,这就像是第二爻的基层主管一样,获得任命重用,只管做事,必得奖赏,勇于任事,积极承担,为民谋福,任劳任怨,这就是儒者自许的形象,也是他们最爱扮演的角色。但是,这样的角色在基层如此操作是正确的,一旦上升高层就不能只是这样了。首先,国君本身的品格能力是一大问题,若是人品不佳,只图逸乐,或是嗜欲深重,好胜贪鄙,甚至胆小畏事,受人宰制,这时候,君权肯定旁移,权臣掌政,这些,儒者都没有办法了,儒者只能遇到明君,若非明君,儒者也不知怎么对付,除了忍不下去参与革命之外。儒者十分缺乏在高层与政治人物周旋的思考,有时也有机会身居高层,然而儒者心中只有天下百姓之利益的思考,此时儒者的行为极易与其他高层的利益所抵触,结果肯定会被排挤贬抑,儒者不是不该不应不愿位居要津,儒者本来就应该站在上位,但是依孔孟之教而言,儒者关切的重点在为国的意义与目的,而不是主政、掌事、用人、周旋的应对技巧,这些,必须另待高明。《易经》《人物志》《老子》《菜根谭》都比《论语》《孟子》之作要精彩、深刻、明白、清晰多了,并且仍是谨守儒家爱民利国的坚实立场。儒者要上高层,还得多学武功。因此,笔者认为,儒者就是知识分子爱民、治国的哲学,既要百姓受到照顾,又要国家长治久安,也要成就自己的荣誉地位,这样的哲学,就是《周易》第二爻的哲学,就是在第一线在基层照顾天下百姓的知识分子的心态,对自己的角色认知坚持不移,自我感觉良好,戮力照顾一方水土的人民百姓。今天社会上那些公务员、教师、军警都是儒者的身份,都应该以儒家的价值观要求自己扮演角色,若能谨守儒者形象本分,必是优秀的基层官员,甚至可以一直工作到退休,都不必改变角色,这个世界这个社会需要很多很多的基层英雄,儒者就是基层的英雄,稳住了国家体制的基础,不论高层如何夺权斗争,民间的秩序依然良好,关键就是多数的第二爻都是儒者在任官主政的。当然,邦有道,儒者可以上升高位,若非如此,最好就在基层做个小官,既能照顾百姓实现理想,又不至于卷入政治是非之中,否则,既不知如何夺权,更不知如何保身,只有挨打的份。因为坏事不好意思做,因为脸皮薄。至于小人,患无位,无所不用其极,而上无明君,徒呼奈何。

(三) 第三爻:庄子

庄子哲学起于对世局的逃避,寻绎出神仙的意境,将智慧的心志寄情于避世独立的生活中,这样的心态,最适合在社会阶层的第三爻之人所具备,第三爻不负基层主管之职位,却有自己明确的自我意识,有独立的人格自主性,有自己的专业,但对社会体制而言,第三爻无甚重大角色,可以说暂时被边缘化的人物。通常,有强烈事功心的入世主义哲学家,对于这样的角色,都是非常不适应的,这也正好说明了《周易》六十四卦的第三爻通常都是凶多吉少的,关键就是心态与位阶的不相衬。心态上想要登上高位、统治天下、傲视群雄。位阶上却是不能主负其责,就算事业功成,功劳亦只记在二、四两爻的尴尬阶段。其实,邦有道,自己也有实力,山川岂舍诸?必有登上高位的一天。只不过,此事可遇不可求,遇到了就上去,遇不到,就做了庄子吧。毕竟,若是有儒家道德意识的人物,是不可能为了站上高位而谄媚、贿赂、讨好上级,那就成了小人之行了,君子不为。因此,此时以蓄势待时、成人之美的态度是最智慧的,这就有了庄子的意境了。若是邦无道,则第三爻正是有智慧的人才最好的避世之位,高不高,低不低,不必事事受人摆布,也不是天天都要应卯的角色,以少量的力气,放在工作上,将主要的精神,用来追求自己的人生向往,如音乐、艺术、文学、旅游、健身、修行等,从此过着自由主义、个人主义的生活。身在体制中,心在体制外,做一点社会事,领一些必要的酬劳,却专心务力于自己人生的目标,在可能的情况下,甚至会成为一代宗师;至少也获得了快乐的人生。除非,此人不是一般性的知识分子,而是有强大的淑世理想的人物,那么,与小人周旋而获得晋升,成为第四爻;甚至兴兵起义,发动革命,自己成为君王,成为第五爻。若是自己不具这样的性格,那么做庄子,做自己,就是最好的出路。可以说,不论是要继续晋升,还是就留在第三爻,都是可以成功的,不以正道求之而升到上位,君子不为,故非所论。要承担天下,那就更为动心忍性,否则,放下事功之心,天下由他去吧,做自己就好。因此,智者不该在第三爻时还有愤世嫉俗、怨怼不满之情,那都是心态与位阶的智慧不能相应圆融的结果,所以要学庄子,庄子哲学就是第三爻者最好的智慧之道。

(四)第四爻:《老子》《菜根谭》

老子哲学多被认为是帝王术,其实不然,但是,老子哲学确实是领导者哲学,只不过,领导者不一定是君王,封建体制中,若非皇族嫡长,如何能为国君?以僭越篡位之法得之,君子又不为之,因此,以第四爻之位,行领导者之实,正是老子哲学的思路轨迹。只要是朝中大员,实行其法,必能永在高位,实现理想,造福百姓,又福泽绵绵,常久不衰。关键就是,事情我做,利益归人。也就是"弱者道之用"的智慧。这世界,君王善者为少,大臣恶者居多,君恶臣必恶,恶君恶臣在位,志士仁人若再不跻身中枢,只怕百姓受苦不已,势必需要有人挺身而出,但如何操作?"以无有入无间",没有任何私利的争夺之心,在群臣豪强之间周旋,付出辛劳,创造资源为百姓共享,然则,功劳却归给君王,权力要与权臣共享,利益要让给部属,这样,自己才能常在其位,而能将所创造出来的资源供应给百姓享用。所以要有玄德,要知玄同,要给而不取,一个胸怀天下的大儒,就是要这样做事才能泽及百姓,若是太过在乎自己的利益、荣誉、地位,光是恶君恶臣的应对就会败下阵来,遑论实现理想,因为恶君恶臣可以用恶劣的手段伤你,但儒者却做不出来此事,所以只能与之共舞。因此要实现理想,小人就要打理好,小人不过要利益,顺便做做好事也是不错的,但最好是别人做好事,自己坐享其成,于是第四爻的领导者就这样与小人共存并生了。事情四爻做,利益给小人,小人不掣肘,事业便可成。

一个问题,为何高层多有小人呢?一个答案,因为君王多半无能多欲,如此必为小人围绕,因为君王需要小人伺候,所以大员多是小人,这是封建体制难以更改的弱点。

因此,正道中人,要做大事,要登高位,就与小人共存吧,除非自己是枭雄性格,以暴力对付小人,但事后留下的后遗症也绝对是少不了的。若不如此,那就留着小人的性命供养着,当作行善的成本,将来心境更高了以后,再来度化他们吧。第四爻,位高权重,为百姓谋大福的最好职位,莫与人斗,不要利益,事情自己做,获利都给别人,这就是永保高位的不二法门,老子哲学正是第四爻做大官的哲学。儒者要在高位,《老子》是必需的武功。

《菜根谭》是儒、道两家智慧结晶的最高精品,借由简短的诗文,泄漏人性最底层的面貌,述说人性最深刻的历练与心得,让所有职场中人,得到角色扮演的智慧法语。《菜根谭》有儒家的承担精神,有老子的谦退智慧,有庄子的逍遥意境,人而如此,何处而不自在,何处而不自得?《菜根谭》是入世的哲学,但也是出世的哲学,只差没有主张轮回的生命观和因果业报观而已。可以说是有此在世界庄子形态的出世主义,但又不只是出世主义,而是更有入世承担精神和面对小人的周旋技巧的丰富哲学。《菜根谭》是第二、第三、第四这三爻的哲学,它不是君王的哲学,不是写给君王看的治国的智慧,而是给做官的知识分子看的处世智能。

(五) 第五爻:法家、《人物志》

法家哲学以《韩非子》书为集大成之经典,它来自韩国贵族韩非对韩国政权的忠告,一心以保住国君之权位及保护国家之存在为用心的目标,可以说直接就是维护君王权力及国家安全的哲学思想,显然就是第五爻的哲学。韩非的哲学,并没有不义的攻伐的主张,反而是有保卫国家的立场,因此,它不必须是儒家的对立面,它固然不标榜以道德而获官职,但也没有提出违背道德的政治及人伦方面的主张。它只是以巩固君权为目的,提出君王管理国家的要旨,要重法、要重术、要重势,要以赏罚二柄紧紧驾驭臣下,在国际之间,要懂得以小事大、懂得权谋奇策、懂得安危关键,法家的思想,真真正正就是第五爻的思考。第五爻集天下权力于一身,但也是众人觊觎的位子,包括自己的妻子、儿子,身边的近臣、重臣、权臣,都可能会对自己不利,所以保住己位是自己第一要务,若是对人性的负面没有任何了解,天真地在位,从没有君权不旁落的现象,一旦周围之人羽翼成熟、权势丰满,则甚至会要了国君的性命,而取代之。因此国君保命就是要务。再者,国家处于战争攻伐的时代,你不攻击别人,别人也会来攻击你,为了保住自己的国家不被战争击败而亡国,富国强兵之道又是重点。于是国民成了国家的工具,若是无益于征战及生产者,必不能居于政府体制的高位,同时也不能享有晋升管理阶层的机会。作为社会体制,首要保住团体的存在,以战国时期的诸侯国而言,一旦战败,士兵身死沙场,百姓成为俘虏奴隶,国土物资成了人家的物品,国君自己呢? 被杀、被废、逃亡、监禁、自杀等不一而足,都不是好下场。因此战国时期的国君怎能接受战败的命运呢?于是保卫国家的任务成了绝对的目的,不能有任何折扣的。法家绝对是社会体制的哲学,入世的哲学,此世的哲学,法家哲学以维护此在世界之社会体制为最高目的,这样的形态就和现代企业的管理思想有着绝对共通的价值取向,唯组织目的是问,员工是工具,对公司没有生产利益的员工就不会是占据高位的管理阶层。任务目标十分明确,价值取舍毫不含糊。以法家这样的理论,对国君之位是绝对有利的,那么为何众多国君还是会身死国亡呢? 笔者以为,法家心目中的国君仍是需要一定的人格特质才能担纲胜任的,没有这样的特质,任由习性私欲主导,则没有不亡国灭身的。问题是古代世袭君主制,国君之位没得竞争,若有竞争,又都是血淋淋的斗争,根本上都是私人利益的争斗,既为利益而来,则就任后岂有行仁政、爱百姓的,若是无灾无难继承而得之位,也不会懂得珍惜宝位,勤勉谦冲,总之,不易成为优秀的君王。儒家也好,法家也好,在君权这个问题上,都没有西方近代民主思潮的前卫性,既然如此,除非遇着不世出的君王,否则法家的理想也不易被实现。但无论如何,法家的哲学,就是为君王而做,为富国强兵而做,正是第五爻的哲学。当然,第五爻不能只有法家,儒家的淑世精神更必须是第五爻的基本素养,只是光有儒家是不够的,必须有危机意识以及强国的政策,儒家也不能说没有这种意识,关键只是,儒家的德性政治及王道理想使得他们就是会忽略此事,以为光有道德心念就能终于普及天下,此诚其然,然而面对战争、革命的社会快速变化的时代,儒家的做法是缓不济急的,十年树木百年树人是需要长时间的,在战争时期,儒家的理想就显迂腐了。此时,法家正逢其时,当是乱世的宝典。然而,战争结束,富国强兵的政策,毕竟与人性正常的需求有所扦格,儒家的礼乐之教必须提倡,但对治人性劣根性的体制规范仍不可少。可以说,战争时期需要法家,承平时期还是需要法家,它固然为君王而做,它也为国家组织的存在而做,只是承平之时更需要儒家,但法家仍不可无。

《人物志》是人事管理的宝典,将人才分类,并说明优缺点,以及进退之道,使得人们可以知道自己的类型,也可以知道和各种不同类型的人相处的原则,更重要的是,让领导者知人善任,懂得找出人才予以重用,以及如何运用,如何用其长处而避其短处。《人物志》文起于对《论语》人才知识的补充,终于对《老子》谦冲智慧的确认。关键就是,儒家的淑世精神和老子的人性智慧,两者相合,正是人们在体制内生存的精神指导,《人物志》是入世的哲学,是体制的哲学,是群体的哲学,它以人在体制内的专长特色以为人才,它以人在体制内的处世原则为所论重点,以追求个人的理想以及成就。《人物志》是国君的宝典,是公司领导人的智库,只要是最高主管,必定要有用人的智慧,《人物志》就是在这个目的上的最重要的著作。当然,领导人的用人智慧是在自己成长过程中由初、二、三、四、五而历练出来的精干,才能深刻了解《人物志》所说的观人察识的要领,而领导人所需要的还不只是用人的智慧,还有政策的制定,组织要往何处去? 这是领导人要深思的问题,若非长期充满理想抱负,怎有可能一上任就知道政策的长治久安之道是哪些呢? 所以,胸怀大志,从基层历练,终于站上高位者,才能既有人事的智慧又有政策的聪明,一旦有了用人的智慧,领导者就只要用人治国就好了,无须事事己办,这也是违背政治管理原则的,关键就是国君或董事长是要带领大众追求理想的。君位不是官位,在官位任职者是人才,而用人才者是君王,君位不是官位,做官就是要做事的，做国君就是找人来做事的，让别人做事而完成组织的理想以及落实他人的生命价值，这就是第五爻的天职。可惜君权世袭制度下的国君，多未能理解《人物志》中的人才特殊性，只能为小人围绕，甚至被权臣架空，这就是体制本身的问题了。然而，现代民主政体的社会，以及现代企业的模型，《人物志》中的所有人事的智慧，都是准确有用的，有志于职场的人才，都能从中得益。《人物志》就认为，人的聪明之中最聪明的就是知人用人的智慧，古代圣王如尧舜禹汤者，就是找到了最优秀的人才才能安逸其位的，如伊尹、吕尚者。所以，《人物志》正是第五爻者必需的智慧。

（六）第六爻：佛学

第六爻的人生贵在于休息、自娱、享福、盘整人生，以及从体制的资源中退出，处理体制生活中尚未完成的自我角色，就体制阶段的人生而言，儒家、庄子、《老子》《菜根谭》《人物志》《韩非子》已经足够，但人生还有两大困惑未能解决。那就是命运以及生死。对于命运，儒者以使命感超越之，但命限还是存在，只是被超越了。庄子接受一切命运，但不视为限制，超脱社会世俗的眼光，就自由了，但命限还是在的。只有佛教，把命运放在轮回因果业报的理论中，清楚说明命限的原因以及超克之道。人生到了第六爻，回顾一生，是该到了盘整人生的阶段了，过去做得好的现在享受果实，做得不好的现在接受结果，自此，生命的方向应该转回来正视自己的人生了。生命终有时，面对自己的大限，该为自己好好处置了。不好的命运想办法弥补，好的命运就好好运用，作为资粮，再接再厉。有过失，去道歉、去忏悔，让自己回复心灵的平静。剩下来的人生，为自己的来生积福，如果有这样的信仰的话，如果没有，一样可以为自己求个好死而积福。以庄子的智慧，就是"佚我以老"地好好享福，但以佛教的智慧，那就是终于可以放下世俗碰撞的冲动，一心照顾自己的灵性慧命。因为佛教有轮回的生死观，这就进入了第二个人生大疑惑中，死后有无生命。所有的宗教对于这个问题都是有死后生命的主张的，佛教亦然，且是轮回生死永不止息，直至最终开悟成佛为止，生命就是有情的经验历程，净化浊化全在自己。第六爻的人生必须面对自己的死亡，且越早面对越有足够的准备时间。当然，若是一早就觉悟了，提早出家，直接以第六爻的身份不在社会体制中经历自己的学习与服务，那是更符合佛教勇猛精进的做法的，唯世人多情，开悟有时，各种因缘，人各不一，那至少在此一阶段就学佛吧。既能修己又能安人。修己是惜福地过日子，安人是给予布施，但第六爻的修行者不可运用社会体制的正式资源，不可以体制的身份去布施，而必须动用个人自己的资源、自己的智慧、自己的财产。这样，才不会搅乱社会体制的运作逻辑。佛教有小乘大乘，时至今日，一些大乘对小乘的批评已不成其理，一方面大乘经典自己也消释了这些批评，即便是阿罗汉，悟后起修，一样可以成佛，而一些小乘传统的国家地区的修行者，也莫不以菩萨道精神弘法度众，可以说大小乘都大乘化了，那就是简朴自己，利益他人。在人间世中，所有的众生都是人类，若是已有阿罗汉以上境界的修行者，便是菩萨道的乘愿再来的再来人，自然是来作为典范以济众度世的,至于一般相信佛法的修行者,就是在自己的六道轮回的生命历程中,去进行自度度人的修行事业,在家也好,出家也好,还在体制中扮演角色的在家众也好,已经出家的僧人也好,此时过的就是出世主义的生活了,关键就是不以社会体制的角色成就为人生的目的,而是人生应以永恒的成佛事业为目的,不论在家出家,过的都是自度度人的生活,简朴自己,利益大众。可以役使无限的资源,用于改善社会,建设人间净土,但不是以任何国家社会体制资源的管理者身份去运用,而是去劝化鼓励,让体制自己去执行。佛教哲学,是出世主义的哲学,理想的终趣在彼岸,也就是在自己永恒的灵性慧命中。因为是非体制的,所以到了第六爻的阶段,最适合接受佛教哲学的洗礼与引导,而那些出家僧人,其实就是使自己脱离家庭社会国家的社会体制,直接以体制中第六爻的身份在过日子。重点就是,可以为天下人做任何事,但自己不求体制的个人私利了。

佛教哲学的修行方法,笔者认为,达摩祖师的"二入四行观"是其中最精炼、最清晰、最便捷深刻的简易法门。"报冤行"不报复世人对自己的伤害,这是因果业报观对命运的处置智慧。"随缘行"不因一时的福报而兴奋不已,不能放弃任务与理想,这也是对过去的善业的智慧的处置。"无所求行"是认真处理随缘中的一切身边事,不为私利而做,只为利他而做,这是积福的功德事业。"称法行"当一切事情都处理如法,而心无挂碍时,行有余力,则好好勇猛精进,念经打坐拜佛修行,大乘四摄法或六度法门皆可进行。以上四行,可以兼容大小乘修行智慧,是学佛者最好的简便心法。

所以,人到了第六爻,最好学佛。若已悟道,就算是在第一爻乃至二三四五爻,都可以运用第六爻的佛教智慧,这就是真的以出世的心做入世的事业了,则人不论位阶何处,都是第六爻心态了,那就是,超越体制,而热爱世间。

十四、多元系统的真理观问题

一直以来,在中国哲学史中,三教辩证不断进行,关键是三教都以自己为绝对真理,并且强势地建立哲学体系以捍卫己并辩破它说,然而,此世、出世的世界观人所各持,各有经验,谁也说服不了谁,因为经验中亲证的事情不是理论的攻防可以解决的。而智慧又是用在自己的人生修养上的事业功课,不是社会资源的争夺战,非要你死我活不可,既然儒释道各家的智慧有其各自发源的轨道与应用的处境,大家各安其位即可。学习者借由一家提升自己,改正缺点,便是学习了智慧,而不是去指正别人的缺失,或否定他人的理论。从智慧培养的角度说,再怎么说别人的过失、它教的缺点,也不等于自己的生命境界的提升。因此,理论的辩证与生命的智慧是无关的。但是,理论是需要辩证的,因为这是哲学研究的态度。那么,哲学上如何面对这多元真理的现象呢?这是本节要处理的问题。以下,将从理论的发生历程、它在世界观的不容否定、价值选择的不容置辩、宇宙论也是待开发的相对系统等角度说明之。

首先,要从实践哲学的理论建立的发生历程中去讲。中华国学的各个学派,以及

《易经》《人物志》等智慧宝典，都是源起于创造者的淑世理想。他们有他们的理想，理想出现，径行实践，有所心得，发为言论，后继者持续补充创作，成为学派，关键就在初发心的理想。理想必是针对某些社会现象的处置心态，心态背后就是一套价值信念，价值信念是主观的选择，选择淑世，选择利己，都是选择，选择的价值是意志的决断结果，理论只是将这个意志对现象世界的功能予以文字化的说明，建立坚实的合理化说明，重点还是要去实践，去创造信念中的理想世界，或自己的美好人生。创造了，实现了，理想成真，言说理想的理论也就证实为真的了。然而，理想是一套价值信念，有它实践追求的特定方向，不同的理想就会有不同的方向，各种方向在实现之时，既有经验的实证又有理论的建构，证实自己是正确的真理。

会有问题的，只是不同信念、理想的彼此辩证，但这却是没有交集的。价值的说明需要诉诸环境的知识，价值意识的本体论以客观时空的宇宙论以为理由的依据，而宇宙论是经验的知识，但涉及它在世界的经验却不是人人可得，但是有它在世界观的修行者又确实是可以感知的，否则他们就是在说神话故事或科幻小说而已，事实当然不是如此。然而经验不同的人，谁也无法说服别人以及否定别人，就算没有它在世界的经验但选择有它在世界存在的价值信念的人，也不会被没有它在世界经验的人给说服，至于理论上的否定，那还是在看人们各自的信仰了，因此也无法否定它说。

既然理论建构的发生历程就是人各一路，那为什么学派之间一定要分辨高下对错呢？原因就是，人生哲学既是指导人生的哲学，自然要反驳谬误，既然自己已经找到真理的方向，则非此方向之道路必是错误的，在强烈的淑世理想催动下，必须辩破它教宗旨。这就是将自己理解的珍贵智慧无限上纲的结果，这是不必要的心态，唯有智慧圆通之人，才能理解各教不同的方向路径是不必互相冲突的形态，而不致辩，并且对于不同根器、不同境遇的人而言，它教的智慧也可以是对方此时的最佳方案。但教内中人，已门不精，更于它门妄言非议，此其常情。但对于研究者而言，却不可因为学派间的互相非议，就以为真能建立订正是非之宗旨。然而，辩证之言并非无理，反而常常是理论丰沛，因此，在强势的理论建构下的互相非议，又如何可以解消呢？三教之间的互相攻击该如何在理论上予以化解呢？

其次，理论的非议主要是价值立场的互相非议，这就主要表现在儒家、道家庄子、大小乘佛教这三派之中，再细讲之，则有儒道之非议，儒墨之是非，道佛两教之斗争，儒释道三学之辩争，等等。其中，儒道是孔庄之间，不论是在《论语》书中还是《庄子》书中都有讨论，《论语》中与隐士的对谈，《庄子》中的讽刺孔丘，这主要是价值观的辩论。价值观都是自做选择的结果，方向的差异决定于环境的现实与际遇的状态，最后是个人的价值选择，最后最后，则是发为强势的理论体系。儒墨之间也是这样的情况，环境基本上是战乱的背景，际遇上墨家活在基层人间，庄子是社会边缘人，孔子是怀抱淑世理想却不能忍受统治阶级腐败的知识分子。价值的选择是墨家为人民的需求发声，却不顾统治者的立场；庄子为自己的自由说理，并否定统治阶级的功能与价值；孔子为百姓的福祉立言,但肯定体制的价值,于是对统治者的角色有重大期许。最后,墨家借由天志、明鬼进入宇宙论体系,强化立场的合法性。庄子建立气化宇宙论与神仙存在的理论,以合理化社会边缘人的价值立场。儒家建立德性意志的天道论,以捍卫淑世价值观。

理论都是后来建构的,然而,宗教哲学辩证的时候,却是高入天道观、宇宙论来做争辩的。本来,儒、释、道三教辩争也主要是价值辩争的形态,但佛家却又更远离日常人性,根本上以舍离现实生命为方向,以出离世间为目标,甚至比庄子的否定社会体制还要走得更远,而其理由依据,则是此起彼灭的多重宇宙观,成、住、坏、空的有限世界观,因果业报轮回的生死观,这些还是宇宙论的建构。甚至道教和佛教的争斗,比较法术的高下,神通役使的能力较劲,这些还是以宇宙论的知识为基础的。也就是说,价值辩证的议题,从儒道墨法以及与佛教的争议,除了法家少论天道以外,儒、墨、道、佛都上升其说至天道观、宇宙论的理论建构上,于是义理的争辩变成宇宙论的争辩了。然而,宇宙论如何争辩? 宇宙论根本上是经验的知识,感知到就是有,感知不到或感知不同就是没有,但是感官能力是随人不同的,感官能力又是可以经过训练而改变的,所以宇宙论的知识便是随人不同的,而宇宙论知识的开发以及相应的感官能力的开发又是来自于原初的价值信念,因为信念,而开发实践,直至突破原有感官能力因而感知过去未能感知的经验,可以说,价值信念与宇宙论知识几乎是同时出现的伴随观念,这时就要区分只在此在世界的价值信念和具备他在世界的价值信念的两型,只在此在世界的价值信念决定于社会角色位阶而做的价值选择,具备他在世界观的哲学体系的价值信念得自于对世界实相的设想,设想至上神创造世界者见到上帝,设想多重世界观者见到他在世界存有者,设想轮回生命观者见到宿世经历,几乎成家的学派理论的设想都有经验的伴随感知而为证实,然后就在这样的世界观知识背景下合理化他们自己的价值信念,唯一会发生疑惑的,就是他教世界观及价值信念的存在,竟然与己有异,于是发言反对,进行辩证。

然而,不同感官经验能力所感知的世界观如何互相非议? 如何说服别人? 不同的价值立场源自不同的社会阶层以及角色认知,如何非议? 如何说服? 这种学派之间的冲突对立只是源自于学派坚持者对他教的全貌所知不深以致以为的对立冲突。首先,就宇宙论而言,宇宙广大无涯,人类对宇宙的探问,恐怕都是瞎子摸象的结果,无穷的宇宙,适应各种不同的探问方式与技巧,怎么探问就怎么有结果,随人自取,皆有所得,这样一来,各种不同的天道观、宇宙论都有其成立的缘由,却没有否定他说的权力,只是在大海里舀了几勺水以满足自己的需求而已,这是就宇宙论而言。

就价值信念而言,国君的需求与大臣的需求、百姓的需求当然各不相同,不同需求下的不同信念如何辩争? 辩争的最终诉诸天道观、宇宙论,貌似客观的论辩,却因为宇宙论一样是主观选择开发实证的结果,因此也缺乏真正可以说服众人的客观基石。但为何要开发宇宙论呢? 墨家与道家庄子的宇宙论都是来自远古的信仰,吸纳之以为自己的价值立场的合理化论据,佛教与道教的宇宙论就会伴随修行者的感官修炼而有更为真切的实感,因而亦更加地坚持己见,宇宙论与他们的价值立场是紧密关联不可分割的。墨家与庄子的宇宙论还可以说仍是将世界观知识与价值立场链接以为理论的一致,但道教与佛教的宇宙论就和它们的价值信念就是一体两面、内在一致、不可分割的同体结构。

为什么要有宇宙论?因为要合理化价值信念,作为理据,或是齐头并行,成为一套理论中的客观面与主观面的共生结构。然而,宇宙浩瀚,各家系统都能自证其说,自己说自己就好了,否定别人都没有合理性的基础,能把自己的理论建立清楚就很够了,重要的是实践上有其真实。至于学者,那就要通透各家,不为各家固执己见的辩争意见所限,了解这种因实践而开发创造的理论,就像运动场上的项目,每个项目都有绝对的规则及严格的训练指针,个人挑选不同项目成为高手,但不同项目之间却没有较劲的标准,无从比较,不可非议,互相欣赏即可。就像足球比赛有得分的规则,篮球比赛有得分的规则,哪一种规则才是最正确的呢?这样的问题是没有意义的,一切的比较也是没有意义的。唯一的意义就是头脑不清楚、又有强烈的好胜心欲望的人,在满足他们自己的粗鲁的赢的情绪而已。

十五、结 论

在中华国学受到倡导之际,国学的智慧应该要被活化,但在活化的过程中又会出现价值的辩证的非议事件。本文之作,就是要终止向来三教辩证的心态,以为非有哪家才是最高明的不可,标榜自己贬抑他教,这样做的结果,一方面高举国学,另一方面又制造冲突,国学的好处未必发挥落实,对立的矛盾反生社会的阻碍。本文之作,以多元的视角,深入各家国学学派体系的观念细节,说明各自的妙用功能,并指出方法论上的相对多元主义立场,反对绝对的权威,大家共构智慧圆融的人生,各家皆能为人所用。只不过,能够使用各家国学智能的人,必定是充满了理想与使命感的人,因为要不断地淑世,所以会从初爻上升到二、三、四、五、六爻,作出各种服务,并且扮演各种角色,将入世的体系全部纯熟运用,待心境超越,便将进入出世的立场中,追求自己永恒的灵性慧命。以上,便是笔者多元视角的中华国学观。献给国人,以及献给哲学界。

A Methodological Inquiry of Multiple View of Truth in

Eastern Philosophy of Life

DUH, Bau-Ruei

(Taiwan University Philosophy Department,

Sea-sky scholar of Dalian University of Technology)

Abstract: Eastern philosophy focuses on the problems of human life and proposes solutions, and thus pursue an ideal and perfect life. There exist several important schools as well as some brilliant monographs.

哲学家

They suggest different opinions but can all solve the problems effectively. As long as the life situation fits, and the operator can sincerely practice, Eastern philosophy must be able to make a great contribution to one's life. Since each school's thought is useful, there is no need to integrate all of them into a single system. That is why this paper argues that Chinese philosophy is relatively diverse and there is no need to dispute what is right or wrong and what is better or worse. By using a six-leve linterpretational structure from *The Book of Change*, this article will clarify the sensitivity with respect to problem and theoretical purposes of the various schools in Chinese philosophy. These issues of concern to their respective theories belong to different social ranks shown by this six-level interpretational structure in *The Book of Change*. The variety of human life could be known as the development of these six stages. We could therefore establish a comprehensive set of life image. Every school is a kind of wisdom needed at different stages of life ranks, thus they must be compatible with pluralism.

Keywords: Confucianism; Mohism; Legalism; Zhuangzi; Laozi; Daoism; Buddhism; pluralistic view of truth

先秦儒家人生哲学四题

余开亮①

内容提要：先秦儒家哲学主要呈现为一种人生哲学。从源于天道的生命初始状态出发，儒家哲学对生命应如何发展的问题进行了系统性的理论建构。围绕着生命的初始状态如何、为何会出现生命之途的偏离、怎样把生命引入正道以及应当形成何种人生境界四个问题，先秦儒家作出了极富哲理的解答，彰显了儒家人生哲学对人生的美好良善状态的憧憬。

关键词：儒家　人生哲学　性　情　心

儒家哲学说到底是一种"为己"的人生哲学，其最高的文化目标当是实现一种理想的道德人格以及由此道德人格君子组成的仁政理想社会。所以，培养君子人格理想成为先秦儒家教化哲学最根本所在。儒家的道德人格理想不应仅仅被看成是道德的，其君子人格由内而外都散发着审美性的光芒。正因如此，儒家的人生境界论也是一种文质彬彬、尽善尽美的生命终极状态，她确证地是儒家文化视野下对人生的美好良善状态的憧憬。先秦儒家美善合一的生命境界虽然昭示的是生命的最终理想，但要理解这种最终理想，还必须以儒家对生命初始状态的看法为起点，"叩其两端而竭焉"（《论语·子罕》），方能得其要义。

一、初题：生命的初始状态

人的生命源自哪里，这是一个哲学追问的基本问题。《中庸》云："天命之谓性。"《性自命出》云："性自命出，命自天降。"在儒家看来，万物皆本自天命、天道的运行与变化，人也概莫能外。可见，儒家对生命之性的领悟实来源于一种对天命、天道的认知。或者说，儒家的天命、天道观给人性论提供了一种形而上的理论证明。所以，对人的哲学追问一个逻辑在先的问题就是对于天道的追问。冯友兰曾把中国哲学中的"天"分

---

① 余开亮，中国人民大学哲学院副教授。基金项目：中国人民大学科学研究基金（中央高校基本科研业务费专项资金资助）项目成果（16XNB040）之一。

为五义:物质之天、主宰之天、命运之天、自然之天、义理之天。① 正由于"天"的内涵的多样性,故对先秦哲学"天"的意义的把握要结合具体语境。不过,先秦儒家哲学的一个转变即在于对主宰之天、命运之天的哲理化,把"天"与最高本体——"道"结合,形成了哲学中的天道观。"道"的出现表明了先秦理性精神的确立,意味着先秦诸子开始以一种哲学智慧而非宗教信仰的方式来把握生命。在天道的追问中,先秦儒家对天的理解主要有着义理之天与自然物质之天的两种看法。所谓义理之天,即不但把宇宙天道看成是阴阳流布、生生不息的自然运转过程,同时也把宇宙天道看成是具有生生之大德的价值创造过程。《易传·系辞上》云:"一阴一阳之谓道。继之者善也,成之者性也。"《无妄·象传》亦云:"动而健,刚中而应,大亨以正,天之命也。"义理之天为儒家的性善论思想提供了形而上的说明。所谓自然物质之天,即只把宇宙天道看成是一个自然化生万物的过程,它只创造和产生自然生命。《荀子·天论》云:"天行有常,不为尧存,不为桀亡。"在荀子看来,天道只是按照自身的自然规律运转,并不承载什么道德价值。自然物质之天为儒家的性朴论思想提供了形而上的说明。②

可见,由天经由命(分化、命定)的中介再落实到性的"天—命—性"生成方式成为儒家理解生命渊源的基本思路。虽然不同的儒家流派对天、命和人性的看法有着差异,但都表明人与其他万物的区别是在于"性"。这样,"性"就成为了人禽之别的关键所在,成为了一种人之为人的最初本性。因而,在生命的初始状态,人就已然呈现出了与其他万物不同的特性。

对于儒家性善论而言,生命初始状态的最可贵之处在于人之本性就具有了善性。这种善性预示了人性初始状态就已经具有了一种可以发展的光辉的人性起点。《中庸》引孔子语曰:"仁者,人也。"这就表明,"仁性"实乃是人之本性。《孟子·离娄下》曰:"人之所以异于禽兽者几希,庶民去之,君子存之。舜明于庶物,察于人伦;由仁义行,非行仁义也。"《公孙丑上》云:"无恻隐之心非人也,无羞恶之心非人也,无辞让之心非人也,无是非之心非人也。恻隐之心,仁之端也;羞恶之心,义之端也;辞让之心,礼之端也;是非之心,智之端也。人之有是四端也,犹其有四体也。"在孟子看来,人与禽兽的差别是很小的,但这种"由仁义行"的"几希之别"或者"善之端绪"恰恰造就了人与物在生命初始状态上的差异,同时给生命的后天发展方向差异奠定了关键性分野。

对于儒家性朴论来说,虽然人之性与其他万物一样都不具有本性之善,但人与其他万物依然有着差别。《性自命出》云:"牛生而长,雁生而伸,其性使然,人而学或使之也。"《荀子·解蔽》云:"凡以知,人之性也"和禽兽之"生而长,生而伸"之本然之性相比,人之性的最大特点在于其本有习学、智思之自然潜能或判断、抉择之天性。由此可见,在性朴论者看来,人禽之差别在于人有着一种其他事物没有的认识性潜能。《性自

---

① 冯友兰:《中国哲学史》(上册),华东师范大学出版社 2000 年版,第 35 页。
② 牟宗三:《才性与玄理》,广西师范大学出版社 2006 年版,第 1 页。

命出》云:"凡人虽有性,心亡奠志,待物而后作,待悦而后行,待习而后奠"。这种认识性潜能表明了人是能通过积极、主动的学习来"奠志于心"并通过礼乐教化来成就自己的人格,而人外之物只能靠被动之本能来进行活动。

因此,对于儒家而言,生命的初始状态都有着与其他万物不同之处,正是这种不同之处才造就了人的生命有着发展自我、完善自我的素质。既然人天然地具有万物所不具有的特性,生命的意义和价值就应当尽力地去使得自我的本性得到不断发展与实现,这是一种对自我生命不可推卸的必然使命。以性善论为主导的儒家把这种使命看作是"天命",即秉自于天的一种道德律令。实现这种"天之所命"是人生存的意义和价值,此乃"尽命"、"知性"、"知天"之举;违背这种"天之所命"则是对生命的不负责任,此乃"不尽天年"之举。所以儒家的"尽命"或者"尽天年"说的主要不是自然生命的长短,而是生命的潜能能否完美实现以及生命的终极价值能否得到安顿的问题。不管是孔子的"朝闻道,夕死可矣"(《论语·里仁》),还是孟子的"夭寿不贰,修身以俟之,所以立命也"(《孟子·尽心上》),都说明生命的安顿不是以自然生命的长短来衡量的。

这就表明,在先秦儒家哲学看来,生命的正途在于通过后天的不断努力去实现生命本性所具有的特质。如果能做到这一点,就是完成了自己的生存使命,也就达到了生命的理想状态。可以说,儒家对生命初始状态的看法给自身的人生哲学奠定了基础和理论根据。

二、反题:生命对初始状态的偏离

然而,人一旦脱离于其天道的母体,其生存活动就被置于一种与他人、万物打交道的社会化过程中。这时,生命之性与外在环境的互动使得人之本性面临着一种发展变化情境。"情生于性"、"情者性之动也",生命与外在环境的交接就使得"情"成为了人的生命应对外在世界的基本存在方式。

人生的"反题"源于人情的复杂多变性。在儒家哲学中,"情"相比于"性"要复杂得多,它至少有着三个方面的驱动力,第一,"情"本身就是"性"的组成部分。如孔子的仁之情就根基于孝悌亲情,孟子的"四端"实际就是"恻隐、羞恶、辞让、是非"四情(朱熹注云:"所谓'四端'者,皆情也。"①)等等。这种"性情"是人的生命之情的率性而动之情,体现为生命在与外在环境互动过程中发自生命深处的真诚情感,为一种生命正向能量。第二,"情"还能源自于人性中的生理性因素。人在秉自天命的形成过程中,除了生成人之本性,还生成了人之形质。《孟子·尽心下》说:"口之于味也,目之于色也,耳之于声也,鼻之于臭也,四肢之于安佚也;性也,有命焉,君子不谓性也。仁之于父子也,义之于君臣也,礼之于宾主也,知之于贤者也,圣人之于天道也;命也,有性焉,君子不谓

---

① (宋)黎靖德编:《朱子语类》,中华书局 1986 年版,第 1380 页。

命也。"这里,孟子虽然因为耳目感官之欲要靠求之于外而非自己做主而不把其看成是人之本质之性,但毕竟也承认了人的生命初始状态是存在生理之性的。所以,当人的生命在展开自身与外在环境的互动时,人的形质等生理性欲求也不能不发生作用,故"情"之中还会包含各种只遵循本能冲动的生理性欲求。第三,"情"的形成还受到外在环境的感染,所谓"感物情动"是也。人的生命在与外在事物相遇时,会受到外在事物的感召,从而产生一种感物之情。概括来说,"情"至少包含了"性情"、"情欲"、"感情"三大层次,而现实的生命之情往往是三大层次的混合。

正因为人生在世的"情"是如此的复杂多变,所以要持守生命的初始状态并把人之本性的因素发展良好,对于人来说是一项极为艰巨的任务。稍有不慎,生命的发展就可能偏离初始状态以至于遮蔽本性。在先秦儒家看来,"性情"乃生命之正,故要大力存养扩充,以此来呵护生命本性的发展。对于"情欲",儒家的态度是比较谨慎、比较节制的。一方面,儒家承认了正当情欲的合理性,所谓"人之于身也,兼所爱;兼所爱,则兼所养也。无尺寸之肤不爱焉,则无尺寸之肤不养也"(《孟子·告子上》)。另一方面,儒家又对"情欲"提出了必须限制的要求。《乐记·乐本》就云:"人生而静,天之性也。感于物而动,性之欲也。物至知知,然后好恶形焉。好恶无节于内,知诱于外,不能反躬,天理灭矣。夫物之感人无穷,而人之好恶无节,则是物至而人化物也。人化物也者,灭天理而穷人欲者也。于是有悖逆诈伪之心,有淫泆作乱之事。是故强者胁弱,众者暴寡,知者诈愚,勇者苦怯,疾病不养,老幼孤独不得其所。此大乱之道也。"对于"感情",儒家则以积极的建设态度来引导其朝正向发展,并希望借助于感情来转化其潜在的危害从而趋利避害。由于感物之情,往往因势而动,故儒家借助于良好的外在礼乐教化来因势利导,在满足人的情感需求的同时,还借机对人进行情感劝导以达到教化的目的。"礼作于情"、"道始于情"的观念都表明了儒家对礼乐的情感教育机制有着清醒的认识。

由于外在环境的千变万化,加上个人觉悟程度有高有低,当人的生命置于错综复杂的社会环境时,是很容易偏离初始的轨道而滑向欲念泥潭的。这种偏离可能是源于情欲的生理性本能以及与之紧密纠缠的欲望之心,也可能是源于情之所感的外在恶劣环境。生理性本能只遵循快乐至上的原则,是一个不能"知止"的无底洞;外在的恶劣环境与习气也不断引诱着生命的情感,而导致好恶无节。当然,这种生命之道的偏离更大的可能是源自与人情复杂多变性紧密关联的人的好利欲望之心的不断滋生。就人的初始状态而言,人与其他类别的不同也在于人是具有心知的。然而,心既是人性中最为可贵又是人性中最为难测的。对性善论而言,这种心知既有善性的良心,同时也有着因良心被遮蔽后萌生的"反动之心"。《孟子·公孙丑上》言:"今夫蹶者趋者是气也,而反动其心。"同时,由于人天生就具有生理性因素,为满足人性的欲望,各种欲望之心也是随时可能产生的。对于性朴论而言,由于不承认人性有善性良心的存在,其心知在主宰自我行动时就更为困难。一旦外在环境恶劣,一旦失去强有力的礼法保障,人心就很容易随欲望驱使"顺其所是"而放逐自身。

所以,因情感欲望、机巧利心与影随行,生命的初始状态要朝着儒家理想的方向发展面临着诸多的反向力。儒家人生哲学就是要针对这一人生的现实困惑,提出化解之道。

三、正题:用以纠偏的情思与心知

解铃还须系铃人。既然情感欲望与机巧利心是人生正道的偏离根源,那纠正人生轨迹的重任也还需要在情感和心知上做文章。

孔子就说:"君子去仁,恶乎成名?君子无终食之间违仁,造次必于是,颠沛必于是。"(《论语·里仁》)他要求人时刻警惕自己,无论在什么环境下都要让仁之情贞定于心。不管是"己所不欲,勿施于人"(《论语·卫灵公》)还是"己欲立而立人,己欲达而达人"(《论语·雍也》),孔子都是以一种情感劝导原则来强化仁之性情并以此来对抗情欲对人生的侵扰。

孟子更是系统地对良心如何挺立生命作出了深入阐释。在孟子看来,人天生具有"恻隐之心、羞恶之心、辞让之心、是非之心"四端。这生命与生俱来的"几希"既是情又是心,为一种情心。中国哲学对人内在精神状态的探讨并没有采用西方的知情意结构划分方法,而是以一种整体关联式的思维来看待自身。从生命的体验状态来说,人最容易感受到的是情。所以,"四端"既是一种情感体验,同时由于其本为善,故又能对人的行为起到当行还是不当行的反思之用。蒙培元说:"思的意义就在于使心中之性得以显发,得以自觉;同时也是使心中之情得以扩充,得以提升。在这个意义上,'思'也就是使情感理性化,使之具有思的形式。"[①]因而,从情感体悟角度而言,其是情;从反思能力而言,其是心。既然人与外在环境接触时,会产生情感与欲望等的流动,那在这种情欲流动的过程中,内在本善的情思也是在其中的。所以,生命的现实行为往往会展现为善性与欲性、道心与人心的拉锯战。

正是基于这种考虑,孟子要求人时时警惕自己,时时保持本善情思并不断对其进行存养扩充,此谓之"先立大本"。"大人者,不失其赤子之心者也。"(《孟子·离娄下》)在孟子看来,人要弃恶从善,就必须彰显本有之才,挺立本有之心,发挥心之官的思、智功能而对耳目之欲进行智觉、判断、反思和自控以保持情感的道德指向。"耳目之官不思,而蔽于物,物交物,则引之而已矣",而"心之官则思,思则得之,不思则不得也"(《孟子·告子上》)。"仁,人心也,义,人路也。舍其路而弗由,放其心而不知求,哀哉! 人有鸡犬放,则知求之;有放心而不知求。学问之道无他,求其放心而已矣。"(《孟子·告子上》)这种思、求放心亦是一种"反"、一种存养。即人情在与物交接相靡时反求诸己,

---

① 蒙培元:《情感与理性》,中国社会科学出版社 2002 年版,第 85 页。

反躬自问，让本心时时刻刻一体流行、朗然呈现。《孟子·尽心下》云："尧舜，性者也。汤武，反之也。"朱熹注云："性者，得全于天，无所污坏，不加修为，圣之至也。反之者，修为以复其性，而至于圣人也。"①

这种反求诸己的心性工夫也就是牟宗三所说的"逆觉体证"或"智的直觉"。除了求其放心，还要扩充此心。扩充既是主体道德力量的成长充实，还是一种见之于生活实践的向外的推及。《孟子·公孙丑上》云："凡有四端于我者，知皆扩而充之矣。若火之始然，泉之始达。苟能充之，足以保四海；苟不充之，不足以事父母。"《孟子·尽心下》亦云："人能充无欲害人之心，而仁不可胜用也；人能充无穿踰之心，而义不可胜用也。"这说的都是对善心的扩充与推及。

孟子主要通过对内做工夫来挺立本有之心，从而对人生可能产生偏离的生命轨道进行校正。而对于持性朴论的先秦儒家哲学而言，由于其并不认为自身具有一种内在的道德善性，故其只能把教化人的重任放置在外在的礼乐制度之上。在性朴论看来，人与其他类不同之处主要在于人具有一颗能认识外物、接受教育的认知之心。有了这种具有学习潜能的心，人就能通过对外在礼乐制度的感知，在自己的内心建构起一种规范伦理，并以这种规范伦理来指导人的生活之路。这就是《性自命出》里所说的："凡人虽有性，心亡奠志，待物而后作，待悦而后行，待习而后奠。"这也是《荀子·解蔽》里所言的："心知道，然后可道；可道然后能守道，以禁非道。"道，杨倞注曰："道，谓礼义。"②由此，先秦儒家性朴论者对人生轨道的纠偏主要源于人心对外在具有道德规范性的礼乐制度的学习。人心通过学习，认识到社会性生存的各种规范，把这种规范铭记于心并以之为主宰来指导生活实践就一样能够成为具有"全粹之美"的翩翩君子。

可以说，对于儒家而言，具有道德反省性与礼义认知性的心才是生命救赎的关键性所在。《尚书·大禹谟》所言的"人心惟危，道心惟微，惟精惟一，允执厥中"正是深刻地点明了心对于生命的反、正意义所在。邪不干正，则是儒家对人生之途的乐观回答。

四、合题：美好良善的生命境界

有了情思与心知的力量，在儒家看来，人是可以达到一种理想的生命状态的。这种生命状态一方面回应了初始状态的生命潜质，另一方面又使得这种初始状态得以含弘光大，从而无愧于天地造化。而生命真正达至这种理想状态时，生命的历程也算是无怨无悔，从而能安顿此身。这种理想人生境界最终实现了感性欲望与道德理想的中道结合，实现了天生与人成的美满联姻。

孔子通过内在的自省、改过、徙义和外在的诗书礼乐的教化，最终导致的成人结果

---

① （宋）朱熹：《四书章句集注》，中华书局 1983 年版，第 373 页。

② 王天海校释：《荀子校释》，上海古籍出版社 2005 年版，第 847—848 页。

就是一种情理中和、美善圆融的人生境界的形成。虽然孔子没有明确提出"中和"概念,但从其关于"中庸之为德也"(《论语·雍也》)、"不得中行而与之"(《论语·子路》)、"君子和而不同"(《论语·子路》)等论述,以及他对"乐而不淫,哀而不伤"(《论语·八佾》)音乐之美以及"质胜文则野,文胜质则史。文质彬彬,然后君子"(《论语·雍也》)君子之美的推崇,不难看出孔子那里是有"中和"思想的。孔子所追求的最终生命理想实际就是审美情感和道德情感的"中和",是生命精神各种样态的相成相济,融畅不二。

这种美善圆融的中和境地在孔子那里正是他极力颂扬的"尽善尽美"、"游于艺"、"成于乐"、"从心所欲不逾矩"、"吾与点也"的最高人生境界。当生命的冲突最终达于一种情志状态的和谐自由之时,生命的快乐也就不言而喻了。孔子的"饭疏食,饮水,曲肱而枕之,乐亦在其中也"(《论语·述而》),颜子的"一箪食,一瓢饮,在陋巷,人不堪其忧,回也不改其乐"(《论语·雍也》),实为一种乐道境界。这种人生的乐境在孔子对其学生曾点志向的评价中得到了鲜明的体现。《论语·先进》载曾点志向为:"莫春者,春服既成;冠者五六人,童子六七人,浴乎沂,风乎舞雩,咏而归。"曾点的这一极具审美闲情的志向得到了孔子"吾与点也"的极高评价。于此生命状态中,"其胸次悠然,直与天地万物上下同流,各得其所之妙"①。这种人生境界体现了一种圆融无滞、浑然天成的生命精神,同时又能使生命得以超越,与天地同流。

孟子也在美、大的基础上对儒家人格理想进行了境界论的提升。孟子说:"大而化之之谓圣,圣而不可知之之谓神。"(《孟子·尽心下》),赵岐注"圣"为:"人大行其道,使天下化之。"②"圣"当为"大"美之人泯其可见之迹,同时又超出个人的主体性推己及他、成己成物而成为化育天下的百世之师。如孟子列举的伯夷(圣之清者)、伊尹(圣之任者)、柳下惠(圣之和者)、孔子(圣之时者、集大成者)皆为以自身操守影响后世的不朽之师。所以,"圣"作为"大"美之上的人格美实为一种个体精神的超越性,这种超越性超脱了一己之身而担当起了一种社会的责任而进入了儒家"以人弘道"、"亲亲而仁民,仁民而爱物"的社会实践历程。赵岐注"神"为:"有圣知之明,其道不可得知。"③朱熹引程子之言注曰:"圣不可知,谓圣之至妙,人所不能测,非圣人之上,又有一等神人也。"④"不可得知"、"圣之至妙"、"人所不能测"都表明了"神"是一个超验的形而上范畴。它不是在圣人之上又有神人,而是由圣进一步超越而抵至的天人合一的最高生命境界。这和《系辞上》说的"阴阳不测之谓神"是相互一致的。美、大、圣为经验世界能为之事,而神则已经实现了由经验世界向超验世界的跨越和升腾。所以,"神"应是孟子哲学中的一个最高形而上学本体概念而不是像很多人说的是某种神秘实体的存在。

---

① (宋)朱熹:《四书章句集注》,中华书局1983年版,第130页。
② (汉)赵岐注:《孟子注疏》,北京大学出版社1999年版,第395页。
③ (汉)赵岐注:《孟子注疏》,北京大学出版社1999年版,第395页。
④ (宋)朱熹:《四书章句集注》,中华书局1983年版,第370页。

哲学家

这种超越性可以看作是儒家人格理想的纵向超越,即以一己之生命向上提升以获得一种终极价值的领悟和寄托。故《孟子·尽心上》云:"尽其心者,知其性也。知其性,则知天矣。存其心,养其性,所以事天也。夭寿不贰,修身以俟之,所以立命也。"《孟子·离娄下》亦云:"非仁无为也,非礼无行也。如有一朝之患,则君子不患矣。"孟子的这一形而上层次与《中庸》所言的"唯天下至诚,为能尽其性;能尽其性,则能尽人之性;能尽人之性,则能尽物之性;能尽物之性,则可以赞天地之化育,则可以与天地参矣"其意相同。正是因为有了这种文化的智觉、人格的超越,人心面对生命无常、夭寿福患,则皆能泰然处之。故孟子之道,实为修心养气、安身立命之道也。

在《易传》中,生命的最高境界呈现为"乐天知命"的人生境界。"神"之天道观为宇宙万物生化过程中所显现出来的动态的全体宇宙神妙之美,其在人道观上则为妙不可言、深不可测、几微幽赜的最高人生境界。这种人生境界就是以自身的觉解化入宇宙神妙的全体之境而使人生安于"天命"而获得生命的安顿。故《系辞传上》云:"原始反终,故知死生之说"、"乐天知命,故不忧"。这种形而上的人生境界和孔子"仁"的生命境界一样,既是一种道德境界又是一种美学境界,它是一种"尽善尽美"、"美善相乐"的人生乐地。孔子一生都在用自己的生命实践体证这种"与命与仁"的生命境地。《论语·尧曰》:"不知命,无以为君子也。"虽然这种全体之境大化流行,但要达到这种"乐天知命"之境则需要对人生的觉解、知悟等"穷理尽性"功夫。故《大有·象传》云:"君子以遏恶扬善,顺天休命。"《困·象传》云:"君子以致命遂志。"《鼎·象传》云:"君子以正位凝命。"徐复观云:"'至于命'的人生境界,乃是与天地合其德的境界;克就孔门而言,亦即是涵融万有,'天下归仁'的极其仁之量的境界。"①由于世间很多人往往被琐细所局限、所遮蔽,所以能达成这种境地的人少之又少。此即《系辞传上》所谓:"百姓日用不知,故君子之道鲜矣。"可见,只有"知天命"的君子才能自觉地让自身的行为顺应天命去达成这种生命整全之境。儒家情理圆融、美善相乐的中和境地被现代新儒家称为道德的形而上境界。事实上,这种境界应该既不全是道德的形而上境界,也非全是审美的形而上境界,毋宁说是在审美和道德圆融中再次升腾超越的天地境界②。

应该说,先秦儒家人生哲学对生命合题的论述以性善论哲学较为圆融。但即使对于儒家哲学歧出者荀子而言,其修身成人的目标也是要达成一种"全""粹"境界。荀子认为,人通过认识之心对诗书礼乐的学习,可以养成一种情感与理性、天官与天君、身与心和谐快乐的"全粹"主体。"全粹"为道德仁义布满身体的精纯状态,实现了自然情性与道德教化的相养和相融。在荀子看来,这种"美善相乐"和谐主体又能"各得其宜"、"群居和一",从而形成一个"莫不和敬"、"莫不和亲"、"莫不和顺"的理想社会。只是,荀子的这种全粹之美指向的是横向的"制天命"的人类社会,因而缺乏一种指向形而上

---

① 徐复观:《中国人性论史》,上海三联书店 2001 年版,第 185 页。
② 冯友兰:《中国哲学简史》,北京大学出版社 1996 年版,第 292 页。

的天命的纵向超越性。虽然如此,荀子的礼乐教化实际是从外在规范层面去引导了一个人文化成之境界,其哲思与用心依然对当前的道德建设具有极大的参照性。

总体而言,先秦儒家的人生哲学在生命"初题"的基础之上,面对"反题"的诱惑,用乐观自信的"正题",交了一份"合题"的人生答卷。

Four Themes of Confucian Philosophy of Life

YU Kailiang

(Renmin University of China)

Abstract: One of the major themes of Confucian philosophy is a philosophy of life. Based on the initial state of life that originates fromthe Dao of Heaven, Confucian philosophy constructs a systematic theory about how to develop life. The pre-Qin Confucians provided highly philosophical solutions on the following questions: what is the initial state of life, why can the way of life of the deviate, how can one put life onto the right path, what kind of realm of life should be formed. The answers manifest the Confucians' aspiration for a good state of life.

Keywords: Confucianism; philosophy of life; nature; feeling; mind

气化与践行:孟子身心一如的双重机制

胡万年　　伍小运[①]

内容提要:在孟子那里,身心有别,但身心一如或身心一体乃是主流。文章在考察孟子"气"的基础上,揭示孟子身心一体贯通和相互转化的内在机制。一方面,气居两极,在身心关系上起着中介作用,为实现身心一体贯通提供可能机制;另一方面,孟子的存心、尽心、养气、践形的自内而外的内充的践行工夫为实现身心相互转化提供可能机制。与西方哲学传统的身心二分的结构模式不同,孟子身心一如的双重机制构成具有中国哲学特质的身—气—心一体三相的结构模式。

关键词:孟子　气化　践行　身心一如

在中国古代,"气"作为天地万物的始源,既是细微物质的,也是生命精神的,是一种无所不在的生命力。孟子在肯定自然之气的基础上主要从伦理道德精神层面论"气",可称之为"德性之气"。文章在考察孟子"德性之气"的基础上,揭示身心一体贯通和相互转化的内在机制。气居两极,充布于天地万物之中,就身心关系而言,气作为身心底层起着中介、贯通作用,从而形成身—气—心一体三相的结构模式。然而,气如何贯通身心以及身心如何转化不仅仅是理论问题,更是一个践行的实践问题。在孟子那里,践行是一个动态的修行过程:"存心"、"尽心"、"养气"、"践形",这是一个自内而外的内充修养工夫,为实现身心相互转化提供可能机制。

一、孟子的"气"论

在中国古代,"气"的本义为"云气",许慎《说文解字》曰:"气,云气也,象形。"气之形如同云,山川初出者为气,升于天者为云,气是云之飘散,云是气之聚敛。故许慎以云气释之,即充塞天地之气,化育万物,后引申、演变多种含义:(1)氤氲聚散、形成万物的天地之气,进而绅绎出阴气、阳气、元气、精气;(2)人的呼吸之气息;(3)人的血气和情

---

① 胡万年(1968—　),安徽庐江人,哲学博士,巢湖学院哲学研究所教授,主要研究外国哲学和中国哲学。伍小运,巢湖学院哲学研究所哲学硕士,主要研究中国哲学。

气；(4)人的道德精神之气，如勇气、志气等。①上述诸种"气"，如天地之气、阴阳二气、元气、精气、血气、情气、勇气、志气等可分为两类，即自然之气和精神之气。冯友兰曾指出，前者属于稷下唯物派所谓的气，后者属于孟子所谓的气。与"天地之气"、"血气"、"情气"等主要包含自然之气相较，孟子主要从伦理道德精神层面论"气"，可称之为"德性之气"或"德气"，如"平旦之气"、"夜气"、"浩然之气"。"平旦之气"或"夜气"是孟子以没受外物接触和影响的清晨和夜间的清明之气隐喻、引申为反身求诸本心良心的"德性之气"。"浩然之气"是指充盈周身的正气，它蕴含着道义和正义精神的德性之气。宋儒朱熹在比较孟子的"浩然之气"与孔子的"血气"关系时曰："只是一气。义理附于其中，则为浩然之气。若不由义而发，则只是血气。"②这里的"只是一气"表明浩然之气与血气存在共同地方，即皆为充塞天地之间的自然之气，但此气若附于义理，则成为包含伦理道德和正义精神的德性之气。不过，在孟子那里，"平旦之气"或"夜气"与"浩然之气"在目的、内容、修养方法等方面存在不同的两种德性状态。

孟子在讨论人性善恶、并以牛山之木为喻，提出"平旦之气"和"夜气"，其目的是"求放心"。孟子是在批评告子人性论的基础上提出性本善思想的。告子曰："生之谓性"，"食色，性也"(《孟子·告子上》)。所谓"生之谓性"就是生而俱有的属性。但是，孟子认为，生而俱有的"性"必须加以区分，否则人与动物就没有区别了："然则犬之性，犹牛之性；牛之性，犹人之性与?"(《孟子·告子上》)在告子看来，"食色"人生而俱有的生理欲求，是人人皆有的本性，故告子得出当时三种人性善恶论之一："性无善无不善也。"(《孟子·告子上》)③对此，孟子曰："乃若其情，则可以为善矣，乃所谓善也。若夫为不善，非才之罪也。"(《孟子·告子上》)这里的"情"与"才"是两个关键词语，朱子释曰："情者，性之动也。本但可以为善而不可以为恶，则性之本善可知矣"。"才，犹材质，人之能也。人有是性，则有是才，性既善则才亦善。人之为不善，乃物欲陷溺而然，非其才之罪也。"④不过，许慎《说文解字》释"才"为"草木之初也"。可见，"才"的本义是草木之初，引申为人的初生之质。在孟子看来，人生而俱有善端，是为善的初生之质或潜质，如不能为善而为恶，其原因不是初生之质不善，只是初生之潜质没有扩而充之，充分发展。所以，恻隐之心、恭敬之心、羞恶之心、是非之心人皆有之，"仁义礼智，非由外铄我也，我固有之也，弗思耳矣"(《孟子·告子上》)。故曰："求则得之，舍则失之。"孟子指出，仁义礼智之"四端"，犹如耳目之欲，人皆有之，是"心之所同然者"，故"理义之悦我心，犹刍豢之悦我口"(《孟子·告子上》)。此"四端"就是人人皆有的本心良

---

① 周与沉：《身体：思想与修行——以中国经典为中心的跨文化关照》，中国社会科学出版社 2005 年版，第 74 页。

② 黎靖德：《朱子语类》第四册，中华书局 1986 年版，第 1244 页。

③ 在孟子时代，存在三种人性善恶论：(1)"性无善无不善"，(2)"性可以为善，可以为不善"，(3)"有性善，有性不善"(《孟子·告子上》)。

④ (宋)朱熹：《四书章句集注》，中华书局 2011 年版，第 307 页。

心，如果人们在日间不知所求，受外物引诱而陷溺其心，使得本心良心受损甚至丧失，犹如斧斤伐之，牛羊牧之。这就是所谓"放其良心"。如果人们远离充满耳目之欲的白昼喧闹，在静谧的夜间和清晨，反躬自省，反思省察，就会良心发现，达到一种宁静、清明之境，即"平旦之气"或"夜气"。如果人们对这种良心不断反思，扩而充之，那么，丧失或受损的善性就会找回或恢复；如果人们不注意对良心的反思和积累，那么，夜气就会逐渐丧失殆尽，人与禽兽相差无几了。孟子曰："牛山之木尝美矣，以其郊于大国也，斧斤伐之，可以为美乎？是其日夜之所息，雨露之所润，非无萌蘖之生焉，牛羊又从而牧之，是以若彼濯濯也。人见其濯濯也，以为未尝有材焉，此岂山之性也哉？虽存乎人者，岂无仁义之心哉、其所以放其良心者，亦犹斧斤之于木也，旦旦而伐之，可以为美乎？其日夜之所息，平旦之气，其好恶与人相近也者几希，则其旦昼之所为，有梏亡之矣。梏之反覆，则其夜气不足以存；夜气不足以存，则其违禽兽不远矣。"（《孟子·告子上》）

在孟子那里，"平旦之气"或"夜气"首先是指清晨与夜间流行的没有日间琐事烦扰、喧闹的清静的自然之气。《素问·生气通天论》曰："阳气者，一日而主外，平旦人气生，日中而阳气隆，日西而阳气已虚，气门乃闭。"同时，孟子的"平旦之气"或"夜气"是人之原初的良知良能的德性之气，它如同夜间和清晨没有与外物接触和感染的平和、清静之气，含有本心良心因子。由于夜间和清晨宁静平和，远离喧闹，更易反思自省，这时天地间充满纯真清明之气，如同牛山上的草木没有被砍伐和放牧的状态。在这种清明之气中，人的本心良心无碍地被省察和发掘。当人反省并恢复自己本心良心时，"平旦之气"或"夜气"已内化为人的纯然、清明的德性之气，即根于人心的仁义之气。如果不能存养"平旦之气"或"夜气"，人的本心良心就被日间所为逐渐消耗至尽。可见，孟子在此强调"平旦之气"或"夜气"之"存"的重要性，这是一种反思自省的修养功夫，其目的是"求放心"，即找回和恢复失去的善心良心。故孔子曰："操则存，舍则亡。"（《孟子·告子上》）存养"平旦之气"或"夜气"就是对日间的所为不断地反思省察，持守并恢复自己的本心良心，达到德性的最高境界，即"善端"。

与通过反思自省的修养方法，存养"平旦之气"或"夜气"，以达到"求放心"之目的不同，孟子通过"直养""浩然之气"，以达到"不动心"之目的。所谓"不动心"意指不受外界所惑而改变其"本心"，强调人的意志坚定，持守本心，达到道德精神境界。孟子是在分析评价北宫黝、孟施舍、曾子、告子等人如何到达"不动心"境界后提出"浩然之气"的。孟子首先评价北宫黝、孟施舍、曾子都是以气"养勇"。但是，北宫黝是匹夫之勇，有胆量无见识；孟施舍是守气之勇，但有气无志，失之根基，不如曾子的守约之勇；曾子虽通过"自反而缩"以义养气，但却是一件事一件事地守，失之狭隘。告子则是通过"不得于言，勿求于心；不得于心，勿求于气"到达"不动心"的，但注重心志，忽视养气，失之偏颇。相比较而言，孟子则是"持志养气"。孟子总结自己的两大特长："我知言，我善养吾浩然之气"，何谓浩然之气？孟子曰："难言也。其为气也，至大至刚，以直养而无害,则塞于天地之间。其为气也,配义与道;无是,馁也。是集义所生者,非义袭而取之也。行有不慊于心,则馁矣。"(《孟子·公孙丑上》)

孟子对"浩然之气"描述的逻辑是清楚明了的。其一,从整体来看,孟子揭示浩然之气的神秘性,即"难言也",但并非不可把握,故孟子勉为其难地加以描述。其二,从外形来看,浩然之气具有自然物质性:"至大",指气的形体至极,"至刚"指气的质地至极,故"塞于天地之间","充于人体之中"。其三,从内容来看,浩然之气具有道德精神性:"配义与道","是集义所生者"。其四,从根源来看,浩然之气生发于心:"不得于心,勿求于气,可","行有不慊于心,则馁矣"。其五,从运动变化来看,浩然之气具有易馁性:"配义与道;无是,馁也","行有不慊于心,则馁矣"。其六,从修行来看,养浩然之气就是"直养而无害","知言养气","集义养气","持志养气"等。从本质来看,孟子的"浩然之气"是一种人体内充满伦理道德和正义精神的"德性之气"。在孟子看来,浩然之气根源于人的内心,这是因为人心中先天具有浩然之气的"种子",即"不忍人之心"。正是这种"不忍人之心"生发出恻隐、羞恶、辞让、是非的"四心",并成为仁义礼智的"四端";仁义礼智是人人固有、不假外求的善性,是良知良能的本心良心。而浩然之气就内容而言是配义与道,集义而生。孟子反对告子的"仁内义外"说,而主张仁义皆内在于人心,需要存而养之,扩而出之。有学者认为,对孟子来说,气与道义不是二,而是一,两者是一体两面的关系。所以,"配义与道"意指气本身内具道义的属性,"集义而生"则指气与义相合而同时生成,"义袭而取之"则指客观之义自外强加于心,如同自外袭取而统气。这样,浩然之气与血气、情气存在根本区别,它是与仁义相伴而生的德性之气。[①] 当人体内充盈这种德性之气时,就具有"仰不愧、俯不怍"的大丈夫人格。具备大丈夫人格者无论富贵贫贱还是得志与否,无论威逼利诱还是生死考验,都要坚持正义原则,持守人间正道,充满一身正气,敢于舍生取义。这实际上就是孟子养浩然之气的道德境界的追求。

二、孟子身心一体贯通的可能机制

"气"之流行,充塞天地,化育万物。人是万物之灵,人身充布血气,使得身心交融一体,上贯通性、天、道,中贯通心、情、志,下贯通形、色、身。概言之,"形、色、情、气、心、性、天在存有论上的本来一体和境界观上的汇通一如。"[②]身体、心灵、灵觉、神明无不与气相关,从草木瓦砾到生灵鬼神,皆由一气贯通。杜维明总结说,这种"天地万物为一体"的论断是基于以下前提:"(1)存有的连续;(2)万物的有机统一;(3)人的无限

---

① 梁涛:《"浩然之气"与"德气"——思孟一系之气论》,《中国哲学史》2008 年第 1 期。

② 周与沉:《身体:思想与修行——以中国经典为中心的跨文化关照》,中国社会科学出版社 2005 年版,第 48 页;亦参阅周瑾:《多元文化视野中的身体——以早期中国身心思想为中心》,浙江大学 2003 年博士学位论文,第 53 页。

感受力。"①这一由"气"构成的无生物、植物、人类和灵魂在宇宙系统中息息相关、相互交融的实体，被杜维明称之为"存有的连续"的本体论，是"中国本体论的一个基调"②，与西方哲学的原子论形成鲜明对比。张岱年在《中国哲学大纲》中指出："西洋哲学中之原子论，谓一切皆由微小固体而成；中国哲学中之气论，则谓一切固体皆是气之凝结。"③针对西方哲学家难以把握具有中国哲学特质的"气"概念的现象，杜维明认为，应将"气"理解为"vital force"或"vital power"（生命力），这种生命力既不是游离肉体的纯粹精神，也不是脱离精神的单纯物质，而是"非精神非物质，但又是亦精神亦物质的"④，是一种渗透着无所不在的精神性的生命力。对此，台湾学者杨儒宾作了明确的说明："就经验义而言，气是物质因，它是构成万物的质料。就体证圆融义或就道体承体起用的创生义而言，儒家的气实即代表本体作用之'神'。"⑤正因为气是一种渗透着无所不在的精神性的生命力，它为身心一体贯通提供内在机制。就心身关系而言，孟子主张形、色、心、知、情、志、性、天一体贯通的基本结构，其中，气居中间，上下沟通，构成身心整体，对此，成中英明确说："作为体之充的气是身体的原质，它也是心的精神而可以为志，可见它连贯身心而为一体。"⑥在孟子那里，无论是"平旦之气"或"夜气"，还是"浩然之气"，"气"本身既具有自然的物质性，又包含伦理道德的精神性，因而可以上贯心志，下通形体，构成身心一如的生命整体。

在《公孙丑上》中，针对告子通过注重心志而忽视养气来达到"不动心"的片面性，孟子对志、体、气之间关系作经典论述："夫志，气之帅也；气，体之充也。夫志至焉，气次焉。故曰：'持其志，无暴其气'"，"志壹则动气，气壹则动志也。今夫蹶者趋者，是气也，而反动其心"（《孟子·公孙丑上》）。第一，心志是生命有机体的主宰，体、气为心志所统帅，故"志至焉，气次焉"。第二，气既具物质性，又含精神性，它既充塞天地之间，又可充布身体，上贯心志，下通形躯，故"气，体之充也"。第三，心志与体气是心理机能与生理机能之间的双向互动的关系。作为心理机能的心志固守专一能驱使作为生理机能的体气的流布；反之，体气的持守专一亦对心志起反作用。故"志壹则动气，气壹则动志也"。第四，既然心志与体气不是单向性关系，而是双向交互关系，那么，修养方法也不是单向的"持其志"，而是双向的，即"持志养气"。朱子曰："人固当敬守其志，然亦不可不致养其气。盖其内外本末，交相培养。"⑦在孟子看来，心志固然可以统帅体气，但心志与体气毕竟二而一。心志专一可决定、影响体气，但当心志松懈或体气为外物

① 《杜维明文集》第四卷，郭齐勇、郑文龙主编，武汉出版社 2002 年版，第 703 页。
② 《杜维明文集》第三卷，郭齐勇、郑文龙主编，武汉出版社 2002 年版，第 222 页。
③ 张岱年：《中国哲学大纲》，中国社会科学出版社 1982 年版，第 39 页。
④ 《杜维明文集》第二卷，郭齐勇、郑文龙主编，武汉出版社 2002 年版，第 299 页。
⑤ 杨儒宾：《儒家身体观》，"中央研究院"中国文哲研究所筹备处 1996 年版，第 13 页。
⑥ 成中英：《儒学与现代性的整合》，中国社会科学出版社 1996 年版，第 110 页。
⑦ （宋）朱熹：《四书章句集注》，中华书局 2011 年版，第 214 页。

干扰而专注一点时，体气反过来则动摇、影响心志。故"今夫蹶者趋者，是气也，而反动其心"。所以，在"持其志"的同时，又要"无暴其气"，这样才能从根本上解决心志与体气之间对立二分的问题。

在身心关系上，学界历来强调心志的主宰地位，而忽视形体的反作用，更未看到居于身心之间的气的枢纽作用。正是处于身心两端的气，上下贯通两极，使之成为身心一如的有机生命整体。如果没有作为中枢的气，那么，形体则只是生理性、机械性的躯体，心志则只是脱离形体的虚无的灵魂。如此必然沦为西方身心二元对立的窠臼。就孟子身心关系而言，从外表上看，孟子以心制身，以志统气；从本质上看，孟子实主张身心一体，气居中间，贯通身心，使之成为身、气、心一体三相的身体观。对此，台湾学者杨儒宾作详细阐述："一、人是形—气—心一体三相的有机体。心是意识层，形—气是非意识的躯体之表里两种向度，气尤其在心—形两向度之底层；二、意识与非意识是同一有机体的显隐两种向度，这两种向度交互影响，但显示向度带动隐暗向度流行，其势其状较为明显。这就是'志至焉，气次焉'、'志壹则动气，气壹则动志'诸语的含义。志气合流，它又会冲击形躯的结构，转化其存在的意义；三、形体在意识尚未明显兴起前，它会展现某种前意识精神内涵。它透过知觉如眼、耳、声音展现出来，学者甚至在入睡前或起床前，其形体本身都带有'夜气'、'平旦之气'这类尚未意识化的前形——心之流行。这可视为身体主体的一种基源活动……孟子谈意识与身体的一系列概念都有平行的关系。孟子谈的始源之心（如四端）与始源之气（如夜气、平旦之气）、始源之形（如要婴儿形体）都是善的；现实的心与现实的气、现实的形都是善恶混杂的。在现实的基础上，学者当养气、养心、践形；养气、养心、践形有成，学者的气即是'浩然之气'，学者的心即是'上下与天地同流'、'万物皆备于我'之心，其时学者的身躯亦显现为某种充实有光辉、生色不已的特殊气象。始源之心/始源之气/始源之形、证成之心/证成之气/证成之形可以说是一体三相，同时俱足的。"①

三、孟子身心相互转化的可能机制

以上考察了孟子关于身—气—心一体贯通的内在机制，其中，气处于身心两端之底层，身是气的凝聚在场，心是气的神妙发用。气充布、运行于有形之身，并与灵明之心互动、耦合。正是凭借气的运行，身心得以一体贯通。然而，这只是在学理上描述孟子身—气—心一体三相的结构模式。气如何贯通身心、身心如何相互转化的问题不仅仅是静态的理论问题，更是一个践行的实践问题。在孟子那里，践行是一个动态的修行过程："存心"、"尽心"、"养气"、"践形"。这是一个自内而外的内充修养途径，为实现身心相互转化提供可能机制。

---

① 杨儒宾：《儒家身体观》，"中央研究院"中国文哲研究所筹备处1996年版，第11页。

　　"存心"、"尽心"、"不动心"是孟子在"心"上做工夫的渐次展开和提升过程。首先孟子强调"存心"的重要性："君子所以异于人者，以其存心也。君子以仁存心，以礼存心"（《孟子·离娄下》）。孟子认为，人的本性是善良的，但又极易为物欲所惑而丧失，那么，如何存养人的固有的善性和良知良能呢？在孟子看来，寡欲是不二法门："养心莫善于寡欲"（《孟子·尽心下》）。在孟子看来，仁、义是人安身立命的"安宅"和"正路"，人要区别于禽兽，成就君子人格，就必须存养、并找回失去的仁义之心。但是，若要持守本心，安身立命，不仅要"存心"，还要"尽心"。孟子所谓的"尽心"不是如同梁惠王那样基于外在功利目的的尽心（"寡人之于国也，尽心焉而矣"），而是充分发挥或体现自身内在固有的仁义礼智的本心良心。对孟子来说，"尽心"就是反躬自省、反身而诚的工夫："反身而诚，乐莫大焉"（《孟子·尽心上》）。"诚"是天道，即天地万物本性自然，真实无欺，作为万物之灵的人的本心亦是纯然本真，"思诚"则是人道，即人反求诸己，体认潜藏在内心中的纯善本性。这就是"诚身"，即"反身而诚"。唯有如此，才能尽其心，知其性，知天命（《孟子·尽心上》）。这就是孟子著名的尽心、知性、知天的"至诚"之路。对孟子来说，"尽心"还不是最高的修行境界，相对而言，孟子更强调"不动心"。所谓"不动心"是指人以其坚定的意志持守自身固有的本心良心，而不受外物所动，不被物欲所惑。孟子的"不动心"是通过知言、持志、养气的工夫积累而达到的，它本身既是一种道德的修行工夫，又是一种道德的精神境界。由此，孟子的修行进路进入"养气"环节。那么，如何养气呢？

　　孟子曾明确说过："我善养吾浩然之气"（《孟子·公孙丑上》）。孟子养气不仅强调"知言养气"和"持志养气"，而且"配义与道"，"集义养气"。通过"集义"工夫，人内心中的仁义不断地扩而充之，久而久之，其浩然之气自然生成。故养气要和心中的道义相合而生，即"配义与道"，否则，浩然之气就软弱无力，不能充塞天地之间和人体之中。在朱子看来，气与道义相互作用、相互推动，气与道义相合而生成浩然之气，反过来，浩然之气又有助于道义的推行，使人凛然正义，果敢无惧。故朱子曰："言人能养成此气，则其气合乎道义而为之助，使其行之勇决，无所疑惮；若无此气，则其一时所为虽未必不出于道义，然其体有所不充，则亦不免于疑惧，而不足以有为矣。"[①]所以，浩然之气是与仁义相合相伴而生，此时，气内含仁义之属性，仁义就是一种气，故存而养之，扩而充之。如果行为有愧仁义之心，则浩然之气软弱无力，不能充塞天地之间；如果人能做到"仰不愧于天，俯不怍于人"（《尽心上》），那么就能理直气壮，浩然之气油然而生。对孟子来说，集义养气是一个在心上用工的循序渐进的修养过程，切不可违背自然规律，急功近利，揠苗助长。故曰："必有事焉而勿正，心勿忘，勿助长也"（《尽心上》）。这里概括了孟子善养浩然之气的原则，即勿正、勿忘、勿助，也是孟子养气的一种限定和节制，是对"无暴其气"的补充说明，揭示了"持志养气"要遵循中和之道，对气不放任，不助长，

---

① （宋）朱熹：《四书章句集注》，中华书局2011年版，第215页。

不压制。

通过存心、尽心、持志、养气的修养工夫，善端善性扩充全心，浩然之气充盈全身，道德意识生色形体，臻于完美。三者合一，达成"形—气—心"的一体贯通的理想之身，进而达到充实而光辉的圣人之身："可欲之谓善，有诸己之谓信，充实之谓美，充实而光辉之谓大，大而化之之谓圣，圣而不可知之谓神"(《孟子·尽心下》)。这就是圣人之性根于心而显于外的践形过程。对此，台湾学者杨儒宾解释说："践形观意指透过道德意识之扩充转化后，人的身体可以由不完整走向整全，全身凝聚着一种道德光辉，成为精神化的身体。"①在《尽心上》中，孟子比较集中地阐述了他的践形观："形色，天性也；惟圣人然后可以践形"(《孟子·尽心上》)。"君子所性，仁义礼智根于心，其生色也睟然，见于面，盎于背，施于四体，四体不言而喻"(《孟子·尽心上》)。朱子以"自然之理"来解释形色之天性，"盖众人有是形，而不能尽其理，故无以践其形；惟圣人有是形，而又能尽其理，然后可以践其形而无歉"。②在这里，形色与天性浑然一体，"自然之理"是指先天的道德良知，是一般众人所不能体认、体知的，即使是贤人亦践之而不尽，唯有圣人才能最终践形色为天性。故焦循曰："圣人尽人之性，正所以践人之形。"③可见，形色与天性因践形的工夫而一体两面，形色由于浸润人的德性，已然不是纯生物性的形色，而被德性化、精神化；德性亦并非抽象虚无，而是即形色而显，被切身化、具身化。这样看来，孟子的践形观体现了身心双修、身心一如的观点：既以心志为本，又兼顾形体修养。经身心转化的践行工夫，德性浸润全身全心，形体的生物性结构转化成为被德性之气充盈以及德性具身化的场域，形体自然显现光辉，这就是所谓"生色"。因为秉持德性的浩然之气生发存养，充沛四体；内在的道德本性亦浸润百骸而流于面背，达于四肢。朱子对此解释曰："盖气禀清明，无物欲之累，则性之四德根本于心，其积之盛，则发而着见于外者，不待言而无不顺也。"④

综上所述，孟子的尽心、养气、践形的修行工夫是自内而外的内充过程，由此，身心整全地转化而呈现出全新的生命状态。"心"失去其意向性，转化为显现"形"、"气"的"全心"，"形"失去其生物性，转化为凝聚"心"、"气"的"全形"，"气"失去其本能性，转化为充布于"形"、"心"的"德性之气"。由此，心—气—形或形—气—心一体三相，融通一如。杨儒宾对此作精辟解释："由于三体同体，其存在性格层层相依，因此，形—气—心未转化时，学者的形—气—心皆是尘形—尘气—尘心。但学者只要修证有成，冥契太极，则形为'践形'之形，气为'浩然'之气，心为'全心'之心。而且，践形、全心、浩

---

① 杨儒宾：《支离与践形》，载《中国古代思想中的气论及身体观》，台北巨流图书公司 1993 年版，第415 页。
② (宋)朱熹：《四书章句集注》，中华书局 2011 年版，第 338 页。
③ (清)焦循：《孟子正义》，中华书局 1987 年版，第 938 页。
④ (宋)朱熹：《四书章句集注》，中华书局 2011 年版，第 333 页。

然之气是同时成立的。"①

四、结　论

孟子身心一体的双重机制构成了具有中国哲学特质的身—气—心一体三相的结构模式,这与西方身心对立的二元模式截然有别。在中国古代,"心"是人体的一个组成部分,它与其他器官共同构成人的整个身体,只是分工不同,但性质相同。"心之在体,君之位也,九窍之有职,官之分也。"(《管子·心术》)对于何谓身、心这一问题,王阳明曾在《大学问》中回答曰:"何谓身,心之形体,运用之谓也。何谓心,身之灵明,主宰之谓也。"②在这里,身、心互为体用,即用显体,承体即用,体用不二。由此可知,肉体是纯粹生理的躯体,但是,"身体则牵涉到无形的精神、心灵、情意,是生理、心理所交相容与、融构而成的共同体"。③杜维明曾明确指出:"在中国哲学中,身和心、物质和精神、凡俗和神圣、天和人、人和社会都是合一的,没有排斥性的二分。"④台湾学者黄俊杰在概括东亚儒家传统中的身体四种类型的基础上,进一步指出,与西方古代柏拉图和近代笛卡尔的身心二分观念相对照,东亚儒家传统中的身体在本质上是一种"身心互渗"的身体,主张"身"与"心"相互依存、相互融贯,强调心物不二、身心一如的境界。⑤美国汉学家安乐哲认为,在中国古代典籍中,"身体"概念与"身"、"形"、"体"相关,与西方传统身心二元对立的关系不同,中国传统中的"身体"主要是指"身心交关"的身体,即不是非此即彼的"二元对立",而是"两极相关"的身心交关论。⑥总之,"儒家的心性论与身体论乃是一体两面,没有无心性的身体,也没有无身体之心性。身体体现了心性,心性也性着了身体。"⑦

就身心关系而言,孟子之所以提出不同于西方传统"身心二分"的"身心一体"思想,关键在于中国儒家传统中具有两个至关重要的概念:"气化"和"践行"。"气"之流行,充塞天地,生化万物,贯通身心。"盖天地万物与人原是一体,其发窍之最精处,是人心一点灵明。……故五谷禽兽之类,皆可以养人;药石之类,皆可以疗疾:只为同此一气,故能相通耳。"⑧在气之流行化育中,天地万物有机联系,融构一体,其中,人为万物之灵,助宣气,赞化育,人身充布血气,使得身心交融一体。但是,台湾学者黄俊杰认为,

① 杨儒宾:《儒家身体观》,"中央研究院"中国文哲研究所筹备处 1996 年版,第 23 页。

② 《王阳明全集》,上海古籍出版社 1992 年版,第 971 页。

③ 周与沉:《身体:思想与修行——以中国经典为中心的跨文化关照》,中国社会科学出版社 2005 年版,第 87 页。

④ 杜维明:《现代精神与儒家传统》,载《杜维明文集》卷二,武汉出版社 2002 年版,第 308 页。

⑤ 黄俊杰:《东亚儒家思想传统中的四种"身体":类型与议题》,《孔子研究》2006 年第 5 期。

⑥ 安乐哲:《古典中国哲学中身体的意义》,陈霞等译,彭国翔校,《世界哲学》2006 年第 5 期。

⑦ 杨儒宾:《儒家身体观》,"中央研究院"中国文哲研究所筹备处 1996 年版,第 1 页。

⑧ 《王阳明全集》,上海古籍出版社 1992 年版,第 107 页。

东亚儒家传统思想常将身体视为一个不完整的身体,并通过"修身"的工夫过程,转化为相对完整的身体,在这一转化过程中,"践行"起着关键作用,践行的修养工夫使得人的身心相互转化,整合为生命整体,由此,"身体"不再是生理性的躯体,而是一种涵摄生理意义和道德意义的生命有机体。① 台湾学者杨儒宾的《儒家的身体观》是以孟子为核心,从先秦传统文献中梳理出"二源"(摄威仪、导血气)、"三派"(践形观、气化观、礼义观)、"四体"(形躯的身体、精神的身体、自然气化的身体、社会文化的身体),并在学理框架层面上总结出"形—气—心"的身心结构。② 身与心是不同态的存在,因气之充布而能化为同质性存在,因修行之工夫而相互转化,相互渗透,共同融构生命整体。

① 黄俊杰:《东亚儒家思想传统中的四种"身体":类型与议题》,《孔子研究》2006 年第 5 期。
② 杨儒宾:《儒家身体观》,中央研究院中国文哲研究所筹备处 1996 年版。

【欧陆哲学】

对维特根斯坦的《哲学研究》的多种解读

林允清　陈文芳[①]

内容提要：维特根斯坦在《哲学研究》中从事的哲学活动似乎与其阐述的哲学观不一致，比如处理具体哲学问题，维特根斯坦所陈述的不像是人人都认同的事实。这导致对《哲学研究》各种解读的产生，比如建构派、沉默派、和对话派。本文对这些解读进行批判性的分析，指出其优缺点。在此基础上，笔者提出自己的解读方案。此解读方案的优点在于能够帮助消除维特根斯坦的哲学观念与哲学活动之间似乎存在的不一致。

关键词：维特根斯坦　对话派　建构派　沉默派　语法事实

在《哲学研究》中，维特根斯坦非常清晰地阐述了他对于哲学的观点，其内容主要有以下几点[②]：

第一，哲学问题都是假问题，是语法幻觉。（PI 110,307）哲学就是要去化解这些假问题。

第二，化解的方法是通过只描述众所周知的语法事实，不提供新信息，只是描述而不作解释。（PI 109,126）

第三，还要对哲学家的思想进行诊断治疗，指出其如何误解了词语的用法（PI 90），如何受到了一些错误类比（analogy）和图画（picture）的误导。（PI 90,112,115）

除了阐述其哲学观之外，维特根斯坦在《哲学研究》中讨论更多的是很多具体的哲学问题，比如关于"意义"、"理解"、"遵守规则"、"私人语言"、"意图"等。这些都是维特根斯坦所进行的具体的哲学活动。在理解维特根斯坦的哲学活动时，会产生一系列问题，比如，维特根斯坦说清楚哲学问题都是假问题了吗？他讨论过程中只是列举了人人皆知的语法事实而没有提出自己的理论吗？他通过指出哪些错误类比和图画从而对哪些问题进行了化解？他真的把这些问题化解了吗？这些问题都很难回答。这使得维特根斯坦的哲学活动与其哲学观念似乎不相吻合，从而导致了不同学者对《哲学研究》

---

① 林允清，男，教授、博导，生于 1964 年 11 月。牛津大学博士，读博期间常与哲学家斯特劳森爵士讨论语言哲学问题并接受其指导。研究领域：语言哲学、理论语言学。陈文芳，女，讲师，博士生在读，生于 1982 年 10 月。研究方向为：语言哲学、理论语言学。

② L.Wittgenstein,*Philosophical Investigations*,Blackwell,1958.本文在引用《哲学研究》中的段落时，将采用"PI 段落号"的形式，PI 为此书英文标题的缩写。

提出了不同的解读。我们接下来将列举一些具有代表性的解读,它们可以被归为建构派(constructivism)、沉默派(quietism)和对话派(dialogism)。

一、建构派解读

建构派认为:维特根斯坦在处理各种哲学问题的过程中并没有只描述众人皆知的语法事实,而是作出了很多理论性的论断。比如关于"什么是遵守规则?",Malcolm 和 Kripke 都认为维特根斯坦提出了"遵守规则要在社会团体存在的前提下实现"这样的社团观。又比如,在讨论"私人语言是否存在"的问题中,建构派学者认为维特根斯坦主张私人语言不存在,并且认为维特根斯坦提出的原因是"一个人不能遵守规则,也就不能独自拥有语言"[①],或"人的记忆不确定"[②],或"私人语言无法实指定义"[③]。

然而,这些论断都不是人人认同的语法事实,都颇具争议。比如学者们对"遵守规则要在社会团体存在的前提下实现"这一社团观就争议不休。[④] 建构派对维特根斯坦哲学活动的解读显然违背了维特根斯坦的哲学观念。

然而,建构派有其自身的道理。他们把注意力放在了对哲学问题的处理上,他们想解决这些问题,而解决这些问题似乎只能通过提出某些理论性的论断。建构派不是没有意识到其解读使得维特根斯坦的哲学活动与其哲学观念出现不一致,但他们把这个不一致性归结到维特根斯坦身上,比如他们可能认为维特根斯坦的哲学观念只是一个理想,而其具体的哲学活动没能达到这一理想。

二、沉默派解读

建构派认为维特根斯坦在处理具体哲学问题的过程中提出了理论性的论断,这有悖于维特根斯坦的哲学观念。沉默派则坚持认为维特根斯坦没有提出任何理论性的主张。在此笔者仅举两位学者的沉默主义为例。

Baker[⑤] 是这样解读维特根斯坦关于"私人语言"的讨论的:维特根斯坦分析哪些错误的类比和图画导致哲学家认为私人语言存在,他提供一些另外的类比和图画,这些类比和图画能够让人不去得到私人语言存在的结论;但是维特根斯坦本身并没有自己的论点,他只摆出这些类比和图画,让哲学家自己去思考、而不是强迫其去接受哪些类

① S.A.Kripke, *Wittgenstein on Rules and Private Language*, Harvard University Press, 1982.

② N.Malcolm, "Wittgenstein's *Philosophical Investigations*", *The Philosophical Review*(63), 1954.

③ P.M.S.Hacker, *Insight and Illusion: Themes in the Philosophy of Wittgenstein*(revised edition), Oxford University Press, 1986.

④ A.Miller and C.Wright(eds.), *Rule-Following and Meaning*, Acumen, 2002.

⑤ G.P.Baker, *Wittgenstein's Method: Neglected Aspects*, Blackwell, 2004.

比和图画是正确的哪些是错误的,从而让哲学家摆脱错误类比和图画的影响,进而化解相关的哲学问题。然而,这样就能让哲学家鉴别出错误的图画,从而放弃那些他们苦苦思索的哲学问题?问题似乎没有这么简单。

再比如关于"为什么规则具有客观性"的问题。"+2"这个规则客观上决定了序列应该是 0,2,4,6,8,……1000,1002,……而不是 0,2,4,6,8,……1000,1004,……为什么"+2"规则就规定了 1000 后面是 1002 而不是 1004? 让一个人去"+2",他怎么知道 1000 之后应写 1002 还是 1004? 哲学家会觉得这些都是谜团,因而想去做哲学解释(见 PI 185 及之后段落)。根据 McDowell①② 的解读,规则客观性问题不是问题,"+2"规则本身就规定 1000 之后是 1002 而非 1004,这是人人皆知的事实,对此根本不需要感到疑惑,根本不需要进行解释,而只需要保持沉默。然而,McDowell 的解读显然不令人满意,其说法不可能让哲学家停止其哲学思考,不可能化解其疑惑。此外,维特根斯坦用相当大的篇幅对规则客观性问题进行了讨论,McDowell 的解读使得这些讨论显得没有必要。

由此可见,与建构派相比,沉默派将注意力集中在维特根斯坦的哲学观念,强调维特根斯坦不提出理论性主张而是通过提出各种图画或类比或干脆沉默不言来化解哲学问题。然而,沉默派对具体哲学问题的处理并不能使得这些问题得到化解。所以,沉默派的解读还是使得维特根斯坦的哲学观念和哲学活动之间出现了不一致。

三、对话派解读

建构派和沉默派的解读都存在着缺点,即都使维特根斯坦哲学观念和哲学活动之间出现了不一致。对话派试图对《哲学研究》提供更好的解读。该派的代表人物是 Stern③,在他看来,建构派和沉默派的问题在于只区分了两种声音,即对话者(interlocutor)和讲述者(narrator):对话者是传统的哲学家,他提出了一些哲学看法,而讲述者是维特根斯坦,他对对话者的观点进行反驳。Stern 认为"两种声音"的解读是不对的。

Stern 自己认为《哲学研究》中有三种声音:对话者、讲述者和评论者(commentator)。对话者提出对一些哲学问题的思考,例如提出"存在一种私人语言"。讲述者对此进行反驳,例如提出"私人语言不存在"。而评论者则以治疗为目的来看待对话者和讲述者之间的争论。评论者的话语由两部分构成:一部分是否定对话者与讲述者所共同持有

---

① J.McDowell," Non‐Cognitivism and Rule‐Following", in S. H. Holtzman and C. M. Leich (eds.), *Wittgenstein*:*To Follow a Rule*,Routledge & Kegan Paul,1981.

② J.McDowell," Wittgensteinian 'quietism'",*Common Knowledge* 15(3),2009.

③ D.G.Stern,*Wittgenstein's Philosophical Investigations*,Cambridge University Press,2004.

的假设,另一部分是摆列一些众所周知的语法事实。① 前者的例子是评论者指出既不能说"存在一种私人语言",也不能说"私人语言不存在",因为"私人语言"这个词本身是无意义的语法幻觉;对于后者 Stern 并没有专门探讨。在 Stern 看来,评论者才是维特根斯坦的声音。②

然而,Stern 的解读也存在很大的问题。首先,Stern 对三种声音的界定就不明确,特别是很难分清讲述者和评论者的声音。Stern 认为评论者的作用是诊断治疗、化解哲学问题。但《哲学研究》一书中哪些话起到了诊断治疗、化解问题的作用,哪些没起到这个作用? 这个问题很难回答。Stern 本人也承认他关于评论者和讲述者的界定存在模糊性。③ 既然如此,区分三种声音能否改善对《哲学研究》的解读就值得怀疑了。Stern 的解读的另一个问题是:Stern 认为评论者通过对对话者和讲述者的否定,加上摆列众所周知的语法事实,就能达到诊断、治疗、化解哲学问题的目的。但这究竟是如何做到的? Stern 没有给予充分的解释,他提供的解释也很难被大家接受④。

对话派的解读试图让维特根斯坦的哲学活动符合其哲学观念。但鉴于上一段指出的问题,对话派的解读并不成功。同建构派和沉默派一样,对话派仍然使得维特根斯坦的哲学观念与其哲学活动之间出现了不一致。

四、笔者的解读方案

根据以上的分析,我们可以看出建构派、沉默派和对话派都没能消除维特根斯坦哲学观念与其哲学活动似乎存在的不一致性。这几派对此不一致性的态度是不一样的。建构派倾向于认为维特根斯坦本身就具有不一致性,他的哲学观念是一个理想,而他的哲学活动达不到这一理想。沉默派和对话派倾向于认为维特根斯坦本身是一致的,他们的解读试图让维特根斯坦的哲学观念与其哲学活动相符合。但是,他们的解读存在很多问题,因此其目的也就没能达到。

建构派对待维特根斯坦的态度是不可取的。维特根斯坦是一个极其严肃和严谨的哲学家,所以,如果没有相反的证据,我们应该认为维特根斯坦的哲学观念与其哲学活动是一致的。建构派的理由是看不出维特根斯坦是怎样通过列举不争的语法事实就化解了具体哲学问题的。沉默派和对话派的不足也是由于没有认清维特根斯坦所摆的语法事实。Baker 因为这个原因而把目光转向维特根斯坦的类比和图画;McDowell 因为这个原因而声称维特根斯坦对规则的客观性保持沉默;而 Stern 也是因为这个原因而分不清讲述者和评论者。

① D.G.Stern,*Wittgenstein's Philosophical Investigations*,Cambridge University Press,2004.p.22.
② Ibid.p.23.
③ Ibid.p.22.
④ 事实上,支持 Stern"三种声音"的学者寥寥无几。

因此,我们认为"语法事实"这个概念对正确解读《哲学研究》起着至关重要的作用。其实这一想法并不新颖。国内一些研究已经强调了"哲学语法"和"语法事实"这些概念在解读《哲学研究》中的重要性。涂纪亮①②讨论了哲学语法的自主性和随意性,并对维特根斯坦关于表层语法和深层语法的区分做了一定的阐释。韩林合③指出哲学困惑之根源在于语法误解和语法混淆,所以对《哲学研究》的解读即对语法误解和语法混淆的分析,而语法事实是分析的重要内容。陈嘉映④从自主性、任意性、规则、词语应用等角度阐释了"哲学语法"这个概念,并探讨了哲学语法与普通语法以及逻辑的异同。江怡⑤提出要从"纵观"(surveyablity,出自 PI 122)入手把握哲学语法,并认为"纵观"不仅包括宏观概括性的说明,还包括微观上的测量、考察、调查,即各种具体的语法事实。总体而言,这些研究强调了语法研究的重要性并对哲学语法进行了一定的阐释。但其不足之处在于没有阐明语法中的具体语法事实,更没有具体分析维特根斯坦是怎样通过语法事实化解哲学问题的。国际上的研究现状也是如此,虽然近些年研究维特根斯坦哲学语法的著作逐渐增多⑥⑦⑧,但都没有明确谈到具体的语法事实是什么,以及维特根斯坦是怎样通过列举语法事实让哲学问题消失的。

几乎所有的学者都对维特根斯坦通过列举语法事实来化解哲学问题这个做法感到困惑。纵观《哲学研究》,书中绝大多数的话语似乎都令人费解,但按照维特根斯坦的说法,书中应列举了大量的人人皆认同的语法事实。著名的维特根斯坦专家 Antony Kenny 爵士认为《哲学研究》中人人都认同的话语很少,他只找出以下几个例子⑨:

(1)奶酪不会无缘无故地膨胀或瘪缩(PI 142)。

(2)狗不会自言自语(PI 357)。

(3)如果我错误地说某物是红的,那么它就不是红的(PI 429)。

(4)什么也不能引诱我把手放到火焰中去(PI 472)。

(5)微笑的嘴只能在人的脸上微笑(PI 583)。

(6)当我举起我的胳臂,我的胳臂就上举(PI 621)。

此外的大多数话语在 Kenny 看来都不是人人皆知的语法事实。所以,他感叹道:

① 涂纪亮:《维特根斯坦的语法论》,《江苏行政学院学报》2005 年版,第 6 期。

② 涂纪亮:《维特根斯坦后期哲学思想研究》,武汉大学出版社 2007 年版。

③ 韩林合:《维特根斯坦〈哲学研究〉解读》(上、下册),商务印书馆 2010 年版。

④ 陈嘉映:《谈谈维特根斯坦的"哲学语法"》,《世界哲学》2011 年第 3 期。

⑤ 江怡:《论维特根斯坦的"哲学语法"概念》,《哲学研究》2012 年第 7 期。

⑥ O.Kuusela, *The Struggle against Dogmatism : Wittgenstein and the Concept of Philosophy*, Harvard University Press, 2008.

⑦ M.McGinn, "Grammar in the Philosophical Investigation", in O. Kuusela and M. McGinn (eds.), *The Oxford Handbook of Wittgenstein*, Oxford University Press, 2012.

⑧ B.Savickey, *Wittgenstein's Art of Investigation*, Routledge, 1999.

⑨ A.Kenny, "Philosophy states only what everyone admits", in E.Ammereller and E.Fisher(eds.), *Wittgenstein at Work : Method in the Philosophical Investigations*, Routledge, 2004, p.179.

"尽管我已经尽我所能,但最终我还是不能相信有可能使维特根斯坦的哲学观念与其哲学活动相符合"。①

Kenny 的困惑是极具代表性的,研究维特根斯坦的学者普遍都有这一困惑。笔者认为 Kenny 对语法事实的理解太狭隘了:他把语法事实仅限于我们不假思索就能判断并承认的事实,其实很多语法事实需要我们仔细思考后才能看清并承认。笔者在此只举一些有代表性的例子:

(7)有各种各样的游戏,它们没有一个共同的特征,它们只具有家族相似性。(PI 66-67)

(8)给一个人一个数列的前几位数字,他很可能脑子中浮现出一个公式,而因此说他理解了这个数列并且能把下面的数字也写出来。但是,"理解"和"脑中出现公式"并不等同,因为一个人脑中可能出现这个公式,但他却并不能理解这个数列。(PI 151-152)

(9)假设一个人吃了某种药,给他一段他从来没读过的文字让他读,他读的时候有一种感觉,好像在说着已经熟记的东西。他自己感觉是在背诵、而不是在读这段文字。但对于我们来说,他的确是在读这段文字。所以,他个人的感觉不能决定他是否在读还是在背诵。(PI 160)

(10)假设一个人拿着圆规顺着一条线去画出另一条线:圆规的一只脚顺着第一条移动,而圆规的另一脚则画出第二条线。如果圆规张开的角度不变,那么画出来的线就和原线是平行的;在这种情况下我们可以说这个人是以原线为规则画线。但是,如果他在画的过程中无规律地改变圆规的张角,那么他画出来的线跟原线之间就看不出有什么联系,这时我们就会说他没有以原线为规则画线。(PI 237)

这些都是人人经过思考都能认同的语法事实。一旦这样打开眼界,我们就可以发现语法事实在《哲学研究》中随处可见。这正是笔者在此要大力倡导的。由于篇幅限制,笔者在此不能将《哲学研究》中提到的语法事实一一列出;但这样做却会是一件非常重要的事。一旦清楚了此书中所有的语法事实,那么我们就向着正确解读此书的目标前进了一大步。只弄清语法事实还是远远不够的,还需要明白维特根斯坦是怎样利用这些语法事实化解哲学问题的。当然,这也是一个很大的课题,笔者在此仅提出一个解读方案。

首先,语法事实是用来说明哲学家误解了词的用法。维特根斯坦指出哲学就是要"清除关于词的用法的误解"(PI 90)。那么,哲学家怎么误解了词的用法了呢? 必须要将词的正确用法,即语法事实,摆列在哲学家面前,让他们看到他们误解了词的用法。比如,哲学家可能说每个词都指代着一个客观上的东西。就"游戏"而言,哲学家可能

① A.Kenny, "Philosophy states only what everyone admits", in E.Ammereller and E.Fisher (eds.), *Wittgenstein at Work: Method in the Philosophical Investigations*, Routledge, 2004, p.181.

说"游戏"这个词指代着游戏的本质。维特根斯坦通过描述各式各样的游戏,让哲学家清楚地看到游戏并没有一个共同的特征,而只有家族相似性。(PI 66-67)同样,哲学家可能说,理解是头脑中出现的一个过程(process),比如头脑中出现了一个公式。维特根斯坦就把关于理解的多个例子罗列出来,指明理解不是头脑中的一个过程。(PI 151-152)

其次,语法事实可以用来当作类比或图画。维特根斯坦说关于词的用法的误用是由一些错误类比引起的。(PI 90)哲学家受了某些类比或图画的影响,以至于看不清词的正确使用。为了削减或消除这些影响,维特根斯坦会给哲学家一些其他的类比或图画,让他们意识到事情可以从其他角度思考,以阻止他们一条道走到黑。那么,要想让哲学家觉得这些类比或图画有道理,它们就必须是人人都认可的,也就是说,它们必须是语法事实①。比如,哲学家认为"疼痛"的意义不光在于疼痛的举止而且更在于这个词指代着一个私人感觉,这是受到了"奥古斯丁图画"(即每个词都指代着一个客观实在,见PI 1)的影响。针对此,维特根斯坦就提供了另一个图画:如果我们画一幅画来描绘壶里的水烧开了,我们只需要画蒸汽从壶嘴中冒出,并不需要画壶里有沸腾的水。(PI 297)这个图画,就是人人皆知的语法事实。Baker强调了维特根斯坦提供的类比和图画的重要性,但他没有看清它们也都是语法事实,所以他无法解释哲学家为什么可以相信和接受这些类比和图画。

再次,语法事实是化解哲学问题的依据。哲学家深深受到了某些类比和图画的影响,因此,只提供另外的类比和图画不足以让哲学家放弃原来的类比和图画。这是因为哲学家很可能认为原来的类比和图画更好,更适合其口味和需求。Baker的解读就受到这个问题的困扰,即他不能解释哲学家一定能够接受维特根斯坦提供的类比和图画而最终能放弃他们苦苦思索的哲学问题和他们千辛万苦提出的哲学答案。语法事实是让哲学家解脱的根本。比如,还是举"游戏"的例子:哲学家受"奥古斯丁"图画的影响而认为游戏背后有一个本质,提供另外的图画也许有助于帮助哲学家认识这一错误,但也许没有作用。只有将各种游戏的情况摆到桌面上,让哲学家看清游戏没有本质而只有家族相似性,才能让他们认清所犯的错误。这样,对于"什么是游戏?"这一问题,哲学家就会放弃原来的答案,而看清这个问题不是个问题,即答案人人皆知:举例说明什么是游戏,这就是答案。推广来说,对于"什么是X?"这一问题②,通过摆出"X"这个词的各种用法(即语法事实),哲学家最终就可以清楚地看到答案已经就在这些语法事实中,"什么是X?"就不再是个哲学问题,不再需要哲学答案;这样,这个问题就被化解掉了。这一点被维特根斯坦精辟地概括为"本质是由语法表达的"。(PI 371)

---

① 否则,哲学家就可能不同意那些类比和图画,更不愿去接受它们。
② 这里"X"可以是"理解"、"意义"、"思维"、"遵守规则"等哲学概念。

当然，仅靠摆出关于 X 的语法事实还是不足以化解关于 X 的哲学问题的，这就需要用各种方法来诊断和治疗哲学家的思维毛病（见 PI 133）。以上谈到的提供另外的类比和图画是一个重要的方法，但也只是方法之一。研究和弄清维特根斯坦的各种方法是非常必要的，但这要以正确认识"语法事实"这一概念为前提，因为无论维特根斯坦采用什么方法，他都必须说无可争议的话（即列举不争的语法事实），否则哲学家就会跟他无休止地争论下去，哲学问题就不会被化解。

最后，我们再来看《哲学研究》中的声音问题。上文已经提到建构派和沉默派都认为书中有两种声音：即对话者（代表哲学家）和讲述者（代表维特根斯坦）；但对话派却认为存在三种声音：即对话者、讲述者（都代表哲学家）和评论者（代表维特根斯坦）。对话派在维特根斯坦研究者中其实只占很小的一部分。对话派的最大问题是不能很好地区分哪些话是讲述者的、哪些话是评论者的。根据本节的论述，《哲学研究》中大量的话语都是在陈述语法事实（其中一些语法事实被用来当作类比和图画），这些都是维特根斯坦的话语。当然，维特根斯坦也用一些段落阐述他的哲学观念。这样，除了哲学家的一些话语（一般出现在双引号之内），其他的话语基本都是维特根斯坦的。所以，根据本节的论述，《哲学研究》中只有两种声音，即对话者（代表哲学家）和讲述者（代表维特根斯坦）。

五、结　语

本文分析了建构派、沉默派和对话派对维特根斯坦《哲学研究》的解读，指出其各自的不足。这几派的共同问题是造成维特根斯坦哲学观念和哲学活动之间出现不一致性，其共同的原因是没有很好地把握维特根斯坦的"语法事实"这个概念。本文指出前人对此概念的理解过于狭隘，主张语法事实不仅包括显而易见的部分，而且包括需要进行一番思考的部分。笔者进一步举例说明《哲学研究》中语法事实比比皆是。

笔者提供的解读方案就是建立在对"语法事实"这样一个理解之上的。在这个解读方案中，《哲学研究》只有两种声音：对话者（代表哲学家）和讲述者（代表维特根斯坦）。哲学家由于受到某些类比和图画的影响，在探讨某个具体问题时，会提出一些哲学论断。维特根斯坦通过列举相关的语法事实，让哲学家看清他们误解了词的使用；通过提供另外的类比和图画（也是语法事实）等方法削弱原来那些类比和图画的影响；通过列举相关的事实，让哲学家看清哲学问题其实不是问题，答案已经在相关的语法事实之中，这样，哲学问题就被化解了。笔者提供的这一解读方案能够将维特根斯坦的哲学观念和哲学活动统一起来，消除其表面存在的不一致性。

当然，判断一个解读的成功与否在于是否能对维特根斯坦在《哲学研究》中所进行的各项具体哲学活动提供圆满的解释。笔者相信本文的解读方案对这一工作将有很大的帮助，具体的解读可以在此方案指导下进行。冀望这样的具体工作能够清楚地解释维特根斯坦是怎样通过列举不争的语法事实来化解一个个哲学问题的①。

Varying Interpretations of Wittgenstein's *Philosophical Investigations*

LIN Yunqing and CHEN Wenfang

（Beijing Second Institute of Foreign Languages，

Northern China University of Technology）

Abstract：In *Philosophical Investigations*，there seems to be a gap between Wittgenstein's philosophical practice and his conception of philosophy. For example，what he says in treating philosophical problems are do not seem to be facts agreed by everyone. This gap has resulted in different interpretations of Wittgenstein's philosophy，such as constructivism，quietism and dialogism. This paper analyzes the merits and demerits of these interpretations，and proposes an alternative interpretation. The new interpretation focuses on grammatical facts，and thus can help bridge the seeming gap between Wittgenstein's philosophical practice and his conception of philosophy.

Keywords：Wittgenstein；constructivism；quietism；dialogism；grammatical facts

---

① 作为范例,参见林允清："Wittgenstein's private language investigation"，in *Philosophical Investigations*，2016，doi：10.1111/phin.12148。

"因为应该,所以能够"

——康德义务论实践可行性原则探析

舒远招[①]

内容提要:"因为应该,所以能够"原则又称为"应该蕴涵能够"原则,是康德在阐释其义务论的实践可行性时提出的一个重要原则。对康德而言,建立在自律原则之上的全部义务都是能够践行的。康德在《实践理性批判》中首先提出并初步论证了这一原则,《论俗语:这在理论上可能是正确的,但不适用于实践》一文对这一原则作了进一步的阐释和系统论证,《纯然理性范围内的宗教》从宗教学的角度申述了这一原则,《道德形而上学》尽管没有明确阐释这一原则,但对该原则也作出了论证。

关键词:康德义务论 实践可行性 应该 能够

康德义务论自问世以后,就一直受到形形色色的批评,而其中一个重要批评,就是认为康德义务论缺乏实践的可行性。批评者认为,康德义务论没有充分考虑到人们履行道德义务的能力和条件,其义务要求既超出了人的能力,也超出了既有的条件;当康德强行要求在现实中贯彻自己的道德法则时,要么会引起法则与现实的冲突,要么会因为现实生活本身的矛盾而使得康德的抽象原则无所适从,原则与现实的冲突尤其是现实生活中不同义务之间的彼此冲突,都使得康德所说的道德法则无法在实践中贯彻下去。

例如,黑格尔和杜威等人都曾批评康德义务论会导致自相矛盾。黑格尔不仅在《法哲学原理》中批评康德由于其"抽象理智"式的道德思维而陷入撇开内容的"形式主义",而且在《精神现象学》中揭露了康德义务论的一系列"自相矛盾"。在《精神哲学》中,他还把康德义务论的内在矛盾概括为各种特殊的善或义务彼此冲突、特殊的善与普遍的善不相一致、善与恶相互对立、主观目的与客观世界不相和谐共四种。[②] 在康德那里,善或义务只能表现为一种"应该",而无法顾及它在客观现实中的具体实现;而对黑

---

① 舒远招(1964—),哲学博士,现任湖南大学马克思主义学院教授、博士生导师,主要研究德国古典哲学、马克思主义哲学。本文系教育部人文社会科学重点研究基地重点项目"康德道义论重大理论与实践问题研究——着眼于对康德道义论的各种批评"(项目编号:13JJD720007)和湖南省社科基金项目"康德正义论研究"(项目编号:2010YBA178)的阶段性研究成果。

② [德]黑格尔:《精神哲学》,杨祖陶译,人民出版社2006年版,第326—327页。

格尔而言，这些矛盾冲突是客观存在的，因此不能站在单纯主观主义的立场上左冲右突，而是要在一种伦理的立场上实现主观和客观的统一。杜威则从其情境主义的立场出发，批评包括康德义务论在内的传统伦理学只看到善与恶的冲突，而没有看到在具体的情境中，我们遇到的往往不是善与恶的冲突，而是不同的善之间的冲突与选择。他认为，真正的道德问题是不同的善之间的冲突以及如何协调这些冲突的问题。

康德曾认为凡是应该履行的义务，就是能够履行的，这便是著名的"因为应该，所以能够"原则，有人也将之称为"应该蕴涵能够"原则。当人们批评康德义务论缺乏实践可行性时，也总会把批评的矛头直接而集中地指向这个原则。例如，当代英国道德哲学家 B.威廉斯在《道德运气》(1981)中论述"应当"与道德义务时，就不仅从其"内在理由说"来批评康德义务论的"外在理由说"，而且明确批评了康德"因为应当，所以能够"原则。在他看来，该原则意味着"义务蕴含了可能性"，但至少就一类狭窄的义务（如契约中的信守诺言）而言，该原则是否正确是不清楚的。"在这种义务的情形中，人们有时候更愿意说，一个行动者处于他不能履行的一个义务之下。"①他的意思是：当行动者发现自己遇到义务的相互冲突时，就会倾向于认为自己不能履行该义务。德国当代进化伦理学家福尔迈在《想要—能够—允许——一个进化伦理学的角度》②一文中，不仅把"应该"和规范问题联系起来，而且把"允许"理解为一个规范概念。他认为"能够"是一个事实问题，而"允许"则是一个规范问题。由于"进化伦理学"把事实和规范结合起来了，因而创造了一个机会，去研究"能够"和"允许"的相互作用。他从进化伦理学的角度明确反对"因为应该，所以能够"原则，认为该原则会提出超出"能够"的过高要求。

在当代英美哲学界，一些伦理学家还不只是满足于简单地拒斥"因为应该，所以能够"原则，而是试图对该原则的含义作出具体分析。例如，斯泰姆就专门探讨了该原则的含义。③ 在他看来，"应该蕴涵能够"原则具有强概念和弱概念之分，当前的主流用法过强了，而康德本人的用法则较弱。所谓强概念是指：从人的实际能力的有限性推出道德法则的有限性。如果采纳这种理解，则该原则就难以在现实中贯彻下去。所以，他认为康德本人对该原则采取了弱概念的理解。如果说强概念的论证是从"我们能够做什么"到"我们应该做什么"，则弱概念的论证是从"我们应该做什么"到"我们能够做什么"。

国内一些学者呼应了斯泰姆的这种理解。例如，陈晓平教授在其《"应该蕴涵能够"之康德原则辨析——关于"不要说谎"的案例分析》④一文中指出：康德的"应该蕴

---

① [英]威廉斯：《道德运气》，徐向东译，上海译文出版社 2007 年版，第 172 页。

② Wollen-Können-Durfen，"Aspekte einer Evolutionären Ethik"，In S.Dacke und C.Bresch（Hrsg.）：*Gut und Böse in der Evolution*.Stuttgart：Hirzel 1995，S.69-82.

③ Robert Stern."Does'Ought'Imply'Can'？And Did Kant Think It Does?"，*Utilitas*，Vol.16，No.1（March 2004）.

④ 陈晓平：《"应该蕴涵能够"之康德原则辨析——关于"不要说谎"的案例分析》，《云南大学学报》2014 年第 5 期。

涵能够"原则具有"强概念"和"弱概念"的双重性,只是康德本人并未明确认识到这一点,并且他事实上倾向于弱概念。康德的这种倾向性使其道德理论缺乏现实规范性。纠正康德理论的这一缺憾的措施之一,就是把关于"应该蕴涵能够"的弱概念和强概念自觉地结合起来,在二者的平衡中确认恰当的道德法则。陈晓平教授不满足于斯泰姆仅仅从不同的论证方向上来区分"强概念"和"弱概念",而是进一步指出"应该"和"能够"的含义在强概念和弱概念中是不同的。他指出:"在笔者看来,当康德说'你应该,所以你能够'时,那里的'你应该'是他所说的'绝对命令'……是先验的和无条件的;相应地,作为其后承的'你能够'也应是先验的和无条件的。与之不同的是,当强概念者反向地推论说'你不能够,所以你不应该'时,那里的'你不能够'是相对于现实世界的具体语境而言的,因而是经验的和有条件的;相应地,作为其后承的'你不应该'也是相对于这个现实语境而言的。"①

当这些论者如此区分"应该蕴涵能够"原则的强概念和弱概念时,他们一般认定了康德虽然提出了这一原则,却并没有对该原则作出系统的论证。例如,陈晓平教授就指出:"然而,康德的这一思想只是散见于他的论著中,他从未专门讨论这一原则,也没有为其辩护或论证。"②正是基于这一认识,他们才提出这样的质疑:康德究竟是在何种意义上理解或使用这一原则的? 康德对该原则的理解与当前人们的主流理解是否一致? 所谓强概念和弱概念的两种理解模式,也是针对这类问题而提出来的。

康德本人在生前就已经受到了一些人对其义务论缺乏实践可行性的批评,而且他正是针对这些批评而提出并论证了"因为应该,所以能够"原则。所以,在探讨这一原则的具体内涵时,我们需要依据康德本人的文本来展开。康德为什么要提出这一原则,他自以为支持该原则的理由是什么? 这些问题,也都需要通过对其文本的解读而得到明确解答。基于这些考虑,本文选择《实践理性批判》(1788)、《论俗语:这在理论上可能是正确的,但不适用于实践》(1793)、《纯然理性范围内的宗教》(1794)、《道德形而上学》等文本,对康德就该原则的内涵所做的阐释以及他对该原则的论证作出探析。本文试图表明:康德对该原则的适用性的论证,是与他对其义务论的实践可行性的论证密不可分的。

一、"因为应该,所以能够"原则在《实践理性批判》中的提出和初步论证

具体而言,康德是在《实践理性批判》的分析论部分论述"纯粹实践理性的诸原理"

---

① 陈晓平:《"应该蕴涵能够"之康德原则辨析——关于"不要说谎"的案例分析》,《云南大学学报》2014 年第 5 期。

② 陈晓平:《"应该蕴涵能够"之康德原则辨析——关于"不要说谎"的案例分析》,《云南大学学报》2014 年第 5 期。

的第三个定理时，论证人们能够自觉地履行自己的义务，即按照道德法则的要求去做的。在这里，他不仅讨论了意志自由与道德法则的关系，而且指出我们可以通过道德法则而认识到我们意志的自由。接着，他举例说明了由于我们意志的自由而能够做法则所要求的事情："假定有人为自己的淫欲的爱好找借口说，如果所爱的对象和这方面的机会都出现在他面前，这种爱好就将是他完全不能抗拒的：那么，如果在他碰到这种机会的那座房子跟前树立一个绞架，以便把他在享受过淫乐之后马上吊在那上面，这时他是否还会不克制自己的爱好呢？我们可以很快猜出他将怎样回答。但如果问他，如果他的君王以同一种不可拖延的死刑相威胁，无理要求他对于一个君王想要以莫须有的罪名来坑害的清白人提供伪证，那么这时尽管他如此留恋他的生命，他是否仍会认为克服这种留恋是有可能的呢？他将会这样做还是不会这样做，这也许是他不敢作出肯定的；但这样做对他来说是可能的，这一点必定是他毫不犹豫地承认的。"①

这段话提到了两个例子。在第一例中，康德相信一个人面对绞架，他肯定会选择不要淫乐而保全生命，否则会得不偿失。在第二例中，面对君王的胁迫一个人有可能选择作伪证，但是，他也可以选择舍生取义，宁死不作伪证。由此，康德得出了如下结论："所以他断定，他能够做某事是因为他意识到他应当做某事，他在自身中认识到了平时没有道德律就会始终不为他所知的自由。"

在这里，康德明确提到了"因为应该，所以能够"原则。从康德的叙述来看，该原则确实可以被理解为"应该蕴涵能够"原则。但具体而言，该原则又包含如下含义：首先，"因为应该"这个前提中的"应该"是一个意识中的事实，确切地说，是一个人意识到了自己应该做什么，而不仅仅是他客观上（按照法则的客观要求）应该做什么，而他之所以能够做到，是由于他对自己应该做的事情具有自觉的意识；其次，一个人的义务意识同时就是他对道德法则的意识，因为所谓义务就是道德法则告诉他应该如何行动，但康德试图表明：当一个人意识到道德法则的要求即义务时，他同时也意识到了自己的意志是自由的，因为意志的自由是道德法则的存在根据，他通过认识到道德法则而认识到了自己意志的自由。既然意识到自己的义务就等同于意识到了道德法则，而意识到了道德法则又等于意识到了自己意志的自由，因此，义务意识一旦出现，他就会明白自己能够做到自己应该做的，即能够履行义务。

需要指出，意志的自由不能仅仅从自由选择的意义上去理解。正如康德后来在《道德形而上学》导言中所说：任意（die Willkür）的自由不能通过遵循或者违背法则来行动的选择能力来界定。② 虽然康德承认了意志可以作出自由的选择，即既可以选择使自己的行动符合法则，也可以选择违背法则的行动，但意志自由的本质并不在于这种

---

① ［德］康德：《实践理性批判》，邓晓芒译，杨祖陶校，人民出版社 2003 年版，第 39 页。

② ［德］康德：《道德形而上学》，张荣、李秋零译，载李秋零主编：《康德著作全集》第 6 卷，中国人民大学出版社 2007 年版，第 234 页。

选择能力,更不在于那种违背法则的恶的选择,而仅仅在于那种符合法则的善的选择。正是因为自由意志能够作出这种正确的、善的选择,因此,即使面对巨大的利益诱惑,或者面临生死的考验,人们也能够在意识到自己的义务时作出符合道德法则的正确选择,并自觉加以践行。

在康德这里所举的两个例子中,第一例涉及利害的考虑,即要淫乐还是要生命。如果没有生命危险,也许一个人会选择淫乐,但如果有生命危险,就会选择放弃淫乐而保全生命。第二例则更明确地涉及义与利或善与恶的选择,即黑格尔所说的善与恶的矛盾。康德在此说的是:人的选择能力可以使人在面对利益诱惑时选择将利益(生命)置于首位,而把义务置于次要位置,但人始终也能够按照心灵中正常的伦理秩序作出正确的选择,即选择"舍生取义"。所以,"因为应该,所以能够"原则中的"能够",主要指一个人可以摆脱利害的考虑而选择坚守道义,如宁死而不作伪证。

在阐释道德法则是意志自律而非他律(定理四)时,康德进一步从自律(形式原则)与他律(质料原则)相区别的角度,论证了纯粹实践理性的道德法则的实践可行性。他写道:"凡是按照任意的自律原则该做的事,对于最普通的知性来说都是很容易而且不加思考地就可以看出的;凡是在任意的他律前提下必须做的事则很难这样,它要求世界知识;就是说,凡是作为义务的东西都自行向每个人呈现;但凡是带来真实而持久的好处的东西,如果要把这好处扩延到整个一生的话,都总是包藏在难以穿透的黑暗中,并要求有很多聪明来使与之相称的实践规则通过临机应变的例外哪怕只是勉强地与人生的目的相适应。然而德性法则却命令每个人遵守,就是说一丝不苟地遵守。所以在评判什么是按照德性法则所应该做的事上必定不是很难,最普通、最未经训练的知性哪怕没有处世经验也不会不知道处理的。"①这话往往被后果论者所轻视乃至忽略,后果论者没有想到:如果把行动的正当性建立在对行为后果的计算上,其实是很不靠谱的,因为我们很难预料自己的努力能否达到目的,我们在努力追逐最大的幸福或功利,但结果却未必能够尽如人意,因为结果取决于许多外在的条件和因素。此外,一个行为可能会引起一连串的后果,我们至多只能大概地预测到近期的某些后果,却根本不可能知道它最终究竟会有什么后果。

康德由此指出:"遵守德性的定言命令,这是随时都在每个人的控制之中的,遵守经验性上有条件的幸福规范,这却只是很少才如此,且远不是对每个人都可能的,哪怕只在一个唯一的意图上。其原因是,由于事情在前者那里只取决于必然是真正的和纯粹的准则,在后者那里却还取决于使一个欲求对象实现出来的力量和身体能力。"②这就表明:遵守定言命令比遵守幸福规范更容易,之所以如此,是因为遵守定言命令是一个人完全可以自己掌控的,不取决于外在的各种偶然因素;而遵守幸福规范则很困难,

---

① [德]康德:《实践理性批判》,邓晓芒译,杨祖陶校,人民出版社 2003 年版,第 49 页。
② [德]康德:《实践理性批判》,邓晓芒译,杨祖陶校,人民出版社 2003 年版,第 49 页。

因为一个人往往并不因为自己遵守了幸福规范就一定能够达到幸福的目的，除了受各种外在条件制约，还受制于一个人实现欲望的力量和身体能力。

康德继而指出：一个人在履行义务方面是根本不待别人来教导的，"因为在这方面凡是他想要做的，他也就能够做到"①。为什么一个人想要履行义务他就能够做到？还是因为他所要服从的法则是意志的自律，是纯粹形式的法则，因而完全在他的意愿的范围内，是他能够完全掌控的。康德还给出了一个例子来说明这一点："在赌博中输了的人，也许会对自己和自己的不明智而恼火，但如果他意识到他在赌博中行了骗（哪怕他因此而赢了），那么只要他也用德性法则衡量一下自己，他就必定会轻视自己。所以德性法则必定还是和自身幸福的原则有所不同的东西。"②一个在赌博中靠行骗而取胜的人心里很明白：他做了不该做的事，他当然也完全能够做到自己应该做的，即在意志自由的前提下不为了取胜而破坏游戏规则。他一旦意识到自己应该遵守游戏规则，他就必定能够做到遵守游戏规则，哪怕他事实上为了取胜而破坏了游戏规则，他也知道自己其实是能够不破坏游戏规则的。

许多康德义务论的批评者总认为，康德的"应该蕴涵能够"原则不合理，因为康德试图从应该推出能够，而没有想到应该反过来，从能够推出应该。如果一个人没有能力做自己该做的事，则康德提出的义务就是毫无意义的，因为康德没有想到把"能够做到"当作"应该做到"的前提。陈晓平教授曾举出这样的例子："例如，对一个现实中的穷人我们不会说'你应该向某灾区捐赠 10 万元钱'，但对一个亿万富翁人们有时会这样说，那是因为前者没有能力这样做而后者是有能力的；根据'应该蕴涵能够'或'不能够蕴涵不应该'原则，那位穷人不应该向灾区捐赠 10 万元钱。"③显然，这种批评包含对康德思想的误解。因为对康德而言，尽管只有出于义务的行为才具有真正的道德价值，义务行为作为一种"无条件的应该"根本无须考虑行为所要达到的另外的目的（幸福），以及达到这个目的所需要的各种外在的、偶然的条件，但这绝不意味着人们在实施善行时，根本就不要考虑到自己有无能力或条件做到。行善是一种不完全的、可嘉许的义务，而并非必须严格履行的、可以采取外在法律来强制的完全的义务，这种义务的履行有很大的弹性。在后文中我们将表明，康德在《道德形而上学》中曾指出：在履行利他的善行（仁慈）义务时，需要充分考虑义务主体的能力和条件，所以，他的德性义务论绝不会向一个穷人提出捐献 10 万元的要求，因为这超出了穷人的实际能力。当然，在履行德性义务时对义务主体能力和条件的这种考虑，也绝不意味着在履行某种义务时要事先考虑达到何种功利目的，或者考虑会产生怎样的功利后果，而仅仅是说，德性义务的主体要履行何种德性义务，这本身就要着眼于其实际的能力和条件。一旦具有能力

---

① ［德］康德：《实践理性批判》，邓晓芒译，杨祖陶校，人民出版社 2003 年版，第 50 页。
② ［德］康德：《实践理性批判》，邓晓芒译，杨祖陶校，人民出版社 2003 年版，第 50 页。
③ 陈晓平：《"应该蕴涵能够"之康德原则辨析——关于"不要说谎"的案例分析》，《云南大学学报》2014 年第 5 期。

和条件的道德主体意识到自己应该履行某种德性义务时,他就应该为了义务本身而"无条件地"履行该义务。概言之,德性义务仅仅在出于义务本身而被履行的意义上才是无条件的,而具体要履行何种德性义务或者将德性义务履行到何种程度,这都是受主体的能力和条件限制的。

二、《论俗语》对"因为应该,所以能够" 原则的进一步阐释和论证

《实践理性批判》出版之后,一些评论者继续对康德伦理学作出批评。例如,1792年,克·加尔弗(Ch.Garve)①在其《试论来自道德与文学的不同对象》一文中就对康德的道德学展开了比较全面的批评。针对这种批评,康德在1793年撰写了《论俗语:这在理论上可能是正确的,但并不适用于实践》一文。该文在第一部分中对加尔弗的批评作出回应,在第二和第三部分中则分别针对霍布斯和门德尔松的观点讨论了其义务论与实践的统一问题。这是一篇系统论证义务论具有实践可行性的文章,它不只是论证了个人能够履行自己的义务,而且论证了人们能够自觉地履行公共的法权义务乃至普遍的人类义务,由此表明法权(义务)理念乃至博爱义务的理念也具有实践的可行性。

在此文一开始,康德首先提出了理论和实践的统一性问题。他指出:如果实践的规则在某种普遍性上被思考为原则,而且在此时抽掉了一堆对其贯彻具有影响的条件,则人们就会把这些实践规则的总和称为理论。另外,则只有对一个目的的促成——这种促成被视为对某些普遍地被设想的行事原则的遵守——才叫作实践。康德指出:有时候,理论本身固然完备,但在理论与实践之间可能尚缺乏一个中介环节,缺乏判断力作出合理的判断,这就会导致理论与实践的脱节;有时候,我们具有了良好的判断力,但发现理论本身却不完备,此时就需要对理论加以完善。他认为,我们可以容忍一个无知者伪称理论在他自以为的实践中并无必要,却不能容忍一个自以为聪明的人承认理论对于学业的价值,却断言这在实践上是另一回事,即断言在理论上听起来很好的东西,对于实践却没有用处。当然,康德也承认,不是凭借直观而是凭借抽象概念建立起来的抽象的哲学理论,也许确实是一些空洞的理念,在实践中毫无用处,甚至还贻害无穷。

但是,康德认为他的义务论是具有实践可行性的,也就是说,其理论是与实践相统一的。他写道:"然而,在一种基于义务概念的理论中,我们对于义务概念的空洞的观念性的忧虑就完全消失了。因为如果我们的意志的某种作用并不在于经验(无论它是被设想为完成的,还是被设想为一直接近完成的)中可能,那么,企求这种作用就会不

---

① 何兆武先生在《历史理性批判文集》中将此人的名字翻译为加尔费,李秋零先生翻译为伽尔韦。

是义务。"①这就是说,我们的意志的作用必定是可能的,否则,我们就不会把企求这种作用当作自己的义务了。

康德在这里谈到的我们的意志的作用,还被限定为是在经验中可能的。这意味着:我们能够在经验中履行自己的义务,亦即我们能够在经验中把义务行动加以贯彻和实施。这表明,陈晓平教授将"应该蕴涵能够"原则中的"应该"和"能够"都理解为"先验的和无条件的"是不符合康德的原意的。其实,对康德而言,不论是"应该"还是"能够",都同时具有"先验"(先天)和"经验"(后天)二重性。就"应该"是由先天的道德法则所规定的而言,它是先验的或先天的,但是,就它被一个义务主体自觉意识到而言,它呈现在一个人的意识中,因而具有后天的、经验的性质;就"能够"最终是由我们不能直接经验到的意志自由所保证的而言,它具有先验的或先天的性质,但是,就它可以在经验中履行而言,又具有经验的或后天的性质。

康德进而把那种否认义务论具有实践可行性的做法叫作"哲学的丑闻",并极力反对那种借口义务论没有实践可行性而试图用经验来校正理性的做法,认为这种做法在涉及德性义务或法权义务时会造成极大的危害。在他看来,如果履行法则(义务)的经验性的、因而是偶然的条件被当成法则本身的条件,而且一种考虑到按照迄今的经验而可能的结果的实践被赋予独立的权利去主宰独立的理论,那么一切就都完蛋了。

康德从人的三重身份来考察人的义务能否具有实践的可行性,这就是:(1)作为私人,但却是事业人(Geschäftsmann);(2)作为国家人;(3)作为世界人。这三类人格(Personen)的一个共同点在于:都反对迂腐的、不通实践的学术人(Schulmann)。所以,康德实际上是分三个层次来阐明理论与实践的关系:首先是在一般的道德中(着眼于每个人的福祉);其次是在政治中(相关于国家的福祉);最后是在世界主义的视野中(着眼于人类整体的福祉)。这三个层次的内容,恰好可以被视为对"因为应该,所以能够"原则的三层论证。

(一) 作为私人—事业人的义务能够践行

在第一部分"论一般道德中理论与实践的关系"中,康德主要批评了加尔弗的观点,论证了作为私人—事业人的义务能够践行。

加尔弗对康德义务论的实践可行性的一个重要质疑是:他无法理解某个人如何能够意识到,已经把自己对于幸福的要求隔离干净,因而完全无私地履行了义务。康德对此质疑的回应是:虽然没有人能够确切地意识到自己完全无私地履行了自己的义务,因为这属于内部经验,要形成这样的意识是不可能的,但是,"人应当完全无私地履行自己的义务,并且必须把自己对幸福的要求与义务概念完全隔离,以便完全纯粹地拥有这

---

① [德]康德:《论俗语:这在理论上可能是正确的,但不适用于实践》,李秋零译,载李秋零主编:《康德著作全集》第8卷,中国人民大学出版社2010年版,第279页。

个概念,这却是他极其清楚地意识到的"①。或者即使他不相信是这样,也可以要求他尽自己所能是这样。"因为正是在这种纯粹性中,才能发现道德性的真正价值,而且他也因此而必定能够是这样。"②也许从来就没有一个人完全无私地履行了自己已知的并且为他所尊崇的义务,甚至永远没有人经过极大的努力而达到这个地步,但一个人在最审慎的反思中能够在自己的心中察觉到,自己不仅不会把其他的功利动机吸纳进义务意识中,而且会对之加以否定或排斥,从而意识到致力于那种纯粹性的准则。这是他能够做到的,而这对于他履行义务就已经足够了。康德的这种论证与《实践理性批判》中的论证完全一致,那就是把对于纯粹义务的清晰的意识当作能够履行义务的前提:一个人只要意识到自己应该做什么,他就能够去做什么。

加尔弗对康德义务论的一个尖锐批评是:在反复思考个别的对象时,康德对理念所做的深奥的区分就变得模糊了;而在把这些区分运用于欲求和意图之上、因而事关行动时,它们就完全消失了。在考察动机对行动的影响时,我们很难精确地确定某种动机究竟对行动产生了多大的影响。也就是说,在着眼于行动时,我们很难对真纯的道德动机(对法则本身的敬重)和自利的动机作出精确的区分,它们很可能是经常混杂在一起的。

康德对此回应道:义务概念在其完全的纯粹性之中,与任何取自幸福的动机或者与对幸福的考虑相混杂的动机相比,都远为简单、清晰,而且在实践的运用中对每个人而言都更易把握、更为自然,就是说,这种动机要比借自自私原则的动因相比更加有力,更为强劲,也更有成功的希望。例如,某人采纳各种借口侵吞委托人交给他的一笔财产,他就是在做他不应该做的事情,这是背信弃义的,是不正当的或不正义的。他能够极其清楚地意识到这一点,他也完全能够做到不使自己陷入不义。而如果他出于自身幸福或利益的考虑而信守承诺,反而难以保证自己一定会得到好的结局。也就是说,一个人很容易就会明白自己应该怎样做,即很容易对行动的正当性作出判断,相反,如果他要考虑自己的某种做法是否有利,或者有多大利弊,就需要一个非常精明的头脑,而且即使做了精明的考虑,也可能由于外界情况的千变万化而可能导致意料不到的结果。所以,人们不仅可以明快地在实践中区分真纯的道德动机与利己的考虑,知道自己该做什么和不该做什么,而且能够做到自己应该做到的。康德写道:"人意识到由于自己应当做到这一点,自己就能够做到,这在他心中开启了一个属神禀赋的纵深,这个纵深使他对自己的真正使命的伟大和崇高仿佛感到一种神圣的敬畏。"③

---

① 〔德〕康德:《论俗语:这在理论上可能是正确的,但不适用于实践》,李秋零译,载李秋零主编:《康德著作全集》第 8 卷,中国人民大学出版社 2010 年版,第 287 页。

② 〔德〕康德:《论俗语:这在理论上可能是正确的,但不适用于实践》,李秋零译,载李秋零主编:《康德著作全集》第 8 卷,中国人民大学出版社 2010 年版,第 288 页。

③ 〔德〕康德:《论俗语:这在理论上可能是正确的,但不适用于实践》,李秋零译,载李秋零主编:《康德著作全集》第 8 卷,中国人民大学出版社 2010 年版,第 290—291 页。

康德由此清晰地证明了这一点：在一般的道德中，凡是对理论而言正确的东西，对实践来说也必然有效。他在论证的过程中，总是把纯粹的义务意识与功利的考虑进行对比，认为义务意识是清晰明白的，因而是可以直接诉诸实践而无须考虑各种偶然条件的，而功利的考虑能否兑现，却取决于各种不可掌控的偶然因素。他因而表明：一种自律论的、纯粹形式的义务论要远比一种他律论的、包含质料的后果论更具有实践的可行性。"因为应该，所以能够"的准确含义是：因为一个人意识到了自己应该做什么，他就能够做什么。义务的履行完全取决于对义务本身的意识，而与各种外在的偶然条件、也与个人的力量和身体能力无关。

（二）作为国家人的义务能够践行

在第二部分中，康德主要论述国家法权中理论与实践的关系，他在标题中特别注明：驳霍布斯，他试图论证的是国家公民完全叮以践行其公共法权义务。

当人作为国家人出现时，人们便按照一个社会契约而组建起了一个国家共同体，从而生活在国家之中。康德从一开始就排除了那种把国家的建立置于功利考虑之上的做法，认为当人们按照契约而一致同意进入一个公民状态时，他们是把相互结合本身就当作目的的，因而也就把结合本身当成了在彼此不得不发生相互影响的人们的外部关系中的无条件的、首要的义务。康德由此谈到了一个"同时是义务的目的"："如今，在这样的外部关系中自身就是义务，甚至是其余一切外在义务的至上形式条件……的目的，就是人们在公共的强制性法律之下的法权，这些法律能够为每个人规定'他的'，并保障他免受任何他人的侵犯。"①

康德此处所说的同时是义务的目的特指公共强制法律保护下的法权，不同于《道德形而上学》中所说的同时是义务的目的即本真的德性义务（自我的完善和他人的幸福）。公共强制法律所保护的法权，首先是指参与立约者的外在自由的法权。外在的法权概念出自人们的相互外在关系中的自由概念，即出自人们的外在自由概念，而与所有人对幸福的企图以及通达幸福的行动规范（明智规则，假言命令）无关，所以，幸福这个目的根本不可以作为规定根据混入为维护公共法权而制定的强制法律之中。公共法律保证了共同体中的每个人都能够充分地实现其自由，只要每个人的自由与他人的自由能够在强制法律之下相互共存。公民宪政就是处在强制法律之下的自由人的一种外在关系。公民状态建立在三项先天原则的基础上：（1）社会中作为人的每个成员的自由；（2）社会中作为臣民的每个成员与每个他人的平等；（3）一个共同体中每个公民的独立。

在康德看来，通过一个原始的契约而建立一个公民的、普遍具有法权（同时也具

---

① ［德］康德：《论俗语：这在理论上可能是正确的，但不适用于实践》，李秋零译，载李秋零主编：《康德著作全集》第 8 卷，中国人民大学出版社 2010 年版，第 292 页。

有责任和义务)的状态(宪政),并建立一个国家共同体,这并非一个既成的历史事实,而是一个单纯的理念。但他却认为这个理念"具有无可置疑的(实践的)实在性"①。每个人作为独立的公民都参与了立法,因此法律代表着独立公民的共同意志,它也因此是每个公民都不能不表示赞同的,因为服从法律等于服从他们自己的意志。

康德在此清楚地表明:虽然公民宪政的理念并不等同于历史上既存的事实,但该理念却具有实践的实在性,即在实践上是绝对可行的。公民们为什么能够履行视公共法律为正当的这项义务?是因为公共法律是他们共同制定的,是他们所赞同的,因而对法律的服从就是对他们自己的独立意志的服从。这也是一种意志的自律,但它不是表现在单独的个人意志中,而是体现在联合起来的公民的共同意志中。国家公民不仅能够作为国家人来制定法律,保护自己的外在法权,而且能够自觉地履行服从法律的义务。他们知道自己应该服从自己制定的法律,因而也就能够服从自己制定的法律。

康德由此提出:既然全体公民都赞同体现自己意志的公共法律,公共法律也就具有了强制的权限。同时,公民也不可以用暴力来反抗立法者的意志的禁令。即使国家元首违背了原始契约,授权政府残暴地、专横地行事,臣民也不能用暴力来反抗。但他同时指出:人民虽然有义务不以暴力来反抗君主或元首,却毕竟可以通过言论的自由而向统治者提出意见和建议,促使他们改变不合理的行使权力的方式。在这一点上,康德特别批驳了霍布斯。因为霍布斯在《论公民》中提出,国家元首(君主)并不因为订立社会契约而受到人民的任何约束,他可以用任何方式差遣自己的人民。而康德认为,臣民必须能够假定自己的统治者并不想要对自己行事不义,因此,臣民可以以合法的方式向统治者进言。可见,在每一个通过契约而建立起来的共同体中,都必须有对国家宪政的一种依照强制性法律的服从,同时又要求有一种自由的精神,使得每个人都可以充分地发表言论。不论是对于统治者,还是对于臣民,他们都能够做到他们应该做的,他们在履行各自义务的同时也享有各自的法权。

总之,康德认为他的建立在先天法权原则之上的法权理论在实践上是有效的,其法权原则本身也具有实践的实在性。从法权义务论的角度来看,他认为所有的国家人都能够履行其应当履行的义务。公民能够服从强制性的法律是因为法律能够体现自己的意志;统治者能够给予人民以自由,是因为统治者意识到了自己应该以合法的方式来进行统治。如果公共法律的制定是为了实现幸福,则国家公民很难保证通过法律就一定会达到这个目的。但如果公共法律的制定仅仅是为了确保每个公民的外在自由,则服从法律就是每个公民可以简单做到的事情了。

---

① [德]康德:《论俗语:这在理论上可能是正确的,但不适用于实践》,李秋零译,载李秋零主编:《康德著作全集》第8卷,中国人民大学出版社2010年版,第301页。

（三）作为世界人的义务能够践行

在第三部分中，康德立足于博爱亦即世界主义的观点，论述了国际法权中理论与实践的关系，并反驳了莫色斯·门德尔松的观点。人类是否在道德上不断进步？门德尔松在《耶路撒冷》一书中对此问题的回答是：人类在道德上并没有真正的进步，尽管有时好像前进了一点，但很快又倒退了许多。

康德在一些著作中对道德进步并不抱乐观态度。例如，他在《教育学》中说："我们生活在训诫、培养和文明化的时代，但还远远不是道德化的时代。就人们现在的状态而言，可以说国家的幸运是与人们的不幸同时增长的。"①他在《关于一种世界公民观点的普遍历史的理念》中也说："我们已在很高程度上通过艺术和科学而开化。我们已文明化得对各种各样的社会风度和礼仪不堪重负。但是，认为我们已经道德化，那还差得很远。"②但是，尽管他认为在人类文化或文明的进步中道德化的任务还远未完成，却并未对道德的进步持悲观论调，他相信道德的持续进步是可能的，哪怕是缓慢的。

康德进而指出，关于道德进步的假设是无须论证的，相反，门德尔松倒是有必要论证自己的观点。康德的理由是：道德进步说依据的是人的"天生的义务"③。这个义务就是：每个人在代际传递中都有责任去推动道德向着更加完善前进。按照"因为应该，所以能够"原则，这一义务直接地规定了每个人都能够出于对人类的博爱而自觉地去推动道德的进展。他声称，如果有人从历史出发对他的假设或希望提出质疑，而且某些质疑很有证明力，就可以打动他放弃自己的努力。但只要对他的质疑尚无充分的证明力，他就不能用明智的规则——这类规则并不力图去做不可行之事——来取代自己的义务。他还进一步指出："而且，无论我对是否可以为人类希望更善的东西总是并且依然怎样不确定，这都毕竟不能有损这个准则，因而也不能有损它在实践方面的必要预设，即此事是可行的。"④

可见，康德把对人类道德进步的希望当作一个必要的预设，其主要理由在于：推动道德进步也是人类的一项义务。在他看来，迄今尚未成功的事情也将永远不成功，这一点不仅并不使人有权去放弃一种实用的或技术的意图，而且更不使人有权去放弃一种道德的意图，"只要这意图的实现不是明确不可能的，它就成为义务"⑤。对此，康德相

---

① ［德］康德：《教育学》，李秋零译，载李秋零主编：《康德著作全集》第 9 卷，中国人民大学出版社 2010 年版，第 450 页。

② ［德］康德：《关于一种世界公民观点的普遍历史的理念》，李秋零译，载李秋零主编：《康德著作全集》第 8 卷，中国人民大学出版社 2010 年版，第 33 页。

③ ［德］康德：《论俗语：这在理论上可能是正确的，但不适用于实践》，李秋零译，载李秋零主编：《康德著作全集》第 8 卷，中国人民大学出版社 2010 年版，第 313 页。

④ ［德］康德：《论俗语：这在理论上可能是正确的，但不适用于实践》，李秋零译，载李秋零主编：《康德著作全集》第 8 卷，中国人民大学出版社 2010 年版，第 313 页。

⑤ ［德］康德：《论俗语：这在理论上可能是正确的，但不适用于实践》，李秋零译，载李秋零主编：《康德著作全集》第 8 卷，中国人民大学出版社 2010 年版，第 314 页。

信还可以给出证明:当今时代与过去所有时代相比,人类在整体上的确把道德显著地向前推进了。此外,他认为许多人之所以不断地宣称道德退步了,是因为这些人业已站在一个很高的历史阶段,因此对人类的要求更加苛刻。

虽然康德在这里一直谈论人类道德的进步,但是,《论俗语》一文并不像《纯然理性范围的宗教》那样去论述一个真正的伦理共同体(教会)的形成和发展,而是通过对道德进步之可能性的确认,来表明人类有可能随着道德进步而进入一个各国之间的普遍的联盟状态。正如各国内部会趋向于建立一个公民宪政一样,各个推行公民宪政的共和国最终也可以组成一个"世界公民宪政",建立起一个"世界公民联盟"。所以,康德在这里所讲的道德进步中的"道德",应该指同这个世界公民联盟的建立相联系的道德,康德很可能认为要建立这样一个联盟,"世界人"理应履行自己的国际法权义务,这种外在法权义务的履行也是一种道德,一种具有世界政治意义的全球道德或全球伦理。正因为如此,康德在这里谈到了对于人类的博爱。

康德认为,要建立起这样一种世界公民联盟,对年轻一代人进行道德教育的意义很有限,重要的也不是我们用什么样的方式、采取什么样的途径进入这种状态,而是应该从人的好斗性出发、甚至从"天意"或"自然的狡计"出发去说明世界公民联盟的形成。睿智的大自然总是有自己的"计划",它似乎要通过人的"反社交的社交性"即竞争来推动人类社会的进步,人类之间的相互残杀和战争在其中起着意想不到的作用。可见,康德认为推动历史前进的并非善良的意愿,而是每个人、每个国家的自私心,是在这种自私心推动下展开的竞争和战争。

在康德看来,这种世界公民宪政的状态是一种永久和平的状态。面对世界各国的相互争战,除了一种建立在伴有权力的、每个国家都必须服从的公共法律之上的国际法权,不可能有任何其他办法。希望通过欧洲诸强的平衡而达到持久的普遍和平,这纯属幻想。当然,康德设想的世界公民联盟并不是一个统一的世界政府,而是由世界上多个共和国所组成的类似于现在"联合国"的世界公民联盟。

有人可能认为,组建一个普遍的合众国,所有国家都应自愿地服从它的强制力,服从其统一的法律,这一建议"虽然在诸如圣皮埃尔教士或者卢梭的理论中听起来那样优美,它毕竟对实践无效"①。但康德坚信这样一个普遍的合众国是有可能建立的,因而一种国际法权也是可以形成的。当然,这也意味着"世界人"在维护国际法权的同时,能够自觉履行自己的国际法权义务,即遵守世界合众国的国际法。康德的结论是:"于是就事物的本性而言,人的本性也被一并考虑:既然在人的本性中,总是还有对法权和义务的敬重生气勃勃,我就不能或者不愿把人的本性视为如此沉沦于恶之中,以至于道德上的实践理性不会在经历多次失败的尝试之后最终战胜恶,并且也展示人的本

① 〔德〕康德:《论俗语:这在理论上可能是正确的,但不适用于实践》,李秋零译,载李秋零主编:《康德著作全集》第8卷,中国人民大学出版社2010年版,第317页。

性是可爱的。因此，即便在世界主义的角度，我也还是主张：出自理性根据对理论有效的，也对实践有效。"①

国际公共法权义务也可以践行，这个观点在 1795 年的《论永久和平》一文中得到进一步的发挥。该文附录的第一部分的标题是"就永久和平论道德与政治之间的不和"，康德实际上试图论证的是在政治生活中践行道德的可能性。他开宗明义地指出："道德作为无条件地颁布命令的、我们应当依之行动的法则的总和，自身就已经是一种在客观意义的实践，而在人们承认这个义务概念的权威之后，还要说毕竟做不到，这显然是荒唐的。因为在这种情况下，这个概念就从道德中取消了 ultra posse nemo obligatur（没有人有义务去做超出能力的事情）；因此，作为执行的法权学说的政治与作为这样一种法权学说，但却是实践的法权学说的道德不可能有冲突（因而实践与理论不可能有冲突）。不然，我们就必须把道德理解为一种普遍的明智学说，也就是说，是一种准则的理论，即为算计好处的意图选择最适当的手段，也就是说，否认在根本上有道德存在。"②

可见，康德试图论证政治和道德的一致，并把这种一致同时理解为实践与理论的一致。如果道德在政治中缺乏实践的可行性，则义务概念也就不存在了，剩下的就只有功利主义的、后果论的政治。康德在此也清楚地表明：所有的道德义务都是可以履行的，完全不具有实践可行性的义务是毫无必要提出来的。③

三、《纯然理性范围内的宗教》对"因为应该，所以能够"原则的论述

《论俗语》和《论永久和平》中所谈的道德，其实都只是政治道德，即应该、而且能够贯彻在政治生活中的道德。但真正内在的道德，却只能在宗教的内在生活中发现。在1794 年的《纯然理性范围内的宗教》一书中，康德从基督教的角度，根据《圣经》中的一些说法论述了自己义务论的实践可行性。

按照《圣经》（《创世纪》）中的说法，原本生活在伊甸园中的人类始祖（亚当和夏娃）由于偷吃了禁果而犯了罪，即违背了上帝的告诫。从此以后，人类便带着"原罪"生活于世。后来，上帝出于爱而让自己的独子耶稣降临人间，传播福音，救赎人类。康德把这样一个故事解释为：人类既具有趋向善良的自然禀赋④，也具有趋向作恶的倾向，

---

① ［德］康德：《论俗语：这在理论上可能是正确的，但不适用于实践》，李秋零译，载李秋零主编：《康德著作全集》第 8 卷，中国人民大学出版社 2010 年版，第 317 页。

② ［德］康德：《论永久和平》，李秋零译，载李秋零主编：《康德著作全集》第 8 卷，中国人民大学出版社2010 年版，第 375—376 页。

③ 在这里，康德所说的"道德"是广义的，即包含了法权义务在内，而不仅仅指德性义务。因为这里谈论的是国际法权义务是否能够为政治家自觉履行的问题，这是一种需要体现在国际政治中的"道德"。

④ 人的原初的向善禀赋包括：（1）人作为有生命的存在者所具有的动物性；（2）人作为一种有生命的、同时又有理性的存在者具有的人性；（3）人作为一种有理性的、同时又能够负责的存在者所具有的人格性。

包括人心的脆弱、不纯和最为致命的"颠倒"。正是由于心灵的颠倒这一"根本恶"的存在，人类才犯下了各种罪行。

在第一篇总的附释"论重建向善的原初禀赋"部分，康德比较集中地论述了"因为应该，所以能够"原则。人虽然犯了罪，但人应该成为善人。人由于不适当地运用了自己的自由意志而陷入罪恶，他也就应该再次运用自己的自由意志去纠正自己的过错，使自己重新回到善的状态。康德认为，从恶重新升为善，并不比原先从善沦落为恶更难以理解。因此，由恶返善的可能性就是不容置疑的了。"因为即使有那种堕落，'我们应当成为更善的人'这一命令，仍毫不减弱地回荡在我们的灵魂中，因为我们必定也能够这样做，即使我们所能够做的这件事单就其本身而言并不充分，我们由此而只是使自己能够接受一种我们所无法探究的更高的援助。"①在这里，康德再一次重复了"因为应该，所以能够"原则，尽管他也提到为了完成这项义务，我们有可能需要"一种我们所无法探究的更高的援助"（神的恩典）。

康德认为，重建我们原初的向善禀赋，并不意味着我们要找到一种业已丧失了的向善的动机，而仅仅意味着要建立道德法则作为我们所有准则的最高根据的纯粹性。也就是说，道德法则不能仅仅与其他动机混杂在一起（动机不纯），或者甚至把其他动机（爱好）当作条件来服从（心灵颠倒），而是应该以其完全的纯粹性，作为规定任意（die Willkür）的本身充足的动机而被纳入准则。

由于人的心灵的颠倒，人在其准则的根据方面败坏了，他又如何能够凭借自己的力量来一场心灵的革命，把颠倒的心灵重新颠倒过来呢？也就是说，业已陷入罪恶的人如何重新变成善人？康德回答："义务命令我们做这件事，而义务也仅仅命令我们做自己力所能及的事情。"②康德相信，一个人能够希望，通过他接纳为自己任意的最高准则的那个原则的纯粹性和坚定性，而走上一条从恶到更善不断进步的美好道路。

康德一方面承认人的本性业已败坏，人具有一种"根本恶"，另一方面又坚信人能够重建原初的向善禀赋，这两个命题是否矛盾？他认为并不矛盾，因为，"如果道德法则命令我们现在应该是更善一些的人，那么，不可避免的结论就是，我们也必然能够这样做。在道德教义学中，关于生而具有的越轨倾向，道德的教义学都包含着同样的义务，保持着同样的力量。但是，在道德的修行法中，这一命题想要表达的就更多一些，但也无非是说，在从道义上培养我们那被造成的向善道德禀赋时，我们不能从一种对我们来说自然的天真无邪状态开始，而是必须从任性在违背原初的道德禀赋而采纳其准则时的恶劣性假定开始。而且由于这样一种倾向是无法根除的，我们还必须与这种倾向

---

① ［德］康德：《纯然理性范围内的宗教》，李秋零译，载李秋零主编：《康德著作全集》第6卷，中国人民大学出版社2007年版，第45页。

② ［德］康德：《纯然理性范围内的宗教》，李秋零译，载李秋零主编：《康德著作全集》第6卷，中国人民大学出版社2007年版，第48页。

做不停顿的斗争。"①

总之，在这部宗教学著作中，康德认为一个业已堕落的人要想重新得到神的接纳，为神所喜悦，就必须尽力而为，以便成为一个更善的人。只有凭借这种努力，他才有资格配得上神的协助。当然，人所应该做的，也是他能够做到的。对于康德而言，"因为应该，所以能够"原则不仅适用于一般的道德学，适用于公共法权理论，也适用于宗教学。

四、《道德形而上学》对"因为应该，所以能够"原则的进一步论证

在《道德形而上学》中，康德虽然没有对"因为应该，所以能够"原则再作出具体阐释，但在论述其法权义务论和德性义务论时继续贯彻了"因为应该，所以能够"原则。康德在这部著作中提出的两个重要的观点，可以被看作是对"因为应该，所以能够"原则的一种支持或论证，值得专门提出来加以讨论。

（一）不存在所谓的义务冲突

人们认为康德义务论缺乏实践可行性并因此反对"因为应该，所以能够"原则的一种重要理由，是康德义务论不能解决现实生活中各种具体义务的冲突问题。本来，法权义务仅仅意味着不凭借暴力或欺骗侵害他人的法权，是一种"消极无为"的义务，它并非要求人们实际上去主动对他人作出什么，而只要求不对他人主动施加伤害，因此，人们容易相信这种义务是能够履行的。但是，人们却发现，在人们履行这种直接体现正义的、可以用"正当性"加以概括的法权义务时，却往往因为义务本身的相互冲突而导致践行的困难。

康德经常提到的一项法权义务，就是不得违背承诺即诚实守信的义务。针对康德关于说真话是一种义务的观点，法国思想家贡斯当（Benjamin Constant）在《1787年的法国》（第6卷第1款：论政治上的反作用）中曾举例加以反驳：按照康德的观点，当一个凶犯问我们，我们被凶犯追杀的朋友是否躲在家中时，我们应该向凶犯坦承实情，如果我们对他撒谎，就会是一种犯罪。贡斯当认为，康德的这种观点是荒谬的，如果人们无条件地而且到处采纳康德的道德原则，就会使任何社会成为不可能。贡斯当的基本观点是：我们只对拥有对真话的法权的人说真话的义务，一个凶犯是没有正当的法权要求我们说真话的。由此还可以引申出这样的见解：对于一个丧失了对真话的法权的凶犯，我们有责任和义务说谎，以保护被凶犯追杀的我们的朋友。也就是说，我们拥有出于对

---

① ［德］康德：《纯然理性范围内的宗教》，李秋零译，载李秋零主编：《康德著作全集》第6卷，中国人民大学出版社2007年版，第51页。在这段译文中，Willkür这个词被翻译为"任性"。

PHILOSOPHER 2017

人类的爱而说谎的法权。1797 年,康德撰写了《论出自人类之爱而说谎的所谓法权》一文,回应了贡斯当的批评。他反驳贡斯当的主要理由在于:如果我们有出于人类之爱而说谎的所谓法权,就可能危及契约社会的基础,破坏人与人之间的相互信任。

虽然康德反对"出自人类之爱而说谎的所谓法权"的动机是可以理解的,但他的辩护不一定是成功的。在这里,表面上存在着一种爱的义务与诚实的义务的冲突,而实质上存在着两种法权义务的冲突:一方面,我们应该诚实待人,这是一种为建立契约社会所必要的正当性要求;另一方面,我不能因为自己向一个凶犯讲出实情而伤害我们的朋友——如果我们把爱朋友转换为不伤害朋友,则所谓爱的义务就转化成了正当的法权义务。康德之所以坚持认为即使受到凶犯的逼迫也不能说谎,是因为在他看来,真诚的丧失会导致契约关系乃至建立在契约之上的一切法权的沦丧,因此他声称被凶犯逼迫的人也有真诚的权利。但正如叔本华所反驳的那样,面对骗子侵害我们的法权,我们当然可以谎言来对付他,就像当强盗光顾我们的房舍时我们可以使用武器来防范他一样。康德在此文中所持的观点及其论证之所以难以让人信服,其中的关键在于:康德似乎忽略了行为的正当性问题。他认为即使面对凶犯也不能说谎,这固然是不考虑行为后果而提出的正当性要求,但他忽略了向罪犯说出实情本身就是不正当的。康德设定了一个特殊的情况,也就是被追杀者可能并没有待在房间里,他也许悄悄跑掉了,因此即使说真话也不一定会造成不好的后果。但是,如果我们设想另外一种情况:被杀者被我们藏在一个不能逃离的地窖里,我们是否也应该把实情告诉凶犯呢?按照康德必须保持真诚的要求,我们也应该向凶犯道出实情吗?

公民社会的公民固然应该自觉履行自己的法权义务,尤其是信守承诺的义务。但是,对于一个嫌疑犯,我们是否一定要始终保持对他的真诚,这确实也是有争议的。事实上,在康德的另外一些文本中,可以看到他似乎有不同的理解思路。例如,在《道德形而上学》论述伦理教学法时,他在一个附录("一部道德问题手册的片段")中曾提到道德教师与学生的这样一段对话:"你会使懒汉获得软和的枕头,让他能够在甜蜜的无所事事中过日子;或者使酒鬼不缺酒喝,而通常这属于麻醉品;使骗子有讨人喜欢的仪表和举止,以便施计骗别人;或者使暴徒有勇敢和铁拳,以便能够制服他人吗?这肯定是每个人所期望的一些手段,以便按照自己的方式幸福。学生:不,不是这样。"①

康德由此得出结论:我们不能把自己所拥有的幸福随便地就送给别人,除非他配得上享受幸福。因此,他认为我们不能去帮助骗子,也不能去帮助暴徒,使他们不正当的目的得逞,因为他们准备实施的恰好是不义之举,因此他们配不上享受幸福,也配不上得到我们的帮助。按照康德的这个逻辑,我们当然可以推论说:如果一个凶犯对我们朋

① [德]康德:《道德形而上学》,张荣、李秋零译,载李秋零主编:《康德著作全集》第 6 卷,中国人民大学出版社 2007 年版,第 491 页。

友的追杀真的是一种不义之举,是一种破坏正当法权的违法行为,我们当然就没有义务去帮助他去达到其目的。在这里,并不是我们应该说真话的义务与我们应该帮助朋友的义务之间存在冲突的问题,而是我们是否应该帮助一个凶犯去实施不义之举的问题。如果这个凶犯的杀人行为真的是违法的不义之举,我们当然有尽量阻止他实施罪行的法权义务,此时,我们不对他保持真诚、不道出实情是正当的。

上面所说的贡斯当举出的这个例子,表明了公民社会的公民"不能撒谎"这个法则在具体情境中有可能贯彻不了,如果贯彻到底,不仅有可能造成人的死亡,而且有可能使我们陷入不义,从而违背我们的法权义务。但是,在《道德形而上学》导论中,我们可以看到康德对所谓义务的冲突采取了断然否认的态度。他说:"种种义务的冲突(collisio officiorum s.obligationum[种种义务或者责任的冲突])就会是它们之间的关系,通过这种关系,其中一个(全部或者部分地)取消另一个。——但是,既然义务和责任一般而言都是表述某些行动的客观的和实践的必然性的概念,而且两条彼此对立的规则不能同时是必然的,而是如果根据其中一条规则去行动是义务,那么根据相反的规则去行动就不仅不是义务,而且甚至有悖义务,所以,义务和责任的冲突就是根本无法想象的(obligationes non colliduntur[责任不能互相冲突])。"①

康德明确指出:义务和责任的相互冲突是根本无法想象的。他的理由在于:任何真正的义务或责任都表达了一种客观的或实践的必然性,因此,两个彼此相反的义务或责任不可能同时是必然的。

那么,人们通常以为的种种义务或责任的相互冲突到底是怎么回事呢?康德的解释是:"但是,这很可能是责任的两个根据(rationes obligandi[责任的根据]),它们的这一个或者那一个不足以使人承担义务(rationes obligandi non obligantes[责任的根据不能使人承担责任]),它们在一个主体中或者在主体给自己制定的规则中结合起来,此时有一个不是义务。"②这样一来,康德就把义务之间的冲突消解了,因为在他看来,其中的一个所谓的义务并没有足够的根据成为义务。"如果这样两个根据彼此冲突,那么,实践哲学所说的就不是:较强的责任占了上风(fortior obligation vinsit[较强的责任取胜]),而是较强的使人承担责任的根据保持着这位置(fortior obligandi ratio vincit[较强的使人承担责任的根据取胜])。"③可见,由于责任根据的充足性不同,其中一个根据并不构成真正的义务,而只有一个责任根据构成了义务,于是,在康德看来,所谓义务的冲突就不复存在了。

---

① [德]康德:《道德形而上学》,张荣、李秋零译,载李秋零主编:《康德著作全集》第6卷,中国人民大学出版社2007年版,第231—232页。
② [德]康德:《道德形而上学》,张荣、李秋零译,载李秋零主编:《康德著作全集》第6卷,中国人民大学出版社2007年版,第232页。
③ [德]康德:《道德形而上学》,张荣、李秋零译,载李秋零主编:《康德著作全集》第6卷,中国人民大学出版社2007年版,第232页。

（二）德性义务的履行可以考虑主体的能力和条件

人们质疑"因为应该,所以能够"原则的另一个常见的理由是:康德义务论所说的义务都出于无条件的定言命令(绝对命令),而人的任何行动都只能在经验中展开,都依赖于各种条件,也依赖于人的实际能力,因此,康德所提出的义务要求是不可能践行的。在这里,存在着无条件的义务要求与具体的经验现实的矛盾,或者说,无条件的义务在履行时总是受到经验条件的种种限制。

在这里,可能存在对康德所谓绝对无条件的要求的一个巨大误解。诚然,康德明确区分了有条件的假言命令和无条件的定言命令。他认为真正的义务要求都应该出自无条件的定言命令,而非有条件的假言命令。但人们没有想到,康德所谓无条件的定言命令,仅仅是说人们在履行自己的义务时,要完全出于义务而行动,而不能着眼于另外某个功利目的。当人们为了另外某个目的而展开义务行为时,该行为本身就不是目的,而仅仅是有助于实现另外某个目的的工具或手段了。康德还意识到:如果把一种义务行为当作实现另外某个功利目的的手段,则该目的是否真的能够达成另外某个目的是很难由行为主体完全掌控的,因为有许多条件和因素都是外在于行为主体的。因此,无论多么精明的人都很难预料自己的行为究竟会导致怎样的后果。康德由此把定言命令当作意志的自律,同时把假言命令当作意志的他律。"因为应该,所以能够"这一原则仅仅适用于意志的自律而非他律,也就是说,只有自律的义务才是"因为应该,所以能够"的。

但是,康德绝不会由此提出:义务的履行可以完全不考虑主体的能力和条件。事实上,他恰好认为,义务主体在确定自己承担何种义务以及承担到何种程度时,是需要考虑到自己的能力和条件的。这种考虑并未违背定言命令所要求的无条件性,因为这仅仅是自律的主体在确定自己应该承担何种义务以及履行到何种程度时的一种合理的考虑,而绝不意味着他将会为了另外某个功利目的才履行通过这种考虑而确立起来的义务,因此,他通过对自己能力和条件的考虑而让自己承担起来的义务依然是自律式的义务,根本无须考虑是否能够带来其他的福利或好处。许多人正是由于忽略了这种区别,才错误地认为康德的无条件的定言命令会提出一些过高的、我们在现实中完全不可能做到的要求。

在《道德形而上学》中,康德的确强调了德性义务的确立是需要考虑到主体的能力和条件的。他认为只有法权义务才是要严格履行的,是可以通过外在的法律来强制的,但与之相对的德性义务则是一种宽松的义务,是不可以按照外在的法律来强制执行的。这种宽松的义务给人的自由任意留下了很多的活动空间,或很大的自由裁量权。例如,自我完善义务中的自然的完善义务,就只是一种宽松的责任。人们究竟在自我培养方面应当走多远,并无任何理性原则作出明确的规定;自我完善义务中的道德完善义务,也只是一种宽松的责任,那就是要尽量使得对一切合乎义务的行动来说,义务的思想独自就是充足的动机。同样，帮助他人的义务也只是一种宽松的责任，善行作为义务到底要走多远，理性并不能给出一个明确的界限。康德提到，要求我们牺牲自己的利益去成全他人的幸福，这是有些过分的，"因为牺牲自己的幸福（真正的需要）来促成他人的幸福，本身就会是一个自相矛盾的准则，如果人们使它成为普遍的法则的话"①。显然，他并不简单地主张绝对的利他主义，并不要求我们牺牲自己的利益去成全他人的幸福。一个人帮助他人达到什么程度，是可以有一个回旋余地的，不能给出明确的界限。而且尽管一个人帮助了别人可以说是一种值得嘉奖的功德，但不帮助别人仅仅是"无德性"，并不就是犯罪和恶习。

在谈到普遍的人类之爱时，康德提出我们不能仅仅对他人怀有善意，而是要将这种善意付诸行动，化为实践，使他人的福乐和得救成为自己的目的（行善）。他很清楚单纯的善意和行善之间存在区别，因此指出：在单纯的愿望中，我对所有人具有同样的善意，"但在行善时，程度却按照被爱者的不同（他们中的一个人与我的关系比他人更近）而毕竟很为不同，这并不侵犯准则的普遍性"②。他在此明确承认了"爱有差等"的原则，认为一个人在实际行善的过程中，是不可能对所有人一视同仁的，而是存在亲疏远近之分。一般而言，我们更容易去帮助最近的亲人，然后再逐渐扩展至我们的朋友、熟人、陌生人，最后才有了对整个人类的博爱，乃至泛化到对人类之外其他生命的热爱。

康德把行善当作一种普遍的人类义务，但他也清楚不同的人具有不同的行善能力。例如，富人和穷人就有能力上的区别。他认为，对于拥有超过自己实际需要的钱财的富人而言，行善几乎根本不应该被视为行善者的"有功德的义务"③。由于富人有多余的钱财，因此，他把多余的钱财拿出一部分来给予穷人，会给自己带来一种"自己给自己造成的、不用他作出任何牺牲的欢乐"，是"一种沉浸于道德情感的方式"。④ 康德提出：富人在行善时必须小心避免一种假象，好像他想借此要让他人承担责任似的，否则，他就不是真的在行善了。如果他刻意显示自己在行善，就会让接受其善行的人感到受辱。他还提道："如果行善的能力受到限制，而行善者强大得足以默默地自己承担起他让人免除的灾祸的话，这种德性就更加伟大了，这样一来，他就确实应当被视为道德上的富有了。"⑤可见，他绝不是不知道行善者能力或力量上的差异，以及行善的方式的多

---

① ［德］康德：《道德形而上学》，张荣、李秋零译，载李秋零主编：《康德著作全集》第 6 卷，中国人民大学出版社 2007 年版，第 406 页。

② ［德］康德：《道德形而上学》，张荣、李秋零译，载李秋零主编：《康德著作全集》第 6 卷，中国人民大学出版社 2007 年版，第 463 页。

③ ［德］康德：《道德形而上学》，张荣、李秋零译，载李秋零主编：《康德著作全集》第 6 卷，中国人民大学出版社 2007 年版，第 464 页。

④ ［德］康德：《道德形而上学》，张荣、李秋零译，载李秋零主编：《康德著作全集》第 6 卷，中国人民大学出版社 2007 年版，第 464 页。

⑤ ［德］康德：《道德形而上学》，张荣、李秋零译，载李秋零主编：《康德著作全集》第 6 卷，中国人民大学出版社 2007 年版，第 465 页。

样性。他对富人张扬的行善并不很肯定,但很欣赏财力较弱者的低调的行善方式。

康德在讨论善行义务的"决疑论问题"时,也有一些观点值得关注。例如,人们在行善时使用自己的能力应该达到何种程度?他的回答是:以自己不需要他人帮助为限。如果一个人把自己的钱财都给了别人,自己活不下去了,这就超出了行善的合理限度。再如,一个人可以违背另一个人的意志而对他行善吗?康德的回答是:强迫另一个人接受自己的善行,是以剥夺另一个人的自由这种不正义为前提的,因此是与人的法权相抵触的。康德由此提出了善行是否可以违背人权或人性的问题,他指出:"我们不能按照我的幸福概念向某人行善(未成年的孩子和有障碍的人除外),而只能按照那人自己的概念去行善,不能打算通过强加给他一个礼物来向他提供一种善行。"①显然,他反对强迫别人接受善行。

康德特别提到了行善是需要能力的。他写道:"行善的能力取决于物质财富,它多半是由于政府的不公正而从对不同的人们进行帮助产生的一个结果,政府提倡贫富不平等,而这就使得他人的行善成为必要。在这样的情况下,富人可能向身处困境的人们提供的援助,完全应当得到人们如此乐意当作功德而自鸣得意的慈善的名称吗?"②可见,他不仅看到了行善需要物质财富,而且看到了物质财富的分配不均很可能是由政府对富人的不公正的帮助所造成的,因此,他对在此财富分配不均的条件下富人对穷人的善行并未表示过高的肯定。对他而言,政府在社会财富的分配方面应该首先致力于实现公正或正义,这要远比鼓励富人行善更加重要。

从上述康德关于德性义务尤其是善行义务的观点来看,他绝没有忽略或轻视人们在履行德性义务时能力、条件和情境等方面的差异,也没有否认爱的对象的不同和由此导致的善行的程度差异。总之,德性义务的履行具有一个很大的回旋余地,因为它毕竟是一种不完全的因而是宽松的义务。

"'Should' Implies 'Ought'": An Analysis of the Feasibility in Practice of A Principle of Kant's Deontology

SHU YuanZhao

(School of Marxism, Hunan University)

Abstract: The principle of "Because it should, so it can" is also called the principle of "should implies can". It is an important principle that Kant proposed when he explained the feasibility in practice of his deontology. For Kant, all the duties based on the principles of autonomy can be fulfilled. In the *Critique of Practical Reason* Kant proposed and proved this principle for the first time. In *On the Dommon Saying that*

---

① [德]康德:《道德形而上学》,张荣、李秋零译,载李秋零主编:《康德著作全集》第6卷,中国人民大学出版社2007年版,第465页。
② [德]康德:《道德形而上学》,张荣、李秋零译,载李秋零主编:《康德著作全集》第6卷,中国人民大学出版社2007年版,第465页。

May be Correct in Theory , but It is of No Use in Practice , Kant further explained and systematically demonstrated this principle. In *Religion within the Bounds of Pure Reason* , he restated his principle. Although in *Metaphysical of Morals* he did not clearly explain this principle , he offered an argument for it as well.

Keywords: Kant's deontology ; feasibility in practice ; should ; ought

「因为应该，所以能够」

【现象学】

亲亲:现象学第五阶

李 菁①

内容提要:笔者尝试将现象学的实际辩证发展历程划分为五阶:意识—存在—身体—他者—亲亲。身体即意识与存在之合题,而亲亲亦可视作身体和他者之真理。亲亲—现象学以本源地显示亲亲现象为目标。亲亲含藏着亲亲的横向空间结构关系(阴—阳/夫—妇)即亲偶关系、亲亲的纵向时间发生关系(孝—慈/亲—子)即亲子关系。亲亲现象作为诸细密源头种子化成—构造着有诗有乐、有情有礼、有仁有义的天下世界。(西方的)现象学如果真要往前发展,或许的确主动需要一些时中的(东方的)儒家资源的帮助。但须注意的是:传统儒家的亲亲思想并非直接就是现象学第五阶;"经历"过前四阶现象学的亲亲—现象学和单纯的儒家亲亲思想是"根本不同"的东西;这里的确需要某种黑格尔式的历史眼光。此外,本文亦尝试对现象学五阶或现象学本身做一扼要之批判性反思。

关键词:亲亲现象学 亲偶关系[即亲亲的横向空间结构关系(阴—阳/夫—妇)] 亲亲 亲子关系[即亲亲的纵向时间发生关系(孝—慈/亲—子)] 现象学五阶(意识→存在→身体→他者→亲亲)

一、楔 子

原本的现象学就是原本的"亲—见"(亲亲);亲亲实乃现象学之原本现象也;现象学还原之最终剩余即亲亲;亲亲作为原本的对构—互生之"横向空间结构关系(阴—阳/夫—妇)即亲偶关系"和"纵向时间发生关系(孝—慈/亲—子)即亲子关系",含藏着、构造着、化成着我(们)之诸层诸面、隐卷舒展、荡气回肠、充溢着朝思暮

---

① 作者简介:李菁,兰州大学哲学系教授,研究方向:纯粹哲学。

本文受笔者主持的国家社科基金青年项目"海德格尔和维特根斯坦存在思想比较:翻译与研究"(编号12CZX045),教育部人文社科青年基金项目"后存在学的存在之思"(编号11YJCZH083),上海市"晨光学者"人才计划(编号2011CG23)和中央高校基本科研业务费专项资金项目"旧维特根斯坦:《逻辑哲学论》之谜"(编号15LZUJBWZY083)的资助。该文曾在第20届中国现象学年会"德法现象学"上宣读,感谢张祥龙、张志扬等诸位先生提供的批评建议。

想、喜怒哀乐的"大千世界",也即"仁仁"着、既相亲近又相疏间着的诸家(族)之"天下"世界。为了让现象学"紧跟"现象本身之步伐,现象学总是不断调整着自身"观看"(让……自身显示)的目光或者"活动"(让……自身被给予)的姿势。着眼于现象学之目光或姿势之嬗变,笔者尝试将百余年(广义)现象学之发生历史大致看作四阶:第一阶,意识—现象学;第二阶,存在—现象学;第三阶,身体—现象学;第四阶,他者—现象学。四阶现象学之间以及各阶内部诸成员之间都绝非任何简单的线性更替或辩证发展关系,而是错综复杂、相互交叠的"诸家族亲间性关系"①。四阶现象学都未能"跟紧"现象本身之节奏(总归是跟丢了),现象学总是不断让自己陷入更深远的危机之中。

那么,可能"有"现象学第五阶吗?如果有的话,亲亲现象学可被纳入现象学第五阶吗?可以亲亲的源发姿态去重新直观、构造、奠基意识、存在、身体和他者等诸现象吗?作为第五阶的亲亲现象学就能完全"追上"现象本身了吗?第五阶和其余四阶是如何的本质关系?意识→存在→身体→他者→亲亲,这是双重的否定之否定吗?身体即意识与存在之合题吗?亲亲可视作身体和他者之真理吗?或者,这并非"先后高低有别"的辩证发展圆圈,而是"众生平等"的彭罗斯阶梯(Penrose stairs)?再或,这根本就不是任何连续的、同一性的圆圈或阶梯,而是作为或断或续之"千高原"(*Mille plateaux*)的"诸"现象?现象学与现象到底是如何的本质关系?现象学本身究竟是否可能?……本文将对这些连带追问作一简略应答。

二、现象学四阶:意识—存在—身体—他者

广义现象学是胡塞尔现象学以及来自胡塞尔的各种异变(hérésies)的集合。在很大程度上现象学可说是胡塞尔之种种异变的历史。

——利科②

在这些研究中,我将按需要而尽可能地进行我们必须瞄向的这种明见,即这样一种明见:意识本身具有其特殊存在,在其绝对的特殊本质上并未受到现象学排除的影响。因此它仍然是"现象学剩余",是一种本质上独特的存在区域,这个区域注定可成为一门新型科学——现象学科学。

——胡塞尔③

---

① 后期维特根斯坦的关键术语 Familienähnlichkeiten 可译为诸家族亲间性。它与儒家亲亲着、仁仁着、既相亲近又相疏间着的诸家(族)之天下观确有着颇多可共鸣或比较之处。

② Paul Ricoeur, *A l'école de la phénoménologie*, Paris: Vrin, 1986, pp.9,156.

③ Husserl, 1976, *Hua* vol.3(1), *Ideen zu Einer Reinen Phänomenologie und Phänomenologischen Philosophie. Erstes Buch: Allgemeine Einführung in die Reine Phänomenologie*, Den Haag: Martinus Nijhoff, S.68. [奥] 胡塞尔:《纯粹现象学通论:纯粹现象学和现象学哲学的观念》(第1卷),李幼蒸译,中国人民大学出版社2014年版,第59页。

"在—该—世界—存在"这个结构昭示了此在之本质特性：此在对自己预先［向前］抛出了一个世界，这种抛出不是后起的，不是偶然的；这种对世界的预先［向前］抛出属于此在之存在。在这种预先［向前］抛出中，此在早已从自身走了出来，绽放—出来，它在一个世界之中。因此它从来不是什么主观内在领域之类的东西。

——海德格尔①

我们重新学会了感知我们的身体，我们在客观的和与身体相去甚远的知识中重新发现了另一种我们关于身体的知识，因为身体始终和我们在一起，因为我们就是身体。应该用同样的方式唤起向我们呈现的世界的体验，因为我们通过我们的身体在该世界存在，因为我们用我们的身体感知世界。但是，当我们在以这种方式重新与身体和世界建立联系时，我们将重新发现我们自己，因为如果我们用我们的身体感知，那么身体就是一个自然的我和知觉的主体。

——梅洛-庞蒂②

他者之脸时刻都在毁灭着和超溢着它给予我的已成型的形象，这种观念在我自己的尺度和它的观念原料的尺度内存在，它是一种充足的观念。它展现自己所依靠的不是这些性质，而是亲身（kath'auto）。它表达着它自身。脸带来某种真理的观念，这种观念与当代的存在学相比，并非是对于某种无人称的中性物的揭示，而是表达：生存者冲破了存在的一切裹挟和普遍性。

——列维纳斯③

为了让"现象—学"（Phänomen-ologie）"紧跟""现象本身"（Phänomen selbst）之步伐，现象学总是不断调整着自身"观看"（让……自身显示）的目光或者"活动"（让……自身被给予）的姿势。着眼于现象学目光或姿势之嬗变，笔者尝试将百余年（广义）现象学之发生历史④大致看作⑤以下四阶。

第一阶："意识现象学"（Bewußtsein - Phänomenologie）。代表人物：胡塞尔（Edmund Husserl，1859—1938）⑥、普凡德尔（Alexander Pfänder，1870—1941）、舍勒

---

① Heidegger，1975，GA24：*Die Grundprobleme der Phänomenologie*，Frankfurt am Main：Vittorio Klostermann，SS.241-242.［德］海德格尔：《现象学之基本问题》，丁耘译，上海译文出版社 2008 年版，第 226 页。

② Merleau-Ponty，1945，*Phénoménologie de la perception*，Paris：Gallimard，p.239.［法］梅洛-庞蒂：《知觉现象学》，姜志辉译，商务印书馆 2001 年版，第 265 页。

③ Levinas，1971，*Totalité et Infini：essai sur l'extériorité*，La Haye：Martinus Nijhof，p.51.

④ 从海德格尔对"存在历史"（Seynsgeschichte）和"历史学"（Historie）的本质区分来看，"现象学的发生历史"也可谓是从"存在历史"而来道说的。现象学五阶（意识—存在—身体—他者—亲亲）的划分，完全着眼于现象学目光自由转移的"内在逻辑"或者"辩证法"，正因此，她是最真实的分阶路径，她是现象学的具体历史——即便也许从作为经验科学之历史学的角度看来，各阶涉及的抽象现象学家或现象学事件会多有出入和分歧。所以分阶是最本质重要的，而某位现象学家被划入哪一阶并不是最重要的。

⑤ 任何"分类学"都不过是"简单粗暴"的"权宜之计"，唯愿粗暴中仍葆有丝丝温柔吧。

⑥ 当然，胡塞尔本身是足够多元和异质的，我们绝不可用某一个单独的抽象标签（比如意识—现象学）来对其笼统概括。胡塞尔已经包孕了所有后来现象学发生发展的种子。

（Max Scheler，1874—1928）、盖格尔（Moritz Geiger，1880—1937）、尼古拉·哈特曼（Nicolai Hartmann，1882—1950）、阿道夫·莱纳赫（Adolf Reinach，1883—1917）、卢卡奇（György Lukács，1885—1971）、茵加登（Roman Ingarden，1893—1970）、古尔维奇（Aron Gurwitsch，1901—1973）、马修斯（Hedwig Conrad-Martius，1888—1966）、贝克尔（Oskar Becker，1889—1964）、艾迪特·施泰因（Edith Stein，1891—1942）、芬克（Eugen Fink，1905—1975）、舒茨（Alfred Schütz，1899—1959）、兰德格雷贝（Ludwig Landgrebe，1902—1991）、莫汉蒂（Jitendra Nath Mohanty，1928—　　）、耿宁（Iso Kern，1937—　　）、霍伦施泰因（Elmar Holenstein，1937—　　）、贝尔内特（Rudolf Bernet，1946—　　）、弗莱斯达尔（Dagfinn Føllesdal，1932—　　）和扎哈维（Dan Zahavi，1967—　　）等。

现象学就是"回返诸实事本身"（Auf die Sachen selbst zurückgehen）。如何回返？唯有通过现象学地看。现象学地看说到底即现象学地还原。而还原即选择性地观看。这样的选择性还原—观看排除了所有非现象学的、不可靠的、可疑的、多侧面的、映射的、非当下自身被给予的、非当下在场的、非全适的、非实项的、非绝然真的、非本真的、外在的、超越的、非明见的东西，而剩余的则是现象学的、可靠的、不可怀疑的、无侧面的、非映射的、当下自身被给予的、当下在场的、全适的、实项的、绝然真的、本真的、内在的、非超越的、明见的东西，这些东西正是纯粹的、绝对的先验意识。任何对象、他者、主体、视域和世界等等说到底都是意识的诸构造成就。① 超越性奠基于意向性。外在性奠基于内在性。没有意识，就什么都没有了。② 这个意识从一开始就是"先天的交互诸意识—主体间性"。

第二阶："存在现象学"（Sein-Phänomenologie）。代表人物：海德格尔（Martin Heidegger，1889—1976）、胡塞尔③、雅斯贝尔斯（Karl Theodor Jaspers，1883—1969）、布尔特曼（Rudolf Karl Bultmann，1884—1976）、洛维特（Karl Löwith，1897—1973）、马尔库塞（Herbert Marcuse，1898—1979）、列奥·施特劳斯（Leo Strauss，1899—1973）、伽达默尔（Hans-Georg Gadamer，1900—2002）、阿伦特（Hannah Arendt，1906—1975）、珀格勒（Otto Pöggeler，1928—2014）、图根特哈特（Ernst Tugendhat，1930—　　）、黑尔德（Klaus Held，1936—　　）、汉斯·斯鲁格（Hans Sluga，1937—　　）、马塞尔（Gabriel Honoré Marcel，1889—1973）、萨特（Jean-Paul Sartre，1905—1980）、波伏娃（Simone de

① Vgl. Husserl，1976，*Hua vol. 6，Die Krisis der europäischen Wissenschaften und die transzendentale Phänomenologie. Eine Einleitung in die Phänomenologische Philosophie*，Den Haag：Martinus Nijhoff，§ 58，S.208. ［奥］胡塞尔：《欧洲科学的危机与超越论的现象学》，张庆熊译，商务印书馆 2005 年版，第 58 节，第 246 页。

② 这可关联于唯识宗的"万法唯识"，或者王阳明的"心外无物"。"外境随情而施设，故非有如识，内识必依因缘生故，非无如境，由此便遮增、减二执。境依内识而假立，故唯世俗有，识是假境所依事故，亦胜义有。"（《成唯识论校释》，玄奘译，中华书局 1998 年版，第 2 页）

③ 方向红在《时间与存在：胡塞尔与海德格尔现象学的基本问题》（商务印书馆 2014 年版）中认为，剥去胡塞尔与海德格尔名相系统的表皮差异，二者之核心概念"意识"和"存在"其实有着高度的同构性。

Beauvoir,1908 — 1986）、加缪（Albert Camus, 1913 — 1960）、九鬼周造（Kuki Shuzo, 1888—1941）、曹街京（Kah Kyung Cho,1927—　）、熊伟（1911—1994）①德雷福斯（Hubert Lederer Dreyfus,1929—　）、舍汉（Thomas Sheehan,1941—　）等。

可惜的是，纯粹意识终究不是自身被给予的绝对明见之域。因为所有的意识活动说到底都奠基于此在的超越的、绽出的"在—该—世界—存在"（In-der-Welt-sein）。意向性奠基于超越性，内在性奠基于外在性。此在从来就是提前超越到"意识外面"的存在，而绝非从来就仅仅居住在"意识里面"的存在。所有的意识活动都以此在的世界视域或者此在的在—该—世界—存在为前提。世界或者在—该—世界—存在，正是现象学还原之最后剩余。任何存在者，都只有在此在的在—该—世界—存在之中才可能上到手头或者现成在手。而他者也正是与此在共同在—该—世界—存在的另一个此在。这个在—该—世界—存在是历史的、社会的、立足于诸解释学处境的"交互诸此在—主体间性"。

第三阶："身体—现象学"（Leib - Phänomenologie）。代表人物：梅洛-庞蒂（Maurice Merleau-Ponty,1908 — 1961）、胡塞尔②、亨利·马勒迪奈（Henri Maldiney, 1912 — 2013）、利科（Paul Ricoeur, 1913 — 2005）、米歇尔·昂利（Michel Henry, 1922—2002）、雅克·加勒里（Jacques Garelli,1931—　）、马克·里希尔（Marc Richir, 1943—　）、陈德草（Tran Duc Thao,1917—1993）和赫尔曼·施密茨（Hermann Schmitz, 1928—　）等。

这个总是超越到外面的在—该—世界—存在的"家伙"——只能是"综合"了意识和此在的身体。现象学还原之最终剩余实乃这个混沌不分的"身体—主体"（Leib-Subjekt），原初的"情绪震颤状态"（affektives Betroffensein），原初的"情境世界"（Situation）或者原初的"情—身主体性"等。所有的物或他者只有在身体的知觉活动中来照面。而他者无非是另一个和我相类的身体。身体乃综合，系现象学发展出来的"第一个"中道。身体乃意识与存在之"综合"（真理—大全—目的—合题），精神与物质之综合，内在（向内）与外在（向外）之综合，灵与肉之综合，主体与客体之综合，此在与世界之综合，我与他者之综合，可见的与不可见的之综合，触摸着的与被触摸着的之综合，等等。身体既是知觉着世界的小肉，亦是相互知觉着的诸肉，甚至是知觉着自身的世界本身之大肉、语言之大肉或者存在之大肉也。这个身体"指引显示"（anzeigen）的其实也正是"先天的交互诸身体—主体间性"。

---

① 熊伟其实更应被纳入可能的未来的第五阶亲亲—现象学。我们只需回想熊先生之于 Dasein 的"亲在"译名即可。详见王庆节：《亲在与中国情怀》，载《自由的真谛：熊伟文选》，中央编译出版社 1997 年版，第 395—399 页。

② 胡塞尔对"身体"（Leib）现象的原始亲见，不仅最直接地启发了梅洛-庞蒂等身体现象学家，甚至还有可能超越后者探讨的范围或深度。参见方向红：《从"幻影"到"器官"：胡塞尔 C 手稿中的身体构造学说》，《哲学研究》2012 年第 4 期。

第四阶:"他者现象学"(Anderer - Phänomenologie)。代表人物:列维纳斯(Emmanuel Lévinas,1906—1995)、胡塞尔①、拉康(Jacques Lacan,1901—1981)、阿尔都塞(Louis Althusser,1918—1990)、德勒兹(Gilles Deleuze,1925—1995)、福柯(Michel Foucault,1926—1984)、德里达(Jacques Derrida,1930—2004)、南希(Jean-Luc Nancy,1940—)、马里翁(Jean-Luc Marion,1946—)、阿多诺(Theodor Wiesengrund Adorno,1903—1969)、阿佩尔(Karl-Otto Apel,1922—)和罗姆巴赫(Heinrich Rombach,1923—2004)等。

现象学所高扬的吞噬一切的同一性的主体性在这个身体—主体中达到了最极端的高潮或狂欢。可是,这个志得意满的身体—主体却在与(绝对)他者的脸对脸的照面瞬间中"顿悟"(明心见性—明见—亲见):原来本源的现象根本就不是我,我自己就是一个真正的他者,我从他者而来亦归他者而去,我奠基于他者,我从他者那里得以规定、得以可能、得以成就。他者之脸,他者之眼正向我诉说着、召唤着作为现象学还原之最终剩余的最后真相:(绝对)他者之脸;(绝对)他者之(绝对)他性。他者是绝对陌异的,我(作为这个主体的意识—存在—身体)永远不可能看穿、明见、直观、理解、解释、认识、算计、测量、熔化、霸占、强奸、同一化他者。作为无限性的绝对他者总是已经超出了作为总体性的存在。他者之脸是神圣不可侵犯的圣像,撒播着绝对的威权,命令我不要不对他负责、不要杀他,不要亏欠他、不要不怜爱他、不要不敬畏他、不要不献身于他、不要同化他等。原来他者并非另一个他我,反而我才是另一个我他呢!原本的主体间性根本就不是诸我之主体间性,而是诸他间性呢!

四阶现象学之间以及各阶内部诸成员之间都绝非任何简单的线性更替或辩证发展关系,而是错综复杂、相互交叠(overlap)的诸家族亲间性关系。那么,绝对他者之脸或他性真的就是现象学还原之最后剩余了吗?在他者现象学之后,还可能有别的"新现象学"吗?我们还可以接着列维纳斯、马里翁或者罗姆巴赫等往下讲吗?

三、现象学第五阶:亲亲现象学

他者现象学并非最原初、最开端的伦理学。我和绝对他者的关系绝非最原始的伦理关系。在他者现象学中,绝对他者被放置到至高至大的位置,而我则被彻底同化为他者、淹没在诸他者之中了。我们似乎可以设想一种综合了他者与我(身体—主体)的

① 胡塞尔对绝非任何我的意识构造成就的"绝对他者"之原初奠基性位置的强调,甚至可以说不输于列维纳斯。Vgl.Husserl,1989,*Hua* vol.27,*Aufsätze und Vorträge*(1922-1937),Dordrecht:Kluwer Academic Publishers,S.48;1991,*Hua* vol.4,*Ideen zu einer reinen Phänomenologie und phänomenologischen Philosophie. Zweites Buch:Phänomenologische Untersuchungen zur Konstitution*,Dordrecht:Kluwer Academic Publishers,S.375.

"新现象学"，我们可以尝试将之命名为亲亲现象学。① 亲亲乃"绝对他者"和"我（身体—主体）"之中道—中庸。亲亲实践着某种"双非"：既非"绝对他者"，亦非"我（身体—主体）"。父母亲不可能是绝对的他者，儿女亲不可能是绝对的他者，爱人伴侣不可能是绝对的他者，兄弟姐妹朋友同事同学甚至"路人"都不可能是绝对的他者，他们分别都只能是相对的他者。随便哪一张脸，只要它是脸，它就不可能是一个绝对的他者，只能是相对的他者。如果它真的是绝对的他者，那么它就绝对不可能以某一张脸的方式与我相遇了！我与这张脸是从根底里、从先天即勾连在一起的！只要这张脸能作为一张脸——无论是什么样的脸（儿子的脸、一个不认识的孩子的脸、一只猩猩的脸、一条金鱼的脸、一朵向日葵的脸甚至一块石头的脸等）——而与我遭遇，那么它对我说来就不可能是一个绝对的他者了，我与它在遭遇的一刹那——更正确的说法是——在这个刹那之先，相互间早就有了先天的相关性、理解或者领会了。如果我对这张他者之脸没有任何先行的领会理解，我怎么可能听到和听从它对我发出的绝对命令（比如"不要杀我！"、"不要不怜悯我！"、"不要不尊崇我！"、"不要不对我负责！"等）呢?！"主体（意识、存在或身体）—现象学"和"他者—现象学"各自都太极端了，从而未臻及至极至纯之圆教真理。唯有亲亲现象学才可能践行那个双非的中道之境。

在笔者看来，这些过往西方现象学家的家学研究与根植于中国原始儒家的亲亲—现象学之间还是有着泾渭分明的差异（差距）。它们相较于原始儒家说来还是显得单薄抽象。我们可以说，在 21 世纪，在未来，西方思想或文明其实是需要主动借鉴东方中国儒家的。亲亲是人类最本源性的生活之身根，亲亲是人类生活世界中不可排除的现象学还原之最后剩余，更为原始的、本质性的儒家（亲亲—仁仁—天下）原本就应是世界性的思想—文化—实践，理应为未来世界人类生活作出更大的贡献。

> 亲亲以三为五，以五为九。上杀、下杀、旁杀，而亲毕矣。（《礼记·丧服小记》）
> 亲亲，仁也。（《孟子·尽心上》）
> 仁者人也，亲亲为大。（《礼记·中庸》）
> 亲亲而仁民，仁民而爱物。（《孟子·尽心上》）
> 人人亲其亲，长其长，而天下平。（《孟子·离娄上》）
> 老吾老，以及人之老；幼吾幼，以及人之幼。天下可运于掌。（《孟子·梁惠王上》）

---

① 虽然胡塞尔晚期也曾着重探讨过"家园世界"（Heimwelt）或"切近世界"（Nahwelt）（Cf. Dermot Moran, Joseph Cohen, 2012, *The Husserl Dictionary*, London: Continuum, pp. 146-147），海德格尔更是把"家"（Heim, Heimat, Herd 和 Haus 等）放在了"存在本身"（Seyn selbst）的原始位置（参见张祥龙：《海德格尔与儒家哲理视野中的"家"》，载倪梁康主编：《中国现象学与哲学评论》（第 16 辑"现象学与中国思想"），上海译文出版社 2015 年版，第 3—36 页），而列维纳斯甚至在《总体性与无限性：论外在性》中实际上已经从绝对他者—现象学的视角深刻地洞察了亲子（时间）关系 [参见朱刚：《生育现象学：从列维纳斯到儒家》，载倪梁康主编：《中国现象学与哲学评论》（第 16 辑"现象学与中国思想"，上海译文出版社 2015 年版，第 74—110 页）]。

有天地然后有万物，有万物然后有男女，有男女然后有夫妇，有夫妇然后有父子，有父子然后有君臣，有君臣然后有上下，有上下然后礼仪有所错。夫妇之道不可以不久也，故受之以恒。（《易传·序卦》）

这样中道双非的亲亲现象学绝非传统哲学架构中的单单作为"一门哲学二级学科"的某种伦理学，而是哲学—形而上学本身，或者作为第一哲学—形而上学的大全伦理学本身，从她可以奠基、构造出传统哲学的各部门哲学或区域存在学—现象学——尤其包括"亲亲的政治哲学—现象学—存在学"也即"亲亲的天下学"，从亲亲出发，通过仁仁而化成天下。伦理学当然是第一哲学，但这个伦理学早已不是作为"哲学二级学科"的那个区域伦理学了。

"亲，至也。从见，亲声，字亦作儭"（《说文解字》）；"亲，近也"（《广雅》）。亲即至爱、近爱，到底之爱，通透之爱，也即到底的、交构的爱或见，互见—互爱。这个本源的互见—互爱，就是夫妇男女和父母子女之间的互见—互爱。而身对身或者脸对脸的亲亲（亲吻）亦是这种至爱—互爱的一种原始明见性或自身被给予性。一个时中的、恰到好处的亲亲（亲吻），完全可以拯救一场爱情、一种父子亲情或者一个家庭！亲，又通新。唯有通过到底的互见—互爱，才可常新—维新—互新——爱情的、亲子的、家庭的、家族的、社团的、民族的、国家的和天下的——常新—维新—互新等。而唯有通过常新—维新—互新，才可更原始地互爱—互见。亲亲现象学即一种到底的、本源的"关系"（动词）现象学。

亲即"亲—见"，亲身地、原本地观看或直观。因此，原本的现象学实即亲—见，亦即亲亲也。现象学的明见（直观—还原）就是亲见，就是亲亲。亲见就是明见。亲亲（亲见）就是现象学本身。而作为亲见的亲亲到底看到的是什么原始现象呢？亲亲看到的正是亲亲自身矣！这个亲亲自身正是亲亲的横向空间结构关系（阴—阳/夫—妇）暨亲亲的纵向时间发生关系（孝—慈/亲—子）。我们亦可将前者唤作亲偶关系，把后者叫作亲子关系。亲偶关系即"原始空间"（ursprüngliche Raum），而亲子关系正是"原始时间"（ursprüngliche Zeit）。夫—妇或者阴—阳在任何空间之先，正如孝—慈或者亲—子在任何时间之先一样。原始时间和原始空间一起凭依缘境循次构造出世界时间、世界空间、日用时间、日用空间、科学时间和科学空间等诸层诸面的时间和空间。亲偶关系和亲子关系相互构成着—游戏着，缺一不可。二者是平权的、平等的，同等重要和原始的。二者之间的诸交构游戏，就是被含藏的最神秘、最深密的诸种子。这些种子依缘凭境地化成、构造出有诗有乐、有情有礼、有仁有义、有性有心的天下世界。

意识、存在、身体和他者都有赖于亲亲种子（亲偶关系—亲子关系）的奠基，而非相反。如果没有本源的亲亲种子，就根本不可能"有"（发生）意识、存在、身体和他者等次级诸现象。

意向性奠基于亲亲的横向暨纵向本质关系。意识都是关于某物的意识，而这个最原初的某物其实就不是任何的物,而只能是亲亲,是父母亲,是儿女亲,是恋人爱人佳偶亲。出生时最先见到的是父母亲微笑着的欢迎我的脸;死去时最后见到的是儿女亲微笑着的欢送我的脸;青春时见到的是爱人佳偶微笑着的亲亲我的脸。只有在亲亲原初而本质的关系中,意识才能获得先天的自身被给予性或明见性。所有的意识现象都奠基于原初之亲亲!

此在之存在奠基于亲亲的横向暨纵向本质关系。最原初之存在,或者说最原初之此在的在—该—世界—存在——也即最原初之诸此在的共同在—该—世界—存在,只能是亲亲(亲偶暨亲子)之存在(最原初的世界就是亲亲!)——亲亲(亲偶暨亲子)之共在——共同—在—该—亲亲(亲偶暨亲子)—之中—存在——与父母亲之共在、与儿女亲之共在暨与爱人佳偶之共在! 其余的存在或共在皆奠基于亲亲之存在或共在!在一该—世界—存在奠基于亲亲! 存在奠基于亲亲!

身体知觉或知觉身体奠基于亲亲的横向暨纵向本质关系。最原初的身体不是别的,只能是父母亲转渡赠予我(作为儿女)的身体,我(作为父母)转渡赠予儿女亲的身体,爱人佳偶亲热与被亲热着的、缠绵与被缠绵着的身体! 活的身体就是亲亲之身体!所有的身体现象都奠基于亲亲(亲偶关系暨亲子关系)!

(绝对)他者之(绝对)他性奠基于亲亲的横向暨纵向本质关系。我首先看到的他者之脸正是父母亲之脸、儿女亲之脸和爱人佳偶之脸,这些脸都不是与我绝对陌异、外在的绝对他者之脸,而只是与我有着先天亲熟的相对他者之脸。而只有奠基于我和如此这般亲熟的相对他者之脸的照面之上,才可能发生我和其他逐次降低亲熟程度的诸相对他者之脸的照面——最终也才可能撞到与我完全不亲熟的绝对他者之脸! 当然,按照本文之逻辑,绝对他者是没有脸的;如果他者有脸,则只能是相对的他者——也即他者和我多少有着先天的亲熟性。而我对所有他者之负责或献身,无论亲疏等级,说到底皆奠基于我对父母亲、儿女亲和佳偶亲之负责或献身。最原初的他者就是亲亲(父母亲、儿女亲和佳偶亲)! 所有与他者的关系都奠基于亲亲(亲偶关系暨亲子关系)!

亲亲的横向空间结构关系与纵向时间发生关系互生—相构—对织着。而分别在亲偶关系内部和亲子关系内部,同样也是二元互生—对构的格局:比如夫—妇、阴—阳或者亲—子、慈—孝①等。此外还可由这些原始对构格局派生或类比出各种不同层面、不

---

① 慈爱对人类甚至不少动物说来都是非常"自然而然"的活动(可谓某种"被动综合")。但孝爱相较于慈爱则似乎更少"一目了然"的"明见性",是为更艰辛困难之事业(可谓某种"主动综合")也! 在对亲亲之原始纵向时间发生关系(三维原始时间)的领悟中,"以现在为身根"(如胡塞尔和唯识宗)或许比"以将在为身根"(如海德格尔)容易,而"以将在为身根"较之"以曾在为身根"(如儒家)或许则更显容易。曾在是最容易被忽视和遗漏的。若想深入领会(直观/亲见)曾在,尚需勤习现象学目光自由转移变更之技艺。唯有深入地洞察曾在,才可能更圆融地体验将在与现在,才可能通达从原始亲子时间发生关系而来的完整透彻领会! 对曾在的亲身领会,是中国人更为擅长的生存技艺(记忆)。在这一点上,或许也是中国人所能为未来人类世界贡献的一种重要思想、文化或实践之沉淀习性! 唯有足够地、时中地尊崇祖先、通古而厚古,才可能究天人之际、通古今之变——赢获更美好的未来和现在之人类生活!

同方面的对子关系(可参见《尔雅·释亲》),比如横向空间结构关系可派生或类比出左—右、上—下、前—后、远—近、大—小、天—地、性—心、兄—弟、姐—妹、兄—妹、姐—弟、友—悌、妯—娌、连襟、朋友、同学、同事、工友、情人、同性恋人①等诸层诸面的对子关系。而纵向时间发生关系亦可派生或类比出顾后—瞻前、滞留—前摄、快—慢、过去—未来、春—秋、祖宗—后裔、祖—孙、叔—侄、姨—侄、君—臣、师—生、主人—奴隶、上级—下级、长辈—晚辈等诸层诸面的对子关系。

每一个关系就是一个维度或者视域,因此,我们可以设想如此这般的"无限维度的亲亲球"。不同维度的视域融合为不同的世界。这个世界就是不可被对象化、课题化的背景,但背景之外还有背景,还有他者,是为稠密或黑暗。世界就是 Da,一个敞开域,其实也就是一个象限或者卦限,一个有界无限的敞开域。比如一个二维空间:夫—妇;一个三维空间:夫(父)—子(女)—妇(母);一个四维空间:夫(父)—子(女)—妇(母)—祖父(母),等等。

每一条坐标轴都有正负极或两极性。正负极代表对子,比如阴阳,父子,父母,父女,兄妹,姐弟,妯娌,爷孙,等等。而根据诸家族亲间性,不同的轴可以构成一个家族、视域、世界、晕、场、域、境或缘,等等。比如 A1"夫—妇",A2"母—子",A3"父—子"就一起构成了一个三维空间或三维场"夫(父)—子(女)—妇(母)"。一个场就是一个 N 维空间,可以是一维,也可是二维、三维,乃至无穷维。整个亲亲球就是个无限维的场,由无穷多的对子关系构成。每个轴有正负两极,都是一个对子或关系。对子相互构成。随着现象学目光的自由转移变更,可以看见这个场,也可以看见那个场,可以看见这个维,也可以看见那个维。不同的家族交叠更替、游牧迁徙。不同明暗之交替变化,中心边缘之交替变化,诸地平线之交替变化,在场与不在场之交替变化,等等。不同的背景与主题。不同的背景与背景之背景。不断变更的"现象四重结构":"作为……结构"(as-structure),"为了……结构"(for-struture),"在……之中结构"(in-structure)和"从……而来结构"(from-structure)。② 整个坐标系的原点就是 Da,就是我的实际生活—生活世界,就是"我"(Ich)。但是这个我其实就不(止)是我,而是关系、发生、晕、场、境、域、缘、结构、非我、无意识、语言、世界和肉等——就是"意识",就是"在—该—世界—存在",就是"身体",就是"我(这一个他者)"与"(另一个)他者"的"面对面",就是"亲亲"等。

---

① 同性恋会对亲亲的原始横向空间结构关系(阴—阳/夫—妇)提出本质性的挑战吗?同性恋最大的问题可能是会破坏亲亲之原始纵向时间发生关系(孝—慈/亲—子),无法维系生生不息,无法滋养原始的家庭关系比如"夫(父)—子(女)—妇(母)"等。即便是依靠人工授精、代孕或者克隆等技术,或者通过领养等方式,也还是难以圆满化解该难题。因此笔者以为:在当下这个生活世界,同性恋或许只能作为一种非—主流现象而存在,但同时我们又必须对同性恋给予足够的、时中的理解、尊重和保护。我们应该小心守护"天下"原本的诸家族亲间性。切忌盲目抡起普遍性的大刀去一刀杀死看起来弱小或者边缘、偏僻的那些家族。

② 参见[美]道恩·威尔顿:《另类胡塞尔:先验现象学的视野》,靳希平译,梁宝珊校,复旦大学出版社2012年版,第50—54页。

还可设想一个天球仪。现象学家站在天球仪内部的地球面上，仰望苍穹，叩首问天。无论他处于何种立足点、视角，天球皆不可穷尽。这个天球的半径或直径也许是无穷长的，在无穷远的地方，被某个作为绝对他者的上帝盖上了一层天球幕。地球上的我无论怎么改变目光视域，总有背景或者背景的背景，以及明暗、疏密、清晰与模糊的交迭变更等。解释与密释交迭变更。无论我如何努力，我的视域综合或者世界视域还是没法超出这个天球幕。天球幕之外，我永远一概无知。目力所及皆无真正的他者或曰绝对他者。当然也可以说绝对他者（对我来说）是根本没有意义的（unsinnig）。天外之天，天外有天。我永远无法看到天（球以）外的东西。我只能对目力所及的现象施以学，编织各种不同的坐标系、星座、经纬度、黄道赤道等，构造一个综合的形式的和内容的现象学体系。这个天球就是我的 Da，我的球（囚）笼。况且，天球外也许还有别的天球，不得而知。所谓天外有天也。永远不可见、不可在场化、不可解释、不可显示的、不可现象的他天。天球仪告诉我们，现象学只能处理十分有限的现象。我（们）生活在"果壳中的宇宙"（"我即使被关在果壳之中，仍自以为是无限空间之王。"——《哈姆雷特》）。最多穷尽这一个天球，但别的天球呢？无论如何也达不到。这一个天球就是包裹着我（们）的极限—界限。其实这一个天球就是我或者我们的生活世界或者诸视域综合。

亲亲的天球仪

设想有许多天球，每一个天球就是一个世界。天球本身也是一个单子。诸天球间性也即诸单子间性，或近或远，或连或断。亲亲生成、维系着诸天球、诸单子间性。互为他者的诸单子间性就是我们的亲亲世界，就是我们的生活世界，先验主体间性。这里有相对他者，也有绝对他者——但绝对他者对我来说是毫无意义的——因为它没有脸——或者我永远也看不到它的脸。绝对他者无法介入我（们）的实际生活世界。

四、现象学五阶：辩证圆圈、彭罗斯阶梯还是千高原

我们可将现象学五阶看作意识—存在—身体—他者—亲亲。它们分别是各阶现象

学所"看到"（直观/明见/亲见）①的现象学还原之后的最终剩余。那么，这些不同的剩余之间究竟是什么样的关系呢？

借用黑格尔式的眼光，我们可将现象学五阶看作一个不断向上充盈的辩证运动圆圈：肯定—否定—否定之否定。身体是意识与存在之合题或真理，亲亲系身体与他者之合题或真理。我们的现象学事业一直都在进步中，并且还将继续进步下去。意识—存在—身体—他者—亲亲，这或许是现象学最自然而然的自由目光转移路径。黑格尔或许是最地道的现象学家，辩证法或许是最地道的现象学。（西方的）现象学如果真要往前发展的话，或许的确需要一些（东方的）儒家资源的适度的帮助。（西方的）现象学目前已经走到他者现象学阶段，如果还想往前走，就应该是以亲偶关系和亲子关系为基本现象的亲亲现象学。但是，中国传统儒家的亲亲仁仁思想并非直接地就是现象学第五阶，也即，"经历过"前四阶现象学的亲亲现象学与单纯的中国儒家的亲亲仁仁传统思想归根结底是根本不同的东西！

或者借用海德格尔或尼采的目光，我们可将现象学五阶看作一个不断下行的辩证圆圈：存在、身体、他者和亲亲是对原初意识的不断脱落、跌离或异化，意识现象学原初丰沛的诸开端种子可能性被逐步耗尽，作为形而上学的现象学已近乎完成或终结。作为胡塞尔诸弟子的海德格尔、梅洛·庞蒂和列维纳斯等现象学家终于把恩师胡塞尔的所有现象学资源—可能性给彻底耗尽—榨干了！

抑或，意识—存在—身体—他者—亲亲，这既非向上的辩证通道，也非向下的辩证通道，而是平权、平等的"彭罗斯阶梯"（Penrose stairs）？！现象学自以为是一直在往上或者往下爬阶梯，但却终于发现原来自己既没上也没下，没有最高层，也没有最底层，甚至没有更高层和更低层，而是不上不下、平坦的彭罗斯阶梯！意识、存在、身体、他者和亲亲，其中根本没有哪一个是更具奠基性的现象领域。从其中任意一个现象出发都可以依次经历其他任何一个现象并最终返回到自身。现象学家既可以从亲亲出发来解决意识问题，也可以倒过来从意识出发去解释亲亲现象。

再或，五阶之间根本就不是任何同一性的关系，既非任何辩证圆圈，亦非任何彭罗斯阶梯。五阶之关系可用"千高原或者千块平台"来显示。五阶中的每一个都是本源性的独立他者，它们或相互交叠、或相互陌异，但无论如何都不可用其中一个去奠基或解决另一个。现象学家既不可以从亲亲出发来解决意识问题，也不可以倒过来从意识出发去解释亲亲现象。亲亲和意识完全是彼此外在的绝对他者！现象学五阶的变迁只

---

① 何谓现象学的看（直观、明见或亲见）？从最广义上、最本质上来说，它涵盖了海德格尔式的"理解"（verstehen）或"道说"（sagen）、瑜伽宗八识等的体验活动，它其实就是现象自身被给予的诸通道或方式。Vgl. Husserl，1976，*Hua* vol.3（1），*Ideen zu Einer Reinen Phänomenologie und Phänomenologischen Philosophie. Erstes Buch: Allgemeine Einführung in die Reine Phänomenologie*，Den Haag: Martinus Nijhoff，S.51. [奥]胡塞尔：《纯粹现象学通论：纯粹现象学和现象学哲学的观念》（第 1 卷），李幼蒸译，中国人民大学出版社 2014 年版，第 41—42 页。

是现象学纯粹偶然的、随机的外向游牧,朝向不同绝对他者的差异游牧,没有目的、没有终点、没有辩证法、没有圆圈、没有阶梯、没有任何同一性的道路。现象学家其实都是彼此外在和陌异的游牧人。

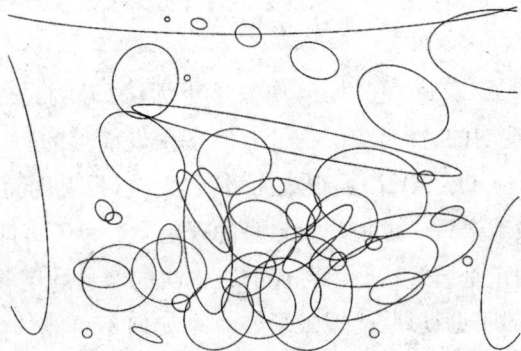

现象学的千高原

五、尾声：诸现象学是如何不可能的

试想面前的书桌上摆放着一个现象学的地球仪,地球表面的不同位置代表不同的诸现象,如意识、存在、身体、他者和亲亲等。现象学家可以不断调整自身的观看姿势,或者转动地球仪,从而可以将任何一个现象(比如意识)推向眼前的中心位置,而把其他某个现象(比如亲亲)推向视域的边缘,乃至推向地球仪的背面,推到现象学家的当下视域之外。但现象学家也可以通过目光的自由转换,重新将地球仪背面的暗黑深密现象迎回视域内的正面光亮中心位置。因此,或许根本就没有什么终极的、最后的、绝对明见的、自身被给予的现象。现象学家可以随心所欲地观看、摆弄地球仪,可以画出不同的坐标系、经纬线、北极、南极和赤道等。

现象学家总想着从非—现象的洞穴或迷宫中突围出去,回到明见的、自身被给予的现象世界。但殊不知有可能洞穴之外还是洞穴,迷宫之外亦是迷宫。或许根本就找不到区分洞穴与洞穴外、迷宫与迷宫外的清晰标准。意识、存在、身体、他者和亲亲,究竟哪个是非—现象的迷宫内、哪个是现象的迷宫外呢? 因此,我们似乎可以设想现象学的高尔吉亚之问：

A.没有现象,根本就没有彻底明见的、自身被给予的实事或现象本身。因为,亲亲、他者、身体、存在和意识,没有哪一个是彻底明见的、自身被给予的原初现象。

B.即便有现象,任何现象学也无法彻底直观(明见/亲见)它。因为所有现象学或哲学的直观—明见说到底都是反思性、理论性的,所以相对于其预设之目标说来,现象学终究是不可能的。现象学或者哲学永远只是后思、反思,永远不可能直观当下知觉,永远不可能回到实事本身。永远有一个现象学反思之鸿沟。不论从意识返回到存在还是身体、他者或亲亲等,这个现象学或哲学本身的反思难题,仍然无法解决。现象学永远的悖论:反思悖论。现象学永远也追不上现象,现象学是不可能的。阿基里斯永远也追不上乌龟,永远差那么一点点。永远的间隔。现象就是现象学永远达不到的界限、极限。但正是通过现象学的诸实践历程从而发现了、明见了现象学的不可能性,从而可以让我们更好地回到后。

C.即便能直观(明见/亲见)它,任何现象学也无法彻底将之描述、解释或道说出来。语言从来就不是透明的,而是交织在带有诸多预设前见的历史和社会沉淀下来的诸生活形式(Lebensformen)之中,因而很难无增减、无映射、无侧面地去显示现象本身。

因此,旨在无预设地亲见—道说现象自身的现象学竟是不可能的?然而,即使是不可能的,但现象学家们正是通过这些不可能的一次次的亲身的现象学实践,为我们一次次亲身地显示出这样的明见真理:诸现象学究竟是如何不可能的。而一旦明见到此真理,我们就可以更加中道地亲见世界、更加积极地投入"实际生活(亲亲)"之中。①

Qinqin: The Fifth Family of Phenomenology

LI Jing

(Lanzhou University)

Abstract: I attempt to interpret the dialectical history of phenomenology as the interrelated five families: consciousness-being-body-other-qinqin. Body is the synthesis of Consciousness and Being, while qinqin can be seen as the truth of Body and Other. The ultimate goal of qinqin-phenomenology is to show the phenomena of qinqin originally. Qinqin is comprised of the relationship between husband and wife (namely, qinqin's latitudinal spatial relationship, that is, yin-yang/ husband-wife), and of the relationship between father and son (namely, qinqin's longitudinal temporal relationship, that is, xiao-ci/father-son). As various fine seeds, qinqin-phenomena are forming tianxia (World) with shi-yue, qing-li, ren-yi and xing-xin. If the Western phenomenology wants to develop itself, probably it does need some help from the Oriental Confucian resources. On the other hand, what we must pay close attention to is: qinqin-thought of the traditional Confucianism itself is not the fifth family of phenomenology, in other words, qinqin-phenomenology which has experienced all previous four families of phenomenology is quite different from the traditional Confucian Qinin-thought. Here we do need a Hegelian historical perspective. Besides, I also try to criticize the five families of phenomenology as a whole, that is, the phenomenology itself at the same time.

Keywords: qinqin-phenomenology; qinqin as relationship between husband and wife; qinqin as relationship between father and son; five families of phenomenology (consciousness-being-body-other-qinqin)

---

① 想想维特根斯坦《逻辑哲学论》6.54 节之箴言:"我的诸命题以如下方式阐明:理解我的人,当他通过这些命题——踩上它们——爬上它们之后,就会终于体认到它们是毫无意义的(unsinnig)。(可以说,在登上梯子之后,他就必须把它们扔掉。)他必须克服这些命题,然后他就会正确看待世界。"Wittgenstein, 1989, Werkausgabe Band1: *Tractatus Logico - philosophicus*; *Tagebücher 1914 - 1916*; *Philosophische Untersuchungen*, Frankfurt am Main: Suhrkamp, S.85。

论胡塞尔《逻辑研究》中的表象概念

庄　威①

内容提要：胡塞尔认为所有意向行为都和表象行为相关。在单纯表象中显现的对象不具有存在设定的性质。从主语上表象或指称一个判断和一个实事状态的称谓行为意味着表象可具有设定性的特征，单纯表象则可以作为不设定的称谓表象。因此，胡塞尔提出一种以设定和不设定性为差别的客体化行为意义上的表象，这意味着判断也可纳入表象的范围。在此基础上，第六研究进一步提出每一个客体化行为自身都包含一个"代现"，所有行为最终都是在代现意义上的表象，因此，含义意向行为、与含义充实行为相合的直观的行为等都属于客体化的行为。在胡塞尔那里，表象问题在《逻辑研究》中可以说已经得到了全面思考，但他有关表象的内在主义模式则可以受到质疑。

关键词：胡塞尔　现象学　表象　代现

一、背景："表象"概念的地位

对于"表象"这一意向行为的分析在《逻辑研究》中绝对占有一个重要的地位，且不论第五研究的绝大部分以及第六研究对它的持续讨论，胡塞尔在进入到第一研究之前就已经针对现象学这样说过："……这种分析的现象学首先涉及'表象'，更准确地说，它首先涉及表述的表象。"②胡塞尔把"表述的表象"视为一种"复合行为"，或者说仅把它作为和表述行为一同出现并行使着含义意向和含义充实之功能的体验等与表述相关的行为进行分析的一个概括性"标题"。类似上述的宽泛用法胡塞尔一直经常使用，读者在不同时期的胡塞尔著作中都会遇见。在第五研究里"表象"被单独拿出来进行了详细的讨论。

在第五研究里胡塞尔考虑过这样一个问题：不同的意向行为可以有相同的质料，此同一性该如何理解？质料是意向行为的一个抽象因素，具有不同质性的不同行为的此

---

① 庄威，湖北大学哲学学院副教授，主要研究方向为德、法哲学。本文为作者所主持的国家社科基金西部项目"胡塞尔哲学中的意义问题研究"（10XZX0008）所资助。
② ［德］胡塞尔：《逻辑研究·第二卷第一部分》，倪梁康译，上海译文出版社1998年版，第10页。

同一性的关系、同一的抽象要素又应具有怎样的区别呢(正是这一区别才最终构成了不同的行为)? 胡塞尔认为质料赋予了行为以特定的对象关系,这种对象性关系不仅是一个抽象的可以从逻辑等值的角度看待的功能,而且具有更丰富的层次:它不仅规定了所意向的对象的朝向而且还规定了朝向方式,例如:"a+b 的长度"和"b+a 的长度"朝向方向一致但朝向方式不同。表象问题和这个对象关系方面有很密切的关联,这个问题的开端和这样一个胡塞尔所赞同的布伦塔诺的关于意向行为关系的重要命题相关联:"每一个意向体验或者是一个表象,或者以一个表象为基础。"①胡塞尔首先认为上述布伦塔诺命题具有不加论证的合理性,"这个奇特命题的意义在于,在每一个意向对象中,对象都是一个在一个表象行为中被表象的对象,并且,如果这里涉及的并非从一开始就是'单纯表象',那么,一个表象就始终会与一个或多个行为的表象,或者毋宁说,与一个或多个行为特征如此奇特和紧密地交织在一起,以至于被表象的对象会因此而同时作为被判断的、被期望的、被希望的等等而存在于此"②。胡塞尔强调任何一个意向行为(无论简单还是复杂)如果没有客体化③的表象行为,也就是说如果它们不奠基于表象行为之中,这是无法想象的;并认为这是一个具有先天性的事态和具有明见清晰的本质规律。例如欲求行为具有与对象之物的关系,假如没有和一个表象的紧密交织就先天的无法想象。这里以及后来胡塞尔在关于表象行为和其他因素之间的关联笔者可做一提前勾勒:

```
              ↗质性
  某意向行为
  ↓      ↘质料
  客体化的表象行为↗
```

("表象"本身亦是一种意向行为)

笔者认为胡塞尔从《逻辑研究》开始就没有触动这个有关表象的基本框架。不过在第五研究中,他是逐步推进对表象的思考才达到上述基本定位的。

二、开端:单纯表象

胡塞尔认为"表象"比一个单纯的行为质性要更"多","与那个通过它而被奠基的

---

① [德]胡塞尔:《逻辑研究·第二卷第一部分》,倪梁康译,上海译文出版社 1998 年版,第 477 页。

② [德]胡塞尔:《逻辑研究·第二卷第一部分》,倪梁康译,上海译文出版社 1998 年版,第 477 页。

③ 关于"客体化"的简明理解(后文还要详加说明):"胡塞尔的现象学分析表明,所有的意识行为种类都可以划分为'客体化行为'与'非客体化行为'。'客体化行为'在胡塞尔的意向分析中是指包括表象、判断在内的逻辑—认识的智性行为,它们是使客体或对象得以被构造出来的行为;而'非客体化行为'则意味着情感、评价、意愿等等价值论、实践论的行为活动,它们不具有构造客体对象的能力。胡塞尔强调,在这两种行为之间存在着奠基关系:'非客体化行为'奠基于'客体化行为'之中:任何一个意向体验要么本身就是一个客体化的行为,要么就以一个客体化的体验为其'基础'。"(倪梁康:《胡塞尔现象学概念通释》,生活·读书·新知三联书店 2007 年版,第 18—19 页)

欲求质性相对,它完全可以作为'单纯'表象而自为地存在"①。所谓"单纯表象",包括对语词等的单纯理解和通过对有关的完全中立地对待的陈述句的单纯理解,另外还包括感知行为的表象。例如在所有单纯想象表象〈Einbildungsvorstellung〉的情况里,在其中显现的对象既不被设定为存在的,也不被设定为不存在的。单纯表象还包括例如理解地接受一个表述如一个陈述句,同时不作出相信或不相信的决定。单纯表象需要在具有上述中性特点的信念〈belief〉特征之下来理解。

胡塞尔不认为某个意向行为必须与表象这一行为构成一个组合体。例如对感知行为而言,胡塞尔并没有把表象看作先于感知的意向行为,而是当作一个不同于感知的行为,感知和表象不可能同时联合在一起。这对于"判断"行为来说也是如此,"我们在这里是从流行的含义出发来理解'判断'这个词,此含义倾向于陈述('谓语陈述'),并且因此而排除了感知、回忆和类似的行为(尽管在它们之间有着不无本质的亲缘关系)"②。在判断中的意向对象可以看作实事状态,判断不带有感知也可以始终本质同一地持续,其中被意指的实事状态的显现应被理解为确定的意指、确然性、确信,从而显现的内容可以以各种形式进行意指(Vermeinen),如 S 是或不是、S 是 P 或不是 P、或者 S 是 P 或者 Q 是 R,如此等等。判断意指的客观之物也被胡塞尔称为被判断的实事状态(事态,Sachverhalt),并在反思中区别于作为行为的判断本身③,这类似于在感知那里区分被感知的对象与作为行为的感知。胡塞尔认为从属于一个判断的单纯表象行为并非判断的组成部分,它也不是通过作为一个增补(Plus)而附加给表象的判断性决断而使判断得以分差。胡塞尔不认为单纯表象行为的质性是判断行为的质料的提供者并且和判断的质性间接相关。他把单纯表象和判断对立起来,"与单纯表象的缺失相符合的是判断的进行,即那种在恰恰只是被表象的实事状态方面的判断性决断的进行"④。显然胡塞尔反对表象作为单纯判断行为的组成部分的观点,表象被他视为一种独立的"意向行为",由独立的因素承担该行为,并且这一独立的因素属于所有行为,"因为它们作为抽象的因素属于所有行为的意向本质"⑤。

现在就容易理解胡塞尔的以下论述了:"我们感到,这个成分就其本质因素而言,即就那个在它之中负责'表象'实事状态的本质因素而言,必定与我们称之为行为质性的那些特征本质上不属于同一个属"⑥,即不同于判断、期望等行为的质性属,但必须将它理解为一个现实的行为。既然作为意向行为,表象就有其内容或质料因素,质料不可

---

① [德]胡塞尔:《逻辑研究·第二卷第一部分》,倪梁康译,上海译文出版社 1998 年版,第 478 页。
② [德]胡塞尔:《逻辑研究·第二卷第一部分》,倪梁康译,上海译文出版社 1998 年版,第 493—494 页。
③ 可对比《经验与判断》第 69 节事态和命题的关系:"事态的意指性本身就是一个判断命题,而这个判断命题无非是那种对象性意义,在其中正是事态本身被意指着。"([德]胡塞尔:《经验与判断》,邓晓芒、张庭国译,生活·读书·新知三联书店 1999 年版,第 333 页)
④ [德]胡塞尔:《逻辑研究·第二卷第一部分》,倪梁康译,上海译文出版社 1998 年版,第 495 页。
⑤ [德]胡塞尔:《逻辑研究·第二卷第一部分》,倪梁康译,上海译文出版社 1998 年版,第 503 页。
⑥ [德]胡塞尔:《逻辑研究·第二卷第一部分》,倪梁康译,上海译文出版社 1998 年版,第 503 页。

能孤立出现,须由别的因素的补充才能获得具体化,对语词的单纯理解及其所具有的整个单纯搁置"……都在本质上完全不同于信仰①的'设定'或其他猜测的、愿望的'执态'等等";由此胡塞尔下结论说:"我们便必须承认并且在现象学上确定,在行为质性的总体属中存在着区别。"②即"质性"作为一个总体属具有区别,表象行为的质性不同于判断和意愿等行为的质性类型。显然,单纯表象行为的质性不具有存在设定或存在信念,而是一种中性设定。

三、延伸:作为称谓行为的表象

胡塞尔接下来要为表象加上一个新的概念,"关于名称就是对表象之表述的说法会将人们导向这个新概念","我们可以在'表象'的标题下包容每一个这样的行为,即:在这样的行为中,某物在某种'较为狭窄的'意义上对我们成为对象性的,或是根据那些一举把握性的(in einem Griff erfassend)、在一个意指束(Meinungsstrahl)中意指着对象之物的感知和类似的直观,或者也可以根据那些在范畴陈述中的单项的主语行为,即根据那些在假言陈述中作为前项而起作用的素朴前设性的行为,以及如此等等"③。

胡塞尔以谓语陈述为例来说明上述扩展的新表象含义。如"S 是 P",这里表象给我们的"是(sein)"也可以以完全不同的方式表象给我们,如"S 的 P 状态",又如作为一个判断的主语行为:"S 是 P 这个事实",或"'S 是 P'导致了……","'S 是 P'是可喜的","'S 是 P'是可疑的",等等;在一个假言句或因果句的前句中说"如果 S 是 P",或者说"因为 S 是 P"等情况亦如此。在这里的诸情况中,是事实状态(S 是 P)而不是判断在变化了的含义上是表象性的,这个表象性的事实状态"……与事物在类似的意义上是对象性的,这里的所谓事物是指我们在感知或想象或图像观看中通过一束目光所看到的那种事物——尽管一个实事状态不是一个事物,并且根本不是一个在原来的和较为狭窄的意义上可以被感知、被臆构、被映像的东西"④。另外,还有这样一种情况:

---

① "胡塞尔在其意识分析中经常使用英文的'存在信仰'概念。这一方面是因为胡塞尔意向分析在相当程度上受到休谟以及穆勒(J.S.Mill)等近代英国思想家的影响,因而在术语上也或多或少地流露出这方面的痕迹;另一方面,德文中的'信仰'(Glauben)概念较为笼统,不能表明'存在信仰'(belief)与'宗教信仰'(faith)的差异,而英文的'belief'则可以避免这个缺陷。胡塞尔用它来标识'存在信仰'的朝向,换言之,'对存在的执态'。它的对立面是'无态'(Stellungnahmelosigkeit),即对存在与不存在问题的不决定、不执态。"(倪梁康:《胡塞尔现象学概念通释》,生活·读书·新知三联书店 2007 年版,第 84 页)Glaube 则相当于关于是否具有存在信仰的研究标题,"早在《逻辑研究》第一版中,胡塞尔就将'信仰'问题作为行为的质性问题来探讨。"(倪梁康:《胡塞尔现象学概念通释》,生活·读书·新知三联书店 2007 年版,第 203 页)关于 Glaube 更为详细的用法说明,请参见倪梁康书中对该词条的释义。

② [德]胡塞尔:《逻辑研究·第二卷第一部分》,倪梁康译,上海译文出版社 1998 年版,第 504 页。

③ [德]胡塞尔:《逻辑研究·第二卷第一部分》,倪梁康译,上海译文出版社 1998 年版,第 515 页。

④ [德]胡塞尔:《逻辑研究·第二卷第一部分》,倪梁康译,上海译文出版社 1998 年版,第 515—516 页。

"判断也可以作为主语对象而在判断中起作用。关于判断的判断便是这种情况。"①从主语上表象或指称一个判断和一个实事状态并不是一回事,"如果我譬如说,'S 是 P 是可喜的',那么我所指的并不是,这个判断是可喜的"。② 如果以新的表象概念为基础,对于复合的分节的意向行为来说,我们可以看到表象并没有在所有情况下作为奠基性行为而包括了被奠基行为的全部质料(如单纯表象中的情况),那么原来的命题——每一个本身不是表象的行为都必然奠基于一个表象之中——可以更确切地描述为:"每一个行为或者本身是一个表象,或者便是奠基于'一个或多个'表象之中";若以判断为例,则可以看到"一个判断至少要以一个表象为基础,正如每一个完全被说出的陈述至少会含有一个'名称'一样。"③

考虑到上述判断行为中表象性的实事状态和判断行为本身的特点,胡塞尔区分出两种名称,或两种称谓行为:"一种名称赋予被指称之物以存在的价值,另一种则不做此事。"④前者如"现实存在的 S"这种情况,后者即单纯表象。前一节提到的单纯表象在这里成为了一种特殊的具有不设定特征的称谓表象。显然,表象现在不再局限于单纯的不设定的表象了,还可以囊括具有设定特征的表象。不过设定与不设定的行为特征的区别适用于整个表象领域,而不限于上述称谓表象的领域,还适用于其他意义上的表象,例如直观的表象(即那些本身不起称谓作用,但却具有充实称谓含义意向的逻辑使命的表象领域,这显然又是一种新的表象了,在本文第四部分会具体涉及)。在胡塞尔看来,具有相同内容的设定行为和不设定的行为的共同之处乃是就质料而言的,该质料在两种情况中是在不同的行为质性中被给予的。

设定性的表象不仅包括了通常的名称、定语称谓,还包括变更了的命题的、单束设定的行为。例如"终于下雨了,这使农夫们很高兴",这个例子中"终于下雨了"是一个陈述,然后经过变更处于主语的位置上,为一个建基于其上的谓语提供基础行为。农夫们为下雨这个事实而高兴,下雨了指称或表象的是一个实事状态,特别地说,是一个经验事实,所以这个陈述变更为一个名称,具有名称的功能作用。这种陈述变更是对实事状态的指称,它和独立的陈述此实事状态有区别,对于前者而言"'这'(das)就像一个手指一样指明了被陈述的实事状态。……但这个意指并不是判断本身,判断本身已经先行,也就是说,它作为具有这些和那些属性的物理事件已经流走;相反,这个意指是一个新的和新型的行为,它作为指明性的行为与那个事先已经在单束的命题中综合地(亦即多束地)构造起来实事状态正相对立,即在与判断完全不同的意义上以此事实状态为对象。"⑤

---

① [德]胡塞尔:《逻辑研究·第二卷第一部分》,倪梁康译,上海译文出版社 1998 年版,第 516 页。

② [德]胡塞尔:《逻辑研究·第二卷第一部分》,倪梁康译,上海译文出版社 1998 年版,第 516 页。

③ [德]胡塞尔:《逻辑研究·第二卷第一部分》,倪梁康译,上海译文出版社 1998 年版,第 517 页。

④ [德]胡塞尔:《逻辑研究·第二卷第一部分》,倪梁康译,上海译文出版社 1998 年版,第 520 页。

⑤ [德]胡塞尔:《逻辑研究·第二卷第一部分》,倪梁康译,上海译文出版社 1998 年版,第 528 页。

胡塞尔在此时总结认为,始终区分表象与判断,且在表象之内区分设定的赋予存在价值的与不设定的不赋予存在价值的两种表象类型,是没有理论问题的。

四、扩张:作为称谓和陈述行为的质性
统一属或客体化行为的表象

通过前述讨论,在胡塞尔看来以设定/不设定为标准已经可以独立构成一个质性属,"当我们涉及从一个设定性称谓行为向一个断言陈述的行为过渡时,我们并没有发现有任何理由去假设一个质性区别"①。这意味着设定性称谓行为和该称谓行为所变更而成的断言陈述都是表象行为,唯有"质料"才构成这二者的区别。由此胡塞尔进一步得出了关于表象的一个更广泛定义,表象行为被刻画为"客体化行为"这样一个意向体验属,它是一个意向行为,按照其意向本质可以划分:(1)质性方面,通过质性区分可以得出设定与不设定的区分,如区分出判断行为及其变更之后的"单纯表象"行为;(2)质料方面,例如判断行为和称谓行为的区分。

出于上述客体化这一新的术语及其效应,胡塞尔甚至开始考虑是否扩展"判断的传统含义",人们是像我们在传统意义上所做的那样,将判断这个词限制在(未变更)陈述含义的领域之中,还是承认整个"信念"的行为领域都是它的运用范围?(第六研究最后也讨论了这个问题)胡塞尔注意到如果坚持自己以上对于表象的新结论,则传统"判断"并没有完全包含着行为的一个"基本种类",甚至没有完全地包含着一个最低的质性差,判断只在质料上区分于称谓等行为。虽然有着这样的考虑,胡塞尔还是觉得由于判断是一个逻辑术语,因而唯有逻辑兴趣和逻辑传统才能决定其含义,"人们在这方面也许不得不说,像(观念的)陈述含义这样一种基础性的概念其本身就是最后的统一,所有逻辑之物都必须回溯到它之上;这样的概念必须保持它的自然的和原生的表述。因此,'判断行为'的术语应当限制在相应的行为种类上,限制在完备陈述的含义意向上以及限制在与这些含义相适合的、具有同一个合乎含义之本质的充实上。"②从第六研究以及后来的《观念1》、《经验与判断》可以看到胡塞尔对于判断没有进行扩展,还是保持了对判断范围扩展问题的限制。

尽管存在一些犹疑,但基本上可以说"表象"已经被扩展为客体化的行为的整个领域,甚至也包括了判断。客体化行为给表象提供了一个作为刻画其质性属的基础概念。现在,接着布伦塔诺的命题人们可以说"任何一个意向体验或者是一个客体化行为,或者以这样一个行为为'基础',就是说,它在后一种情况中自身必然具有一个客体化行

---

① [德]胡塞尔:《逻辑研究·第二卷第一部分》,倪梁康译,上海译文出版社1998年版,第540页。
② [德]胡塞尔:《逻辑研究·第二卷第一部分》,倪梁康译,上海译文出版社1998年版,第551页。

为作为它的组成部分,这个客体化行为的总体质料同时是、而且个体同一地是'它的'总体质料"①。

胡塞尔总结说:"如果一个行为,或者毋宁说,一个行为质性不是那种客体化的行为,或者不借助于一个与它交织为一个统一行为的客体化行为,它就无法获得自己的质料……"②,而与一个对象性的关系则完全是在质料中构造起来的;客体化行为的作用就在于它首先将对象性表象给所有其他的行为,这些其他行为应当以新的方式与这个对象性发生关系。胡塞尔认为每一个质料都是一个客体化行为的质料,并且借助于一个客体化行为才能成为一个新的、奠基于它之中的行为质性的质料。在此基础上可区分第一性和第二性的意向,在其中,第二种意向需要有第一种意向的奠基,第一性的客体化的行为是否设定或不设定的行为是无关紧要的,有些第二性的行为则完全需要"认之为真",如喜悦和悲哀;有些只需单纯的变更,如愿望、美感。另外,胡塞尔还提到基层或基底的客体化行为,它往往是一个复合体,将第一性的第二性的意向包容于一身。笔者认为这种基层的客体化行为,必定是如感知、素朴的感知一类行为(胡塞尔后来提到"原初的感性表象"可理解为原初感性的客体化行为③)。在客体化这一巨大范畴提供的新的分析构架下,胡塞尔觉得也可以这样来改进"质料"术语的用法:即无须将其理解为意向本质的单纯抽象因素,可以用"行为总体"来取代它,它是行为抽掉质性之后的留存物。

在第五研究的总结处胡塞尔从带有一种发生学的视角认为,"每一个组合行为的最终奠基性行为(或者说,在称谓环节中最终隐含的环节)都必须是客体化行为。所有那些称谓行为都是这种客体化的行为,并且最后,最终隐含的环节从任何一方面来看都是简单的称谓行为[称谓行为现在在其扩大了的意义上被赋予了一个基础的地位——笔者],是一个简单的质性与一个单层的质料的素朴联合。"④胡塞尔强调:喜悦、愿望、意愿都不是客体化的行为,它们还无法和判断、称谓行为看作同一层次或同一质性的行为。最终奠基性的客体化行为都是称谓行为、称谓质料。

如果从发生学的意义上看,可以说有关"表象"的研究才刚开始,所以胡塞尔在第六研究开头才会如此说:"表象所具有各个特殊逻辑概念以及判断概念仍然没有得到最终的澄清。在这里与在其他地方一样,我们还有长长的一段路要走。我们始终还处在开端上。"⑤在后来的《经验与判断》中可以看到表象问题的发生学呈现,但这超出了本文的论述范围。

---

① [德]胡塞尔:《逻辑研究·第二卷第一部分》,倪梁康译,上海译文出版社1998年版,第552页。
② [德]胡塞尔:《逻辑研究·第二卷第一部分》,倪梁康译,上海译文出版社1998年版,第552—553页。
③ 参见[德]胡塞尔:《经验与判断》,邓晓芒、张庭国译,生活·读书·新知三联书店1999年版,第492页。
④ [德]胡塞尔:《逻辑研究·第二卷第一部分》,倪梁康译,上海译文出版社1998年版,第555—556页。
⑤ [德]胡塞尔:《逻辑研究·第二卷第二部分》,倪梁康译,上海译文出版社1999年版,第2页。

五、补充:客体化行为的代现性内容

尽管已经够冷僻,但是对于表象问题的探索的确没有结束。在第六研究胡塞尔从新的角度考察了涉及认识过程的意向行为,他提出:认同和区分的综合行为从属于客体化行为,意义给予行为和意义充实行为也属客体化的行为,含义意向行为以及与含义充实行为相合的行为与直观的行为也都属于客体化的行为;并且,胡塞尔认为客体化行为以意义给予的方式起作用,它提供了质料因而可以视为含义的载者。

第六研究中胡塞尔将客体化行为划分为符号性的行为和直观性的行为,并明确提到了其他非客体化的行为种类除了情绪之外还有例如附着在语词上的符号意向(不同于含义意向)和符号行为。胡塞尔认为不可能有纯粹符号行为,因为符号行为始终是一个奠基性直观的附加,直观这个行为可以不对符号行为的对象进行直观,但却必须对物理符号的方面(如:木、铁、油墨等材料构成的字母)具有直观,并且这个直观意向之上的符号意向进行着超越前者的指明。但"为符号行为提供根本依据的并不是作为整体的奠基性直观,而只是它(符号行为——笔者注)的代现性内容"①。可以说每一个符号行为都需要一个奠基性的代现性内容。即使对于纯粹直观行为来说,也需要一个代现性内容提供补充。"代现"强调的是提供质料因素的那个整体性的表现行为。代现性内容的概念可以扩展,并区分符号代现性内容和直观代现性的内容。如果考虑到直观和符号的混合直观的行为,还要考虑到这样的混合的被代现者,其特征可标识为:"它具有这样一个代现性的内容,就被表象的对象性的一个部分而言,这个内容是作为映像的或自身展示的被代现者起作用,而就那个补充部分而言,它是作为单纯的指向〈Hindeutung〉在起作用。"②更一般地说,"每一个具体完整的客体化行为都具有三个组元:质性、质料和代现性内容"③。

每一个客体化行为自身都包含一个代现,那么自然可以认为所有行为的最终基础是在代现意义上的表象。由于代现的术语系列被加入进来,那么"一个行为与它的对象具有各种各样的联系方式"这个说法所具有的本质的多义性就涉及:(一)行为的质性:包括信仰的各种方式,单纯的搁置、愿望、怀疑等;(二)作为基础的代现。作为基础的代现又由三个方面组成:1.立义形式,指对象是单纯符号性地还是直观性地还是以混合的方式被表象,包含着在感知表象与想象表象之间的区别,等等;2.立义质料,指对象究竟是在这个还是在那个立义中被表象;3.被立义的内容,指对象借助于哪个符号被表象,或者借助于哪些展示性内容而被表象,这是胡塞尔对意向行为及其与对象关系研究

---

① [德]胡塞尔:《逻辑研究·第二卷第二部分》,倪梁康译,上海译文出版社 1999 年版,第 86 页。
② [德]胡塞尔:《逻辑研究·第二卷第二部分》,倪梁康译,上海译文出版社 1999 年版,第 87 页。
③ [德]胡塞尔:《逻辑研究·第二卷第二部分》,倪梁康译,上海译文出版社 1999 年版,第 88 页。

的一个结论性成果①。

另外，就表象而言还涉及可能具有的充盈特征，"'充盈'是一个特别为了对行为及其充实功能进行比较性考察而制作的概念"②。直观表象中直观充盈可以具有不同的尺度，充盈尺度越大意味着展示性内容越来越与对象相似、更生动、更完整。即使被意指的客体根本未显现出来，直观仍可以发生，只不过直观表象内容不含有意指对象的展示性代现，这实际就是符号意向的情况了。

笔者认为，胡塞尔对"表象"的讨论在《逻辑研究》中已经完成。从1913年的《观念1》，以及《观念2》来看，前述关于表象的基本框架未被触动，作为客体化行为的表象可以视为最终的结论。不过，有时胡塞尔仍会使用类似"单纯表象"意义上的狭义表象，在用法上具有一定的灵活性。

六、评论：作为内在主义幻象的表象模式的终结

"表象"是许多哲学家所经常使用的概念，康德就使用得十分宽泛，他同意这种观点："表象的总和甚至就是客体，就是心灵的行动，由于心灵的行动，表象的总和被表象，也就是说，把表象与客体联系起来。"③罗素对于表象的看法，在笔者看来是十分简洁的：表象可以是任何被认识的东西与主体间的一种直接关系，"他似乎认为，许多种对象，包括命题，都能够以这种方式被呈现"④；"罗素特别留意到了梅农的表象理论，对梅农来讲，为了能够推论某些较高层次的对象，判断的层次，特别是与设定相关的层次的介入是必要的。因为表象的简单要素必须借助于判断或设定的认知关系才能结合成一复合……"⑤；"梅农发现对于可表述为如此这般的东西，人们可以采取各种认知态度（以及评价态度）以接受、或考虑、或猜测、或假定如此这般……但是这与肯定或否定如此这般是两回事，梅农指出，在许多情况中，一些假设是在相信与否之前，或不对相信与否作任何承诺时提出的。"⑥这里可见梅农有关判断、设定等与表象相关联的诸问题同胡塞尔是一致的。胡塞尔研究者梅欧也认为："事实上，胡塞尔研究了梅农的对象理论['梅农认为所有智力过程和态度都指示某一对象……'⑦——笔者引]，或许他还使用

———————
① ［德］胡塞尔：《逻辑研究·第二卷第二部分》，倪梁康译，上海译文出版社1999年版，第92页。
② ［德］胡塞尔：《逻辑研究·第二卷第二部分》，倪梁康译，上海译文出版社1999年版，第91页。
③ ［德］康德：《康德书信百封》，李秋零译，上海人民出版社2006年版，第173—174页。
④ ［英］伊丽莎白·R.埃姆斯：《罗素与其同时代人的对话》，于海、黄伟力等译，云南人民出版社1997年版，第95页。
⑤ ［英］伊丽莎白·R.埃姆斯：《罗素与其同时代人的对话》，于海、黄伟力等译，云南人民出版社1997年版，第95—96页。
⑥ ［英］伊丽莎白·R.埃姆斯：《罗素与其同时代人的对话》，于海、黄伟力等译，云南人民出版社1997年版，第96页。
⑦ ［英］伊丽莎白·R.埃姆斯：《罗素与其同时代人的对话》，于海、黄伟力等译，云南人民出版社1997年版，第95页。

了梅农关于纯粹对象的概念和假设[设定——笔者注]理论中的某些内容,并试图以之阐述他所说的'现象学还原'。"①

罗素认为,"在梅农的理论中判断或假设的活动把那心理过程做成是其对象部分,而赤裸裸的表象则允许对象不同于和孤立于表象的活动及内容。并且,罗素承认,他不能肯定他理解了梅农所谓的表象是什么意思"②。以上可见罗素批评梅农未把判断和假设归入表象,我们看到胡塞尔已经这样做了,广义的作为客体化行为的表象也包括判断在内。可见,罗素理解的表象如上所述是更为宽泛的,和胡塞尔的作为客体化行为的表象具有某种一致性,而梅农似乎仅在单纯表象和称谓表象的领域中活动。

不过,在1913年的书稿中,罗素不再在行为和对象之间插入表象内容这一环节:"梅农提出,一个表象和另一个表象间的区别既不可能在行为中被发现(例如对绿色的感知和对黄色的感知间的区别),也不可能在对象中被发现,故那些区别必定是内容上的区别。罗素反驳道,不仅他没有在他的经验中发现任何与内容相应的成分,而且他发现也没有必要假设内容,因为一个表象和另一个表象间的区别能够通过行为中的区别(感觉或想象)或对象中的区别(黄色抑或绿色)得到充分的说明。从本质上说,罗素似乎是假设在亲知的直接二项关系中,所与的感觉性质是存在的,并且是其所是。被梅农认为是对象和性质(桌子和棕色)间的区别,在罗素看来,乃是依据被感知的性质对对象的解释和推论所致。"③显然,罗素离开了对于表象的内在主义的诉求,而胡塞尔还处在这一哲学范式上,因此对表象理论的批评可能最终也会波及对胡塞尔现象学的批评。理查德·罗蒂认为《纯粹理性批判》中有一个未被质疑的假定:"杂多是'被给予的',统一是被造成的"④,在他看来,我们不能合适地得出原初的可感受性中的感性给我们一种杂多,因为我们不可能内省到这样的情况;同样地,我们无法在综合之前得到我们关于直观的消息(罗蒂大概是指康德关于先天综合判断中先天直观形式和范畴连接感性经验的情况是值得怀疑的,因为康德继承的内部空间形象是可疑的)。他假设如果康德从命题不应与呈现于感觉的单一性等同以及不应与呈现于理智的单一性等同这一观点出发,达到人与命题之间关系的知识观,就不需要"综合"概念了。罗蒂并没有直接反驳康德,他只是怀疑康德所依据的那个内部空间的图像的合理性,他的建议是换一种显得合适些的谈论方式或者图像。胡塞尔自觉地排除本体论存在设定,借用意向性的本质层面进行分析,这就和康德一样也转向了人与命题之间的关系寻求,等价于用一种命题(体现为以意向性分析为中心的现象学本质描述)来表明认知的本质关系而不断

---

① [美]维克多·维拉德-梅欧:《胡塞尔》,杨富斌译,中华书局2014年版,第8页。

② [英]伊丽莎白·R.埃姆斯:《罗素与其同时代人的对话》,于海、黄伟力等译,云南人民出版社1997年版,第97页。

③ [英]伊丽莎白·R.埃姆斯:《罗素与其同时代人的对话》,于海、黄伟力等译,云南人民出版社1997年版,第115页。

④ [美]罗蒂:《哲学与自然之镜》,李幼蒸译,商务印书馆2003年版,第139页。

定存在问题,这完全和康德同处一种关于意识的内在主义的空间科学中,意向性层面就是这门科学的语言和初始规则。但是人们完全可能小声提议一下:"换一种语言符号和初始规则",但这就足以消解"本质的"这个修饰语了。

值得注意的是,另外一条针对胡塞尔表象问题提出的异议来自法国生存论现象学哲学的传统。这一传统受到了海德格尔存在论现象学的启发,"可以说,法国生存论—现象学的存在论的核心在于:意识是存在的产物,如梅洛-庞蒂发现知觉和身体的构造行为是客体化行为的基底;列维纳斯认为享受就是我们与世界的原初关系,它有自己的意向性,其内容不以被表象客体的呈现方式显现的"①。列维纳斯在《胡塞尔的直观理论》中认为,理论化的认知性表象概念不足以揭示与存在的关系,他要以存在论的视角为胡塞尔理论性的表象意向性奠基,因而回到前反思的生活中来,抛弃认知化的模式以贴近生存。尽管如此,在笔者看来,这种前反思的生存论的现象学路径仍隶属于更为广义的内在主义的思辨路径。但在《总体与无限》中,列维纳斯开始提出一种外在性的展现结构,外在的无限性成为奠基性的,逼近"脸"的外在性的"超越意向"就是"从外面赋义"②,应该说,这种现象学才开始迈出了超出广义的内在主义的思辨路径的一步,前述外在逼近的意向性倒置也被列维纳斯直接称作一种伦理的赋义。从哲学史的发展看来,无论如何,胡塞尔现象学的内在主义和围绕表象问题的概念之海是各路哲学应该超出的。也许再次引用德里达对现象学的评价仍是恰当的:"我们总是以一种更苛求的描述为名,才能对种种与现象学相连的哲学论题提出质疑。"③这意味着,由于思想对"苛刻"的不断追求,我们大概永远不会置身于现象学之外;不要忘记:这种苛刻发端于胡塞尔。

On the Concept of Vorstellung
in Husserl's *Logical Investigations*

ZHUANG Wei

（College of Philosophy, Hubei University, WuHan）

Abstract：Husserl believes that all the intentional acts are related to Vorstellung. The object that appears in pure Vorstellung does not have the existence-setting properties. The predicative act that represents or refers to a judgment and a Sacheverhalt via the subject entails that objectivation can have a positing feature, and pure Vorstellung can be called a non-positing predicative Vorstellung. Altogether Husserl has proposed a kind of Vorstellung in the sense of an objectifying act on the basis of the discrimination between positing and non-positing act, and hence judgments is also included in the scope of Vorstellung. Based on the above, the Sixth Investigation proposes that each objectifying act itself contains a Repräsentation, and that in the end all

---

① 王恒:《再论列维纳斯的现象学》,《南京社会科学》2007 年第 8 期。

② 王恒:《再论列维纳斯的现象学》,《南京社会科学》2007 年第 8 期。

③ 张宁译著:《结构之旅　中国印记:德里达专集》,南京大学出版社 2009 年版,第 274 页。

the intentional acts are Vorstellung in the sense of Repräsentation. Hence, meaning – intentional act and intuition that is consistent with meaning – fulfilling act, etc. all belong to objectifying act. It can be said that Husserl has fully considered the issue of Vorstellung in the *Logical Investigations*, but the model of internalism concerning Vorstellung can be questioned.

Keywords: Husserl; phenomenology; Vorstellung; Repräsentation

【宗教哲学】

宗教改革带来的自然观变革

孙 毅[1]

内容提要：宗教改革家们带来了自然观的变革，即自然世界作为一种偶在既在上帝隐匿的作用之下，同时又有自身的相对独立性。不过今天这种自然观经过了自然主义及不可知论的改造，变成以现代人为主体所构造的一种世界图景。这个世界不再是上帝展现其作为的剧场，而成为人实现其主体自我的舞台。20 世纪三位基督教思想家们不约而同地重新回到宗教改革的传统中，走出传统创造论的模式，从三一论、基督论或圣灵论的传统重新审视这个自然世界，重申自然世界的相对实在性，将其建基于上帝的终极实在之上，从基督教角度对自然观进行了有意义的反思。

关键词：宗教改革家 自然观 主体 自然的神学

一、宗教改革家的自然观

2017 年是宗教改革五百周年。在对宗教改革家所留给现代世界的遗产进行清点之际，改教家们带给现代社会的自然观的变革无疑是十分重要的一个主题，值得今天的人们对其进行系统的反思。

在宗教改革之前，中世纪的奥古斯丁传统中，整个宇宙是这样一个神圣圣礼化的宏观世界，其中可见的受造领域被看作那不可见的永恒和天国领域在时空中的对应体。在这种圣礼化的世界观中，"自然世界只是从神圣的角度得到审视，即通过自然世界而放眼上帝及永恒实在"[2]。自然世界被紧紧地与神圣事物关联在一起，它本身并没有什么意义，只是因为分享了那神圣与永恒的国度而有其意义。

就中世纪的阿奎那传统来说，因为受到亚里士多德哲学的影响，阿奎那认为在自然与终极实在之间具有所谓"存在之类比"，既肯定了自然的实在性，同时又将其置于终极实在的支配之下。也就是说，被造之自然事物同时处在终极因与直接因的作用之下。"神性的护佑是每件事物的原因——至少是对善的事物来说，那么似乎每个事物的发

---

① 孙毅，中国人民大学哲学院副教授，电邮：sunyi@ruc.edu.cn。
② ［英］托伦斯：《神学的科学》，阮炜译，中国人民大学出版社 2003 年版，第 84—85 页。

生乃是出于必然性……上帝的意志不能被阻拦,因此,似乎他想让发生的事情都必然地发生了……[但是],关于上帝的意志,我们必须要注意到一个区别。上帝的意志应该被看作是存在于存在者秩序之外。正是这原因奠定了每个存在者,以及其间存在的所有差别。"①

尽管这里阿奎那已经在肯定自然事物的变化有其直接因,不过对于阿奎那传统来说,按照终极原因和直接原因来解释自然,还是没有给自然真正的偶在性这种因素留下余地。在这个意义上,"对中世纪神学来说,自然被看作是浸透了终极原因,因此不仅一种永恒模式能够从自然的面上解读出来(这样就在事实上用自然取代上帝,产生自然神学),而且除非对这永恒模式加以理解,否则我们是不可能真正认识自然的"。②

第一代宗教改革家,特别是路德,因为受到了中世纪晚期唯名论的影响,在其改教思想中突出了自然世界(包括人生活世界)的偶在性,即突破了阿奎那所说的"存在的类比"——似乎在上帝的本质与受造世界事物的本质之间存在着某种相似关系的观念。自然世界中的所有事物是他掩藏自己活动的面具:"它们是上帝之面具,他要隐藏在后面做一切事情。"③因而,改教家们认为,无论理性对自然受造物这一侧有多么深刻的认识,都无法让人们认识到创造者那一侧的终极因,并因此是没有必要的。与对创造者和受造之物所做的区别相平行,出现了对神恩和自然所做的相应区分。这种区分一方面捍卫了上帝的神性,另一方面捍卫了自然的自然性:"创造者上帝在恩典中转而创造并维系一个完全区别于他自己的世界,可是由于它完全区别于他,尽管它全然依赖于他的自由意志和智慧,它也只有在其全然的区别性中,即在其不直接关涉上帝的自然或物质过程中,才能得到正确的解释。"④这种恩典关系主要体现在两个方面:首先,上帝完全是出于其爱的恩典而自由地决定创造这个世界,因此这个受造世界在与上帝全然不同的意义上是偶在的;其次,因为上帝的创造是出于爱的恩典,因此这个受造世界与上帝存在着信仰之类比的关系。

改教家所带来的这种自然观,为近代自然科学的产生打开了大门。自然世界有其自身的法则与规律,而这规律的完美与和谐性是上帝之荣美的反映。在这个方面,加尔文有一个让人印象深刻的比喻:整个宇宙是彰显上帝的舞台,而我们这些生活在地上的人,不过是这个宏大剧院中坐着的观众而已。⑤ 当然,加尔文随后补充说,由于人的罪性,人在观看这个舞台上的表演时眼前已经显得模糊不清;要想看得更清楚,还需要戴

---

① 阿奎那:《论〈解释篇〉》BK I,lectio14,转引自冯俊主编:《中世纪哲学》,孙毅等译,中国人民大学出版社 2009 年版,第 283 页。

② [英]托伦斯:《神学的科学》,阮炜译,中国人民大学出版社 2003 年版,第 77 页。

③ WA 31¹,436;LW 14,114.转引自[德]保罗·阿尔托依兹:《马丁·路德的神学》,段琦、孙善玲译,译林出版社 1998 年版,第 101 页。

④ [英]托伦斯:《神学的科学》,阮炜译,中国人民大学出版社 2003 年版,第 85 页。

⑤ [法]加尔文:《基督教要义》,I,6,2.中译本见钱曜诚等译,孙毅、游冠辉修订,生活·读书·新知三联书店 2010 年版。

上圣经这个眼镜帮助我们。加尔文非常好地把握住了自然神学的限度:它只是让人们对这位上帝的存在有某种模糊的认识,人们要想认识上帝更需要依靠圣经。为此,他给我们描绘的另一个让人印象深刻的比喻是理性借着被造之物对上帝的认识,有时的确像一道闪电划过我们黑暗的(由于犯罪而已经落入其中的)思想的夜空,但这种闪光也只是一瞬而已,很快就被浓厚的黑暗所吞没。①

尽管在神学思想层面,探讨作为创造者的上帝有很多可能争论的方面,但在加尔文那个时代,这个思想却为近代的科学提供了一个最为基本的动机:研究这个世界以便让自己的眼睛看到最为智慧的上帝的荣耀。在《要义》中加尔文如此说:"为了让人有获取幸福的机会,神不但在人心里撒下我们所说宗教的种子,也在创造宇宙的完美上天天启示祂自己。因此,人一旦睁开眼睛就不得不看到祂。……无论你往何处看,宇宙中神荣耀的点点火花随处可见。你无法一眼看透宇宙这无比宽广和美丽的体系,故而不得不叹服其明亮的荣光。希伯来书的作者绝妙地说:宇宙并不是从显然之物造出来的(来 11:3),他的意思是,宇宙如此井然有序地运行,宛如一面镜子,叫我们思想到那位肉眼看不到的神。……无论是在天上或在地上,都有无数证明神奇妙智慧的证据;不只是那些研究天文学、医学、或一切自然科学深奥事情的专家,就连那些没有受过教育和最无知的人也睁眼可见这些证据,以至于他们一旦睁眼便不得不为此作见证。"②这个具有宗教之神圣超越性的动机构成了近代科学最初出现时所需要的一个基本前提:近代科学的超功利性。最初,科学不是为了功利的目的或者人类征服这个世界的力量而出现的,尽管科学的研究成果后来确实被用在了人类生活的多个方面。牛顿在写给理查德·本特利(Richard Bentley)的信中,向他解释《数学原理》的主旨时,曾这样写道:"在我撰写那探讨我们的系统的专著时,我曾着眼于一些原理,它们能促使深思熟虑的人相信上帝的存在。当我发现这本专著有这样的效果时,再也没有什么事能令我如此高兴了。"③

二、现代以来的自然观

不过,自然科学的发展进一步推动了现代人之自然观的变化。对于现代这种自然观的特点,托伦斯曾指出有下面两种趋向:"神恩的首要性遭到削弱,便会出现往自然神论方向倾斜的趋向,而自然神论只是在原初创世之时才给上帝留出位置;或者出现朝向不可知论倾斜的趋向,而不可知论虽然认真看待一切不是上帝之事物的纯粹偶然的本质,但却禁不住这样的诱惑,即将这种偶然性转换为必然性。这两种倾向都受到了我

---

① [法]加尔文:《基督教要义》,II,2,18。
② [法]加尔文:《基督教要义》,I,5,1—2。
③ 转引自[英]麦格拉思:《加尔文传——现代西方文化的塑造者》,甘霖译,中国社会科学出版社 2009年版,第 255 页。

们叫作基督新教的'宗教唯物主义'的鼓励和扶持。"①

那个时代的自然神论虽然不否定自然世界的受造性,但认为这个自然世界受造后,就可以脱离其创造者,仅凭其自然法则而独立地运行,并不需要它的创造者有什么样的介入。就如同一个上满了发条的精制大钟表,完全可以自在地运行。这样,人们单凭理性就可以认识自然法则,并因此就可以支配这个世界。在启蒙运动时期,在自然主义者与超自然主义者之间发生过很激烈的争论,包括培根和伏尔泰在内的哲学家,都支持要把超自然从对自然世界的探索中排除,为近代科学的认识提供平台。

按照培根的理解,上帝把自然中朝向上帝的那一面隐藏了起来,换言之,他将终极因或自然的最终规律藏在他自己的帐幕之内。至于那一切不是上帝的东西,上帝却使它们敞开,由人来探究和领会。这个意义上,他对宗教改革以来受造世界的偶在性深有领会。不过,在培根所提出的"知识就是力量"口号的背后,同时有人想要支配自然的雄心。培根的名著《新工具》的副题就是"关于阐释自然和人的国度之语录"。与基督教所强调的上帝的国度相并列,培根的雄心是要建立一个旗鼓相当的人的国度,而进入这个国度大门的基础则是科学:"如果有人力图面对宇宙来建立并扩张人类本身的权力和领域,那么这种野心(假如可以称作野心的话)无疑是比前两种较为健全和较为高贵的。而说到人类要对万物建立自己的帝国,那就全靠技术和科学了。"②

正是在这里,出现了可以说是"技术人"这个现代人的概念。③ 在实证科学发展的基础上,理性至上的去宗教化过程的结果就是,科学与技术的发展不再是为了发现这个被造世界的完美与和谐,其中可以显出上帝的荣耀;而是为了人类对自然的控制,好为作为自然之主宰者的人类服务。按朋霍费尔的观点,"近代西方的技术彻底摆脱了服务的地位,它在本质上恰恰不是服务,而是统治,而且是对自然的统治。……这是强制自然服从进行思考和实验的人的精神。技术成为目的本身,技术有它自己的灵魂,它的象征是机器,是对自然的强暴和剥削的化身。"④

自然观的更大转变来自于不可知论这种趋向。休谟的怀疑论认为,经验的方法让人经验到的不过是一些"印象",并不能让我们了解现象的真相,比如因果关系和事物的本质。人们不过是把一些习惯或想象当作了"印象"背后的真相。这种不可知论对康德产生了重要的影响。康德认为,休谟的这种思想让他从"教条的昏睡症"中醒了过来。"向来人们都以为,我们的一切知识都必须依照对象;但是在这个假定下,想要通过概念先天地构成有关这些对象的东西以扩展我们的知识的一切尝试,都失败了。"⑤

康德在《纯粹理性批判》中,他把理智过程看作是"主动的",即人具有先验的感性

① [英]托伦斯:《神学的科学》,阮炜译,中国人民大学出版社 2003 年版,第 85—86 页。
② [英]培根:《新工具》卷一,许宝骙译,商务印书馆 1984 年版,第 103—104 页。
③ [英]托伦斯:《神学的科学》,阮炜译,中国人民大学出版社 2003 年版,第 95 页。
④ [德]朋霍费尔:《伦理学》,胡其鼎译,商务印书馆 2012 年版,第 87 页。
⑤ [德]康德:《纯粹理性批判》,B16,第二版序。中译本见邓晓芒译,人民出版社 2004 年版,第 15 页。

与知性形式,其将感受到的资料条理化,才形成人对事物的认识。这就是所谓"哥白尼革命"或转向:"因此我们不妨试试,当我们假定对象必须依照我们的知识时,我们在形而上学的任务中是否会更好的进展。这一假定也许将更好地与所要求的可能性、即对对象的先天知识的可能性相一致,这种知识应当在对象被给予我们之前就对对象有所断定。"①感性先验的形式是时空;知性先验的形式是范畴。如果没有感性,则对象不会被给予;如果没有知性,则对象不能被思考。

这个思路把人可以经验到的"对象"(现象)与超越了人认知经验的"物自身"(实体)区别开来。科学是建立在经验基础上的知识,因此在前者的范围内。而实体、灵魂、世界以及上帝,都属于越过了经验认识界限的"物自身"范围,不能为经验科学所认识。越过这界限就出现二律背反。因此关于上帝存在的证明,康德认为之前自然神学对于证明上帝之存在的所有努力都是没有成果的。康德并非要否定上帝的存在,而是明确了上帝不是理性的认知对象。他这样做的目的是:"因此我不得不悬置知识,以便给信仰腾出位置。"②

康德的学说意味着现代自然观的重要转向,即世界成为主体以其主动理智构建起来的现象世界。在这个世界中,上帝的存在及灵魂的不朽因此不是理论理性可以认知的事情,因此不再是其中的客观知识。宗教不再是认识领域中的事情,而是道德实践领域中的事情。康德在实践理性(或理性的实践层面)上来理解宗教,即从人的道德实践经验来理解宗教的意义。于是宗教信仰经验被归在人的主观经验的范畴。要用后来建立在其上的古典自由主义神学的表达来说,人与世界的关系不只是认知关系(因此需要科学知识),同时人在其日常生活世界中,与外界(他人)还存在着价值关系,即还需要作出道德判断与选择。而后者在现代社会就成为个人在追求道德意义所作出的自由选择,从而使宗教信仰成为个人的事情,而从社会公共领域中退出来。

对于宗教改革家们来说,"他们认识上帝在世界、自然和历史中隐匿的作为,并且透过创造秩序的教义来阐明。可是,赫尔曼和布尔特曼所接受的康德主义的科学概念并不容许这一点"③。就是说,在改教家的眼中,"世界"还是上帝的世界,上帝展现其作为的舞台。但在启蒙运动或康德之后,人的主体性突出,世界变成现代人的"世界图景","世界"成了人的自我的延伸,实现自我的舞台。

三、回归宗教改革的自然观

现代这种以人的主体为中心的世界图景观,给现代社会带来严重的生态与环境问

①　[德]康德:《纯粹理性批判》,B16,第二版序。

②　[德]康德:《纯粹理性批判》,B30,第二版序。

③　[德]莫尔特曼:《盼望神学——基督教终末论的基础与意涵》,曾念粤译,汉语基督教文化研究所2012年版,第64页。

题。因此 20 世纪的基督教思想家都自觉与不自觉地将自然世界观作为他们思想的重要主题。莫尔特曼就提出了从基督教角度反思自然观的问题："现代世界的生态危机是从现代工业国家开始的。这些国家是在基督教形成的文明中成长起来的。……如果基督教创造信仰本身将不再是生态危机和自然破坏中的一个因素，而是促进我们所谋取的与自然和平共处的酵母，那么，应该如何解释和重新阐述基督教创造信仰呢？"对于这个问题，莫尔特曼从其所站的基督教的思考立场提供的答案就是："被我们称为'自然'的有限的领域，应当提高到被叫做'上帝的创造'的整个存在中去。"①换言之，就是要再次确认自然世界的受造性。

为了更好地反思自然世界的问题，他提出了与传统自然神学完全不同的思路："每一种自然神学（natürliche Theologie）都是从作为上帝的创造物的自然的自明性开始的。另外，每一种自然的神学（Theologie der Naure）都是根据创造性的上帝的自我启示来解释自然的。……我们把传统对自然神学的兴趣颠倒过来：我们考察的目的不是自然对于我们关于上帝的知识有什么帮助，而是上帝的概念对于我们关于自然的知识有什么帮助。"②这里他提出了从基督教的神学理论出发来反思和研究自然世界的任务。不过，莫尔特曼提出这个任务的背景依然是传统创造论的背景，这使得他讨论自然世界的问题主要局限在创造论范围。莫尔特曼在早期卡帕多奇亚教父巴西尔将圣灵看作使受造界完善者的思想中找到解决的出路，认为"通过宇宙的圣灵，天地的创造者上帝出现在他的每一个创造物之中，也出现在他的创造物共有的团契中"③。如此，就使我们所生活于其中的自然世界不再是世界工厂的材料库，而是能够与人类形成伙伴关系的生态学的世界共同体。不过，认为圣灵内在于每个受造物之中，使他不能仔细在将自己的观点与"所有'唯灵论'的和万物有灵论的观念区别开来"④。

当代英国神学家根顿（Colin E.Gunton）没有停留在创造的上帝这个层面而是从三一上帝的角度来看自然世界。他同样区别了传统自然神学（natural theology）与在关自然的神学（theology of nature）。他对自然的神学有以下的定义："自然的神学（theology of nature）：一个有关事物——按着其受造性（createdness）——自然而然是什么的论述。"⑤与自然神学建立在存有之类比的基础上不同，根顿的"自然的神学"则是以三一论创造神学为其基础，以圣子和圣灵作为上帝与世界之间的中介者，所提出的对自然世

---

①　[德]莫尔特曼：《创造的上帝》，隗仁莲等译，汉语基督教文化研究所 1999 年版，第 33 页。

②　[德]莫尔特曼：《创造的上帝》，隗仁莲等译，汉语基督教文化研究所 1999 年版，第 76 页。由于中文语境下常用"自然神学"（Natural Theology）来表达这里所说的（natürliche Theologie）的意思，因此本文中会将中译本中这两词语的使用互换一下：用"自然的神学"（theology of nature）来表达莫尔特曼在这里想要表达的第二层意思：根据创造性的上帝的自我启示，特别是三位一体的上帝观，来理解或解释自然。

③　[德]莫尔特曼：《创造的上帝》，隗仁莲等译，汉语基督教文化研究所 1999 年版，第 24 页。

④　[德]莫尔特曼：《创造的上帝》，隗仁莲等译，汉语基督教文化研究所 1999 年版，第 138 页。

⑤　Gunton, *A Brief Theology of Revelation*, Edinburgh：T & T Clark, 1995, p.56.

界的一种论述。①

相对上面提到的两位神学家，稍早一点的德国基督教思想家朋霍费尔则以基督论为其基础来讨论自然世界的问题。这与以往创造论的思路有很大的不同，特别显出了其思想所具有的路德宗特色。当年路德就是在讨论圣餐中基督的临在中，讲到上帝与这个世界的深层关系："上帝如果要创造或维持其创造物，就必须临在于、创造于、维持于其最内在和其最外在的诸方面。"②上帝通过他的道在历史、政治和社会生活中无所不在地发挥着作用。上帝的右手作为上帝万能的力量，"这力量既可能不在任何地点，又必定无处不在"③。上帝借着他的道（基督）既内在于这个世界，同时又超越于这个自然世界。

朋霍费尔在其《伦理学》手稿中所提出用来描述包括生活世界之"自然的"概念——"仅次于终极者"，被认为是他这本书的核心论题。④ 关于这种广义"自然的"问题，朋霍费尔一针见血地指出："自然的（das Natürliche）这个概念在新教伦理学里丧失了信誉。对于某些人，这个概念完全消失在普遍罪恶的黑暗里，对于另一些人，这个概念反得到了原初创造性的光辉。两者都是恶意的滥用，其结果是，自然的这个概念完全被排除出新教的思考并把它转让给了天主教伦理学。但是，对于新教的思考来说，这意味着一种严重的实际损失，因为面对自然生命的实践问题就或多或少地失去了导向。"⑤

朋霍费尔对"自然的"有这样的定义性描述："它有别于源自 creare－creatura（创造—创造物）的受造物的，它含有独立性即自身发展的因素，这种因素完全与事实相合。由于堕落，'造物'变为'自然'。从造物对上帝的直接依赖性变为自然的相对自由。"⑥所谓"自然的"是指：堕落之后已经拥有相对自由和独立性的造物。

注意到这里所说"自然的"第一个特点："自然的"意味着已经失去了造物性；因此已经拥有相对自由及独立性。在这层意味上，"自然的"差不多被看作是实在。这也是自然主义产生的背景。不过朋霍费尔从基督论角度说明，随着基督的道成肉身，"自然的"才得以显明其为仅次于终极之实在："基督本身进入了自然生命，并且通过基督道成肉身，自然生命才变成指向终极之事的仅次于终极之事。"⑦就是说，只有在基督信仰中，"自然的"才被置于其所当有的恰当位置上：仅次于终极之实在。一方面，由于其所

---

① 参见赵崇明：《建构文化神学的方法与进路》，载赵崇明主编：《三一·创造·文化：根顿神学的诠释》，基道出版社 2006 年版，第 46 页。

② WA 23,133；LW37,57 以下。转引自［德］保罗·阿尔托依兹：《马丁·路德的神学》，第 99 页。

③ WA 23,133；LW37,57 以下。转引自［德］保罗·阿尔托依兹：《马丁·路德的神学》，第 99 页。

④ 曾念粤：《终极之事与次终极之事》，《朋霍费尔与汉语神学》，汉语基督教文化研究所 2006 年版，第 249 页。

⑤ ［德］朋霍费尔：《伦理学》，胡其鼎译，商务印书馆 2012 年版，第 129 页。

⑥ ［德］朋霍费尔：《伦理学》，胡其鼎译，商务印书馆 2012 年版，第 130 页。

⑦ ［德］朋霍费尔：《伦理学》，胡其鼎译，商务印书馆 2012 年版，第 130 页。

具有的相对独立性,它实际上是一种实在;但另一方面,它又不是终极实在,而是次于终极的实在。

"自然的"实在性源自于终极实在:即源自其针对基督(道)的"指向"。相对于完整的"道"(基督),自然法则作为"道的种子"才显出其实在性。另外,基督道成肉身,人们在肉身中生活才显出其实在性意义:即认识"道"(基督)。

这构成了"自然的"第二个特点:由于"自然的"具有这种对终极实在的"指向性",这种"自然性"可以视为亚当堕落后被上帝保存下来的自然形式。"自然的是上帝替堕落的世界保存的生命形象,这个形象对准基督带来的称义、解救与更新。"①这意味着,被保存的生命形象所具有的理性与"基本意志"均嵌入在"自然的"之中,属于与"自然的"一同堕落的理性与意志,而非在自然的之上:"基本意志同理性一样也被嵌入并陷于堕落和被保存的世界里"②。人们无法借着仅是分有这种堕落的理性与意志而成为主宰自然的主人。

这第二个特点强调,凡出于"自然的"权利,都是出于上帝的赐予,人或机构作为自然的某个部分,只能够分享"自然的",而不能够替代、破坏它,即"自然的"超越于那些只是其中一部分的人对它的干预。"自然的从来就不可能是堕落的世界内部某一部分、某一权威的设立。……它是先行被设立并被决定的,确切地说,个人、团体和机构都分有它。"③作为自然的其中一部分,人类社会的任何群体都只是分有自然性。这种自然性是对生命的保护。相对于上帝的保护来说,人类的任何干预都是非自然的。

这里特别要注意到"自然的"与"非自然的"之间的区别。只有当人认识到作为上帝所保存的"自然的"之价值与意义,才可能认识到非自然的所带来的破坏。所谓非自然的,就是对自然的破坏。而破坏自然就意味着破坏生命。"非自然的是生命的敌人。"④在当代社会,非自然表现为人在自身理性(属于工具化的理性)而非"自然的"理性的基础上,对整个人类社会的计划与设计。这些计划是人类现代的巴别塔,是伴随着具有支配性的技术体系而产生的。从短时效应来看,自然的似乎是敌不过非自然的,"因为非自然的基本上在于组织",是可以集中发力的;"自然的相反则是不能组织的,而是简单地存在着。……从长远看,任何组织都会瓦解,但自然的却存在着并靠自己的力量获得成功"⑤。

作为一种仅次于终极的实在,由自然性而来的权利的最普遍法则就是:"给每个人应得的一份",这是一种"与生俱来的权利"。⑥

---

① [德]朋霍费尔:《伦理学》,胡其鼎译,商务印书馆2012年版,第131页。
② [德]朋霍费尔:《伦理学》,胡其鼎译,商务印书馆2012年版,第132页。
③ [德]朋霍费尔:《伦理学》,胡其鼎译,商务印书馆2012年版,第132页。
④ [德]朋霍费尔:《伦理学》,胡其鼎译,商务印书馆2012年版,第133页。
⑤ [德]朋霍费尔:《伦理学》,胡其鼎译,商务印书馆2012年版,第133页。
⑥ [德]朋霍费尔:《伦理学》,胡其鼎译,商务印书馆2012年版,第136—137页。

四、从终末论角度来看自然世界

从上述几位基督教思想家们的角度来看，对于现代人自我封闭的世界图景，只有终末论的视野才有可能将人们带出来，进入到一个更加真实的世界之中，使日益被虚无化侵蚀的生活世界重新具有其实在性。特别是对莫尔特曼来说，这里的核心在于终末视域或视野，而这点又与基督复活所带来的应许相关，与这应许所展开的基督的国相关。

这里有这样一个理论前设：每个人在其日常生存中都带有某种视域或境域。特别是现代人，其以自身主体为中心的世界图景构成了人们的视域。在没有遇到终末这个终局之前，以自身为中心的视域不过是人们展现自我的舞台，这个视域不过是其自我的延伸。只有当人遭遇到终局这道界限，认识到就算是"已经"得到救恩，也还有尚待实现的"尚未"，便知道与受造之物一起"切望等候"，等候那只有上帝才能够做成的事情。这让人们在切望等候、暂且接纳受造世界之局限时，得以破除过去对自然世界的理想化，而更加现实或真实地看到这个世界的本相，感受到这个世界最终还是上帝展现其作为的舞台，因此将世界看作开放的，让自己的视域是开放的（不再是自我中心的）。莫尔特曼说："我们不可能一方面在盼望和极端的开放性中谈论信徒的实存，另一方面却同时将'世界'当成一部机械，或是将它视为人客观相对的、封闭的因果体系。"①

朋霍费尔是就人的社会生活方面来谈论"自然的"之作为仅次于终极者的意义。他肯定"自然的"实在性不是说有两元的实在，而是同一个实在，却表现出两个层面。朋霍费尔时常说上帝之实在与世界之实在在基督里合为一个实在，即基督之实在。②在基督里的和解不是说成了一个实在；其实这里可以理解为：只有在基督的和解中，这两层实在才有可能和谐地存在。人们才有可能活在撑开的这两个层面之间，即更加真实地生活于终极之事还有仅次于终极之事之间。

就是说，这"自然的"实在性并不是现成自在的。一般人所持的或者是一元实在观，或者是多元实在观；只有在基督里的和解中，人们才可能拥有一元两层之实在观，即实在的双层才可能被撑开。这个撑开是就"已然与未然"的张力来说的；因此这里有一种终末的指向。不过，在《伦理学》中，朋霍费尔似乎是从空间类比的角度说来讲两层实在；如果从时间角度展开就会将终末论展开出来，但这是他没有来得及做的事情。

总之，宗教改革家们所带来的自然观的变革在今天依然在影响着我们。他们所发展的基督教的世界观在进入现代时，经过了自然主义及不可知论的改造，成为以人为主体所构造出来的世界图景，使现代世界陷入到虚无主义的危险，因此我们文中所谈到的三位神学家们不约而同地重新回到宗教改革的传统中，从基督信仰的传统重新审视这

---

① ［德］莫尔特曼：《盼望神学》，曾念粤译，汉语基督教文化研究所 2012 年版，第 69 页。
② ［德］朋霍费尔：《伦理学》，胡其鼎译，商务印书馆 2012 年版，第 175 页。

个自然世界,重申自然世界的实在性,并将这种实在性建立在上帝之终极实在的基础上。在根顿所发展的三一论式的创造神学中,以圣子和圣灵作为上帝与世界之间的中介,而莫尔特曼与朋霍费尔则分别强调了圣灵与圣子的中介作用,以此来承载着我们所生活于其中的这个受造世界。

On the Changing of the View of Nature since the Reformation

SUN Yi

(Renmin University of China)

Abstract: Reformers have brought about the change of the view of nature. They regard the natural world as an accidental world under God's secret providence, which at same time nature remains relatively independent. Ever since being transformed by naturalism and agnosticism in the 18th century, however, the Nature-View has changed into a worldview with human beings as its subject. The natural world is no longer a theater of God's actions, but a stage for human beings and their self-realization. During the 20th century, three Christian thinkers retrieved the Reformation tradition, stepped out of the traditional creation model, and examined the natural world based on Christian doctrines such as Trinity, Christology and Pneumatology. By doing so, they reaffirmed the relative reality of the natural world, which is based on the ultimate reality of God. It is a significant reflection from the Christian perspective.

Keywords: Reformers; view of nature; subject; theology of nature

不可名者的结构：比较伪狄奥尼索斯与何晏

【德】汉斯-格奥克·梅勒（Hans-Georg Möller）著；
刘梁剑译①

内容提要：本文旨在辨析关于不可名者的不同概念，通过符号学分析的方法比较了中世纪否定神学代表人物伪狄奥尼索斯·阿雷帕吉塔和道家何晏的文本。在伪狄奥尼索斯·阿雷帕吉塔那里，上帝不可名，而世界则在某种意义上以喻象的方式表征上帝。然而，对上帝的喻象式表征从来没有充分地表达上帝。相对于上帝本身完美无瑕的在场来说，对上帝的表征总是有缺陷的。上帝在场，而世界表征，二者的关系犹如印章与章印。章印表征印章，但章印的在场意味着印章的缺席。在道家那里，不可名之域和可名之域的关系不是以表征概念为基石。哲学家何晏把不可名者理解为不在场的道，它就处于一切可名的在场之物的中心。不在场的中心构成世界运行进程之黑暗或虚空的轴心，恰如夏季的黑夜居于最亮堂的白昼序列的中点。这相应于辐辏之像，即车辐集中于中空的车毂。不可名者与有名者没有被理解为在场与表征的关系，而是被理解为不在场与在场的关系。道家没有把可名者视为有缺陷者，因为它并无拙于表征不可表征者之弊。道家不认为无名者是"超越者"（夏天的夜晚没有超越夏天的白昼，毂没有超越辐），也不贬低可名之域或在场的物世界的价值。

关键词：在场 表征 无名 伪狄奥尼索斯·阿雷帕吉塔 何晏 符号学

一、引 言

在唯美文学中，如果一位诗人试图把他所描述的对象最终描述为根本不可描述者，那么，他是无法博得盛誉的。在哲学中，甚至在宗教中也同样如此。对于这些学科来说，诉诸不可说经常被视为标识某种独特的高级之物的窍门。

从东方到西方，从古至今，人们总是一而再、再而三地沉湎于由一简单招数引发的

---

① 汉斯-格奥克·梅勒，现任澳门大学哲学系教授。本文译自 H.-G.Möller, "Die Konstruktion des Unnennbaren：Ein Ost－West－Vergleich", in Elberfeld, Rolf et al. (Hg.)：*Komparative Philosophie. Begegnungen zwischen oestlichen und westlichen Denkwegen*, München, 1998, SS.181-196. 刘梁剑，华东师范大学哲学系暨中国现代思想文化研究所副教授，主要从事中国哲学研究。

迷人魅力：证明不可把捉之物在某种程度上是可把捉之物的界线，而此界线本身是不再能被把捉住的。罗素所讲的悖论或许提供了一个最为枯燥的例子：由一切集合所构成的集合一方面包含自身，另一方面却绝不能包含于其他集合。这是说，吊诡的是，真正不可把捉的一，不可思议，因此显然也不可说。与上述模式相应，不可说者有时——无论在欧洲还是在亚洲——被理解为不可命名的一与全，理解为无法以言述的方式加以把握的大全，而此大全之不可把握却必须首先以言述的方式加以把握。

化约到上述逻辑模式，东西方关于不可说者的各种看法事实上或多或少如出一辙。① 不过，倘若换一个角度，我们就可以看到有意义的差别，这些差别理当证明，那些关于不可说者的筹划乃是特殊的、特定的哲学或语义学框架条件。如此，我们将看到，那些通常被混为一谈的结构甚至呈现为对立的两极。

在我看来，中国古代哲学和基督教否定神学（die christliche negative Theologie）对于不可说的特定理解便表征为既相似又对立的两极。当然，在一篇短文中，哪怕仅仅想大致不差地讲清楚这两个极复杂的事质领域都是不可能的。因此，下面的讨论拟限于陈述某些在我看来很重要的特性。我将采取一种符号学的进路，也就是说，我会从两个传统中挑出一些理论来进行符号学考察。这一方法是由外加诸我们要处理的两个对象域，因为无论在中国古代还是在基督教的中世纪都没有一门明确的学科与当代意义上的符号学相合，即便关于符号的思考在这两大宗教与两个时代所扮演的角色并非无足轻重。此外在视角上并没有提出以下要求，即对中国古代哲学或否定神学之"本身"有所言说。相反，它试图通过分析符号结构，把"不可说者"的建构从不同的脉络中析离出来，进而描画出它们的构造，而彼此间的差异或许将令我们惊讶不已。

出于本文目的的考虑，我在否定神学方面选取了（伪）狄奥尼索斯·阿雷帕吉塔（[Pseudo-]Dionysius the Areopagite）的若干文本。应该说，它们绝非"代表"伪狄奥尼索斯哲学的全部，更遑论中世纪哲学之全貌；相反，它们是"为自己说话"。从下文所引的伪狄奥尼索斯的几个片断来看，窃以为包含着一个绝妙的、同时在语言上充满吸引力的关于如何表达不可说者的筹划。而且，在我看来，这一筹划特别适合与中国古代道家的筹划相对照。二者反差甚大，因此我把它们摆在一起。

依照我的看法，上述二者关于不可说者的理解，彼此间最根本的差异在于它们关联着不同的符号学决断。不过，为了更容易进入真正的主题，我们有必要在运用符号理论之前，看看那些已经浮现在文字表层的标记如何命名和不可说者一直相伴的独特现象。有两个相互对立的喻象主导着相关的叙述：伪狄奥尼索斯的否定神学倾向于把不可名

---

① 例如，霍尔茨（Hans Heinz Holz）认为，"万有构成的世界，或者说万有的根基或开端没有与之相异的他者；因此，只能通过类比来认识开端。《道德经》一开篇就提出了圣人对于不可说者的困惑。对于这一困惑我们依然有待进一步分析。在这里我们已经明白，关于不可说者的困惑是一切哲学的原初状态……《道德经》开篇所提出的关于绝对者之不可说的主题，以同样的方式习见于从爱利亚学派发端的西方传统。而且，从柏拉图到黑格尔，一与开端是否可名的问题被不断地重提。"（China im Kulturvergleich，Köln，1994，66）

的上帝称为至高者甚至"超于—至高者"（Über-Höchste）①，而在道家那里，不可名的道以及体现道的不可名的圣人往往被描述为"卑"，像水、谷、本（木之根）那样常处于"下"（《道德经》六十一章、六十六章）。② 同样，真正不可标识的基督教的上帝，如果非得标识它的话，我们只能考虑最崇高庄严的名字；③相反，不可名的道家的圣人只能用"孤"、"不毂"等最卑微的称号。④

相互对立的喻象已经意味着，与之相应，关于不可说者即关于何为不可说者的"本体论"安排相互对立。在否定神学中，上帝固然不是一切存在，但它毕竟还是"超—存在"（Über-Sein）；⑤与之相反，在道家那里，道等同于"无"，后者常常译作"非—存在"（Nicht-Sein）。进而言之，借用陶德文（Rolf Trauzettel）的说法，基督教神秘主义倾向于指向超越性（Transzendenz），而道家则是内在性（Immanenz），因为基督教的取径是追求狂喜（Ekstase），而道家则追求入定（Enstase）⑥—— 当然，这一分类无疑已经超出了语义学的论域。

二、对不可模仿者的模仿

迈耶—奥赛（Stephan Meier-Oeser）的论文《拉丁语中世纪哲学中的符号概念》（Zeichenkonzeptionen in der Philosophie des latainischen Mittelalters）⑦详尽探讨了以下论题，即"中世纪知识论中的在场与表征"。⑧ 论文没有直接涉及伪狄奥尼索斯·阿雷帕吉塔、否定神学甚至不可名的上帝问题。作者指出，和中世纪认识论相关，讨论的"根本问题"或"系统核心"在于构建一种在场—表征—图式（Präsenz-Repräsentions-Schemas）。在作者看来，人们会把知识关联到一个可以回溯到亚里士多德的命题，即理智所认识的东西，如果对于理智来说是不在场的，那么，它可以通过表征而变成对于理智来说是在场的。由此相应，"在我们的认识能力不能预设对象之在场的情形下，就需要这样一种中介：尽管不在场，但总是可以通过某种方式让其成为在场的"⑨。

① Pseudo-Dionysius the Areopagite, *De divinis nominibus*, Kap.1, Abschn.5, in: J.P. Migne (Hrsg.) *Opera omnia quae existant et commentarii quibus illustratur*, Paris: 1857, 593 c.

② H.-G. Möller, *Laotse. Tao Te King. Nach den Seidentexten von Mawangdui*, Frankfurt: 1995, 23-24.

③ Pseudo-Dionysius the Areopagite, *De divinis nominibus*, Kap.12: Migne *Opera omnia* (Anm.1), 969A-972B.

④ Möller, *Laotse* (Anm.2), 34-36 u. 42-45.

⑤ Pseudo-Dionysius the Areopagite, *De mystica theologia*, Kap.2, Abschn.1.

⑥ 参见 Rolf Trauzettel, "Zur Vergleichbarkeit von Dichtungen aus verschiedenen Nationalliteraturen", in: I. Krüßmann-Ren, *Literarischer Symbolismus in China*, Bochum: 1991, xii. 亦参见 Pseudo-Dionysius the Areopagite, *De mystica theologia*, Kap.1, Abschn.1。

⑦ 收入 Posner, K. Robering, Th.A. Sebok (Hrsg.), *Semiotik. Ein Handbuch zu den zeichentheoretischen Grundlagen von Natur und Kultur*, Berlin/ New York: 1997, Bd.1, 984-1022。

⑧ Meier-Oeser, "Zeichenkonzeptionen" (脚注 7), 1002-1006。

⑨ Meier-Oeser, "Zeichenkonzeptionen" (脚注 7), 1003。

迈耶—奥赛的陈述直接所指向的是中世纪的认识问题,对此这里不予讨论。不过,符号学结构为认识问题(当然包括迈耶—奥赛观点中的知识问题)的形式化提供基础,我们或许可以把这种结构独立出来,并把它转化为不可知者的问题,后者当然同样有符号学的维度。因此,我们认为,对于中世纪哲学显然可以运用这样一种符号学图式,其本质特点在于,真正的在场者,无论它以何种方式"不在场",都可以通过其他东西得以标识或表征,因此它总是可以"通过某种方式成为在场的"。用符号学的话语来说:"不在场的"的所指(Signifikat)可以通过能指(Signifikant)表征出来,因而变成"在场的"。

上述图式我愿意放到伪狄奥尼索斯·阿雷帕吉塔关于不可说者的结构之下进行考察。弗拉施(Kurt Flasch)写道,伪狄奥尼索斯·阿雷帕吉塔可以概括为一句话:"在伪狄奥尼索斯看来,一切可见者对于不可名者来说仅为一喻象。"①我认为,弗拉施的陈述可以和迈耶—奥赛的陈述关联起来看。迈耶—奥赛认为,在拉丁语中世纪,理智中"真正"在场的对象只能视为被表征者;同样,按照弗拉施的看法,伪狄奥尼索斯显然把"本真"在场但不可名的上帝理解为只能通过"一切可见者"而得以表征者。换言之:理智显然仅仅表象真正事物的一种喻象,同样,世界仅仅是上帝的一种喻象。

同时,伪狄奥尼索斯显然利用了遮蔽与去蔽之间的互动游戏,标识与被标识、能指与所指之间在场或不在场的互动游戏。"事实上"在场的东西,即"可见者","仅为一喻象"——也就是说,它不是为了自身而在场或可以被看见;相反,它在一定程度上只是作为表达隐藏于喻象中的东西的中介。事实上"在场的"喻象"只是"喻象,只是中介,只是标记,只是表征,就此而言,当下呈现者(das Anwesende)并非在场者(das Präsente),并非具有"本真"决定性的东西。在场仅仅是表征,它是使不在场者发挥作用的处所。在表征活动中,事实上的不在场者变成在场的,而事实上的在场者因为"仅仅"表征某物,所以因某种不在场者之故失去了自身的"本真性"。因此,"事实上"的在场者在一定意义上"本真"不在场,而"事实上"的不在场者"本真"在场。事实上的表征活动仅仅是"再—在场活动",唯有被再—在场出来的东西才是本真的在场者。

伪狄奥尼索斯不断援引以下图式:完满在场的上帝居于世界的对立面,后者"仅仅"是前者的表征。一方面,世界上无有一物"没有参与到无所不包的唯一的神性的一之中"②,因此,一切"可见者"都是本真存在的部分反映。但另一方面,那个一,即上帝从来没有在可见的表征符号中完全在场:"但是,任何一、三位一体、数字、统一体、化育者,任何关于它是什么的言说,以及我们从存在之物认识到的任何东西,都遮蔽了超乎

---

① *Geschichte der Philosophie in Text und Darstellung Mittelalter*.Stuttgart:1982,136.

② Pseudo-Dionysius the Areopagite,*De divinis nominibus*,Kap.13,Abschn.2;Migne *Opera Omnia*(Anm.1),980 A.转引自 J.Stiglmayr,*Dionysius Areopagita.Ausgewählte Schriften*.München:1933,153。

一切概念、一切理解的居于诸神之上的神秘性,这种神秘性在一切超本质之外。没有任何名称或概念可以把握它……"①

这是说,虽然世界作为符号为上帝作证,确切地说只为上帝作证,但世界永远"仅仅是"世界,它作为符号绝非上帝本身。伪狄奥尼索斯曾经用过一个比喻,上帝就像"印章的原型",它不在任何盖出来的章印之中。② 关于印章和章印、在场和表征、上帝和世界、不可名者和名、创造者和被创造者、最初的原型和既似又不似的摹本之间的反差,阿雷帕吉塔最终如是总结说:

> 但我们为什么这么着急呢? 上帝的启示本身确实告诉我们,上帝终究是无可比拟的无可相似者,我们在整个宇宙中都不可能找到与之相应的东西。上帝有别于一切存在者和将要存在者。而且,更引人注目的是:上帝自身已经告诉我们,不可能有它的相似者。
>
> 然而,我们谈论相似性之名及与上帝的相似性并不矛盾。
>
> 因为同一物可以既相似于上帝又不相似于上帝:模仿永恒的无可模仿者是可能的,就此而言,一物与上帝相似;被创造之物和它的创造者之间存在距离,创造者居留在被创造之物无穷无量的背后,就此而言,一物与上帝不相似。③

上帝还创造了自身符号的世界,同时也就在此世界中实现自身、解放自身。诚如伪狄奥尼索斯所言:"上帝自身已经告诉我们,不可能有它的相似者。"因此,他永远让自己既昭显又隐蔽。④ 他给出了符号,因此也就创造了他自己的表征。而且,为了自身的在场,他置身于一种永恒的缺陷与依赖之中。这种表征活动的策略使得它像西西弗斯那样陷入荒诞的处境:它马不停蹄地去表征某种"实际上"完全不可能被表征出来而永远持存在在场之中的东西。它肩负着模仿永恒的无可模仿者的任务。从比较的视角来看,表征活动这两个相互关联的特征,即它的缺陷与它的荒诞——它的荒诞的缺陷——就特别突出了。

表征活动相对于它所要表征的在场的缺陷在伪狄奥尼索斯的否定神学中可以看得

---

① Pseudo-Dionysius the Areopagite, *De divinis nominibus*, Kap. 13, Abschn. 3; Migne *Opera Omnia* (Anm. 1), 981 A; *Stiglmayr Ausgewaehlte Schriften*(Anm.11), 155-156.

② Pseudo-Dionysius the Areopagite, *De divinis nominibus*, Kap.2, Abschn.5; Migne *Opera Omnia*(Anm.1), 644 A.这儿的比较关系到"神性的本质",它可以回溯到普罗克洛(Proklos)。普罗克洛试图用这样的比喻来说明物质对理念的参与。亦可参见 W.特里奇(W.Tritsch)的德译本:*Dionysius Areopagita.Mystische Theologie und andere Schriften*,München:1956,45。

③ Pseudo-Dionysius the Areopagite, *De divinis nominibus*, Kap.9, Abschn.7; Migne *Opera Omnia*(Anm.1), 916 A.转引自 Tritsch, *Dionysius Areopagita* (Anm.13), 134-135。

④ 关于东西方哲学中的这个论题,可参见 G.Wohlfart, "Sagen, ohne zu sagen. Laozi und Heraklit - eine vergleichende Untersuchung", 即刊于 minima sinica 2/1998, 及 *Wordless Teaching - Giving Signs. Laozi and Heraclitus- A Comparative Study*。

特别清楚,因为在这种神学中,所要表征的不是别的什么东西,而是要通过世界,即通过一切表征上帝的终极实在。这种表征是整体性的。我认为,从上面引用的段落来看,我们可以毫不夸张地说,在伪狄奥尼索斯那里,上帝和世界被理解为表征链。以此观之,伪狄奥尼索斯的理解代表了一种表征哲学的极端立场,而这种极端立场让这样一种表征哲学的性格特别明晰地显露出来。相对于被表征者即在场者,表征活动带有"摹本"的缺点。表征活动不是本源性的。记号相对于它所要标记的东西来说居于第二位。在表征模式中,标记活动归属于所要标记的东西。"存在者和将要存在者"一直有别于真正在它们背后的东西。伪狄奥尼索斯的否定神学以这种方式揭示出表征符号学的基本特点:在场与表征代表了两个不同的领域,前者比后者更为本质。

表征相对于在场的缺陷(在伪狄奥尼索斯那里则是世界相对于上帝的缺陷)导致了一个悖论:有待命名者证明自己是不可名者。如果表征相对于更本质性的东西来说存在缺陷,那么只要去表征,就永远无法达到有待表征的东西。表征的缺陷性,反过来也就是在言说在场:如果一切被表征的东西都是有缺陷的,那么,没有缺陷的东西必定从根本上来说是不可表征的。从这样的角度来看,表征的图式不可避免地引向否定神学的神秘主义。如果上帝就是无瑕疵者,那么他就得是无可表征者。

至少在伪狄奥尼索斯那里,表征符号学把在场"神化"了,同时把它带入至高的黑暗之中。表征的使命乃是把原型持留在"无穷无量"的背后。在伪狄奥尼索斯那里,无可名者是"绝对的"所指,它为一切能指所表征,但无物使之在场。

三、无名与有名

否定神学和伪狄奥尼索斯运用章印和印迹的意象来生动地说明上帝与世界之间的关系、不可名者与可名之间的关系。这一意象同时也是表征符号学的意象。为了说明不可名者与可名之域在古汉语的道家那里的关系,我想从丰富的具有教学法意义的形象比喻的储备中挑出一个完全不同的意象,那就是车轮的意象。① 在这里,不可名者或者更确切地说无名是轮毂,而可名之域或者说有名之域是轮辐。② 和章印与印迹的关系不同,毂与辐之间不是在场与表征的关系,而是我所讲的不在场与在场的关系。在某种程度上"不在此"的空虚之毂从中间支撑着"在此"的轮辐,共同促成了轮子的滚动。下文将对此做进一步的阐述。

---

① 我也在其他地方专门讨论过这一意象。可参见拙著 *Laotse*,17—18。

② 我们同时也可以把不可名者把握为整个车轮,即总体。道包含两个方面:一方面,它是轮毂;另一方面,它是整个车轮,是包括车毂与车辐在内的统一体。道是有序的事件链的中心,而且由此可以等同于整个事件链。可参见拙著 *Laotse*(Anm.2),17—18。关于道的第二个方面,这里将不再予以讨论,一是为了简洁起见,二是因为下文中何晏的文本展示了中心而非总体的面向。不过,正如车辐鲜能"表征"车毂,车辐也鲜能表征作为运动中的整个车轮的道。"整个车轮",即作为总体的道是不在场与在场的统一。不在场可以等同于不在场与在场的统一。

对于整个古汉语哲学尤其是道家来说,无名和有名的区分具有非同寻常的意义。这一区分正如无为与有为的区分,乃是更一般的区分的一个具体样式,这更一般的区分即无与有的区分,或者用我的术语来说,不在场与在场的区分。这一区分对于道家来说是一种根本结构,如同上帝与世界的区分对于基督教神学来说是一根本结构。而且,这一区分无论在道家那里还是在基督教那里都具有等级序列的特点:上帝优先于世界,不在场优先于在场。不过,道家的在场绝对不能理解为一个更高实在的有瑕疵的摹本。在道家那里,居下的领域固然也是有名之域,但它并非从一开始就带有瑕疵。

伪狄奥尼索斯的看法与哲学家何晏(公元 3 世纪)的《无名论》形成了对照。何晏属于所谓的新道家(Neo-Daoismus)。这一相对晚出的文本涵摄先秦道家思想,但同时也含有儒家的观点。中国很多早期文献往往由一些片断连缀而成,但这一文本尽管仍比较简短,却是一篇具有完整论证结构的独立的论文。何晏认为,无名这一著名的哲学问题,就其可以标识为"无名"而言,看起来不再是真正的无名:显然它至少有"无名"这个名字。他进而试图重新起用古汉语中足以界分万物的"阴阳"范畴来拯救无名的无名性。此外需要先说明的是,对于何晏以及之前的思想家来说,无名一方面是所谓的"道",另一方面则具体化为"圣人",而圣人大概是传说中的圣君形象。何晏写道:

> 为民所誉,则有名者也;无誉,无名者也。若夫圣人,名无名,誉无誉。谓无名为"道",无誉为"大"①,则夫无名者可以言有名,无誉者可以言有誉矣。然与夫可誉可名者,岂同用哉?

> 此比于:无所有,故皆有所有矣。而于有所有之中,当于无所有相从,而与夫有所有者不同。

> 同类无远而相应,异类无近而不相违。譬如阴中之阳,阳中之阴,各以物类自相求从。夏日为阳,而夕夜远与冬日共为阴;冬日为阴,而朝昼远与夏日同为阳;皆异于近而同于远也。

> 详此异同,而后无名之论可知矣。凡所以至于此者何哉?

> 夫道者,惟无所有也。自天地已来,皆有所有矣。② 然犹谓之道者,以其能复用无所有也。故虽处有名之域,而没其无名之象;由以在阳之远体,而忘其自有阴之远类。

> 夏侯玄③曰:"天地以自然运,圣人以自然用。"自然者,道也。道本无名,故老

---

① 这里暗指《老子》二十五章。可参见拙著 *Laotse*(Anm.2),206-209。
② 此处亦暗指《老子》二十五章:"有物混成,先天地生。"可参见拙著 *Laotse*(Anm.2),206。亦可参见《老子》第一章。
③ 稍长于何晏,在哲学上不出名。

氏曰:"强为之名。"①仲尼称尧"荡荡无能名焉",下云"巍巍成功",则强为之名,取世所知而称耳,岂有名而更当云"无能名焉"者邪?夫唯无名,故可德遍以天下之名而名之。然岂其名也哉?

惟是喻而终莫悟,是观泰山崇崛而谓元气(Materie)②不浩芒者也。③

如此,何晏在结构上将无名、圣人、道与不在场彼此等同起来。无名的不在场者先于天地之始,自天地之始又从未陨落。它对于在场者来说乃是当下呈现的根源——持存在在场者之中的根源。无名的不在场者的这一特性,《老子》中除了车毂的意象之外,还通过根部的意象将其带到近旁。④ 花开花落,变迁轮回,车毂与根部居于这一事件的中心,同时却又不系缚于它。它们一直遮蔽着,不可见,不可把捉。何晏用了另一个比拟:夏夜与冬日。夜属暗为阴,在夏季却居于明之中。反之,昼属明,在冬季却居于暗之中。不在场者犹如夏夜:自身是暗,却处于明亮白昼之中。

虽然车毂只是虚空,我们可以从车辐出发界定它;同样,我们可以从有名出发让无名者在某种程度上得到标识。然而,犹如黑夜"看起来"居于明亮白昼的中间地带,我们绝不可能夺走无名者根深蒂固的无名性,正如我们固然可以从植株揣测它的根,但根依然完全处于视野之外。我们当然可以从"一般理解"的角度出发用某个名字标识无名者,但无名者依其定义就是永远保持为无名者。"无名"、"大"或"道"之名不过是"假名"⑤。

如此这般的无名之无名性,它并非神秘莫测,并非通常意义上的"神秘主义的"东西。它恰恰不是印章的"消极的"无名性:随着章印的出现,印章永远是消失的;换言之,为了能够看到章印,印章必须已经不在那了。然而,车毂、根部、黑夜必须作为不在场者持留在车辐、植株、白昼的在场之中,而且能够在这些在场者的在场中在场。按照表征图式,在场者必须"神秘"地消失,只有这样表征才能当下呈现。但依照在场图式,不在场者的当下呈现却是在场者之当下呈现的基础。道家神圣的主宰者必须居于他的王国之中,只有这样社会的运行才会畅通无碍。他不像上帝,只是把圣子派出来,自己却不愿意跟这个世界的君王有丝毫瓜葛。

如果说,章印是印章的否定,但车毂绝不是车辐的否定,相反,车毂更像是车辐之"用"。依照印章与章印图式,表征是在场的否定;依照车毂与车辐图式,在场并非不在

---

① 《老子》二十五章:"强为之名曰大。"

② 汉语中的"气"实不可译为"Materie"。但因为此处只涉及比较的修辞学问题而不涉及哲学术语问题,所以我宁愿采用生动的翻译,而不是从语文学、哲学上来说更为准确的翻译。

③ 《无名论》见于张湛为道家文本《列子》所做的注。德文据《诸子集成》本译出(北京,1957,Bd.3,41)。英译可参见 Wing-tsit Chan(ed.and trans.),*A Sourcebook in Chinese Philosophy*,Princeton,1969,324-325。

④ 参见拙著 *Laotse*(Anm.2),23-24。

⑤ 《庄子·则阳》曰:"道不可有,有不可无。道之为名,所假而行。"

场的否定，而是不在场之"用"。在形上学的语汇中，人们已经把中国哲学称作"内在超越"（immanente Transzendenz）①的哲学。与此相关，我更愿意从语义学的角度说它是一种"内在超越的不在场"（immanente Nicht-Präsent）。不在场没有超越在场，不在场没有像印章扬弃章印、上帝扬弃世界那样扬弃在场。

因此，道家的无名者之所以无名，不是因为它"腾离于一切超存在者之上"，也不是因为它处在每一表征之上，而是因为它的结构性位置"处于在场者之中"，且这样的位置"能够凸显"不在场者。伪狄奥尼索斯的无名者是于当下呈现的表征中没有当下呈现的在场者，而道家的无名者是栖居在不在场者之中的在场者。

如果忽视"在场—表征"图式和"在场—不在场"图式这两种不同的语义学假设，我们就看不到两种与之相应的无名者概念之间的差别。也就是说，如果把道家或中国哲学中的无名性问题用我们熟悉的表征话语重加表述，那么道不可名、道无法用语言来把握之类的说法固然不至于大谬，但也没有讲出任何有意义的东西。也就是说，这些说法还完全没有说明，究竟在何种假设之下道是无名。人们可能会想到——即便没有明言——道是"不可表征者"。然而，道完全不是如此。道是不在场者，完全是不可表征者之外的另一类型的不可说者。②

显然，对不可说者的理解不同，对可说者的理解也会有差异。在表征图式中，模仿关系同时意味着，摹本相对于原本总是有缺陷的。不过，在场者与不在场者之间并无模仿关系，因此，就不能说在场者是有缺陷的（无论如何不是在"表征"的意义上）。车辐没有模仿或表征车毂，植株没有没有模仿或表征根部，白昼没有没有模仿或表征黑夜，车辐等也就没有这方面的缺陷。车毂不是车辐的原型，道也不是世界的原型。

从语义学来说，表征图式中的表征之域属于能指，而在场之域属于所指。表征图式同时也就是这样一种图式：其决定性的区别是摹本与原型、章印与印章之间的区别，或者回到神学，是尘世与上帝之间的区别。人类不可能摹写上帝，但上帝已经照自己的形象创造了人类。在场者与表征者之间在语义学上的根本区别相应于所指与能指之间的界划。然而，依照在场图式，至关重要的是另一类根本区别：在场者与不在场者之间的

① 这方面，首先可参见余英时：《从价值系统看中国文化的现代意义》，时报文化出版社公司 1984 年版。

② 霍尔茨明确主张道家是"一种严格的形上学"（参见 *Kulturvergleich*［Anm.1］,64）。这是一个特别突出的试图在古代欧洲的语义学和思想模式之内将道家同化为一种形上学—表征主义思想的例子。霍尔茨写道："思想只是在名、词语和概念中展开的思想。也就是说，思想只是在一种媒介中展开的思想，此种媒介不可能表达出形而上学所思的东西。在西方哲学传统中，我们可以在普洛克洛斯（（Proklos）、库萨的尼古拉（Nicholas Cusanus）、黑格尔等人那里看到这一困难。现在，就追问绝对者的问题而言，我们看到这一困难也存在于中国传统——当然，同时也是处于另一种语言表达的预设之下。两大哲学潮流都追问：必须创造一种怎样的哲学话语，从而能够反映那些无法在语词中把握的东西。"（*Kulturvergleich*，70-71；H.G.Möller 主编）霍尔茨还借用罗蒂的说法，认为道家没有摆脱"自然之镜"的表征视角。霍尔茨关于欧洲"哲学流派"的知识显然让他接受了一种哲学统一性的看法。

决定性界划,而相关联的能指与所指全部处于在场之域。依表征图式,所谓的不可名者是绝对的所指,没有一个能指曾经达到它;相形之下,依在场图式,不在场者区别于在场者之域,而在场者是"形名",是能指与所指。①

何晏区分了道与天地,道是不在场者,而天地是在场者。我们可以说,二者之间,不存在模仿或标识关系。相反,标识关系仅属于在场之域。在场之域中,"名"是为了确保"形"的秩序。车辐之域按照"上"、"下"、"左"、"右"来划分。天地间的"万物"在变化过程中获得自己的位置,它们有不同的名称,共同连接成有序的整体。"天地"的在场如此发生着。在国家之中,臣民依其称号分配了不同的职能,因此每个人能够各尽其用。唯一的无名者乃是社会中的主宰者。同样,身体器官依照名称分配了不同的职能,而居中的心则是"空"的。所有这些都基于相同的结构:"名"、"形"之域"实",属于在场之域,与之相区分的则是"空"或"无名"的中心,即不在场者。②

如果没有表征图式,关于名的荒唐的缺陷也就丧失了基础。名是为了清晰地区分"形",而被标识的东西显然是有待标识的东西。名与形都是在场者并共同构成物③,正如色与形共同构成一幅图画。官爵的名号和由此标识的人构成了国家中的职能,"上"与车辐共同构成了车轮的一部分。"所指"与"能指"共同构成在场者,也就是说,名并不表征形,相反,名使形在场。

对于伪狄奥尼索斯来说,世界(如同章印)总是让我们注意既当下呈现又不当下呈现的上帝(如同印章)。然对于道家来说,名实际上并没有让我们注意到任何东西;相反,名将位置分配给在场之物,丝毫没有让我们注意到不在场者的意图。对于道家来说,名在无名面前并没有一种荒唐的缺陷;同样,"天地"之间的世界在道面前也没有一种荒唐的缺陷。不在场之域首先是相对于在场而言的,名的价值以在场为限,但在场与有名者并不因此失去价值。与此相反,相应的表征语法将"摹本的世界"贬低为"暂时的"、"空虚的"或"偶然的"东西。在此意义上——因为我们错误地认为,道家也会把语

---

① 两种结构可用以下表格来表示:
表征图式:

在场	表征
所指	能指

在场图式:

不在场	在场
	所指—能指

② 关于这一结构的源头,可以参见拙著 *Die Bedeutung der Sprache in der frühen chinesischen Philosophie*, Aachen 1994,176-181。亦可参见拙著 *Laotse*(Anm.2),144-148。
③ 参见《庄子·则阳》。

言理解为表征的媒介——西方解释者往往认为,道家轻视名言之域。① 事实上,恰恰在道家那里,绝不能以任何方式通过不在场(无)或无名者超越"天地"间的"万物"、有名者或在场者(有);相反,后者正是通过前者确证自身的实在与职责。唯此足喻而终莫悟,是观泰山崇崛而谓元气不浩芒者也。

The Structure of the Unnamable:
A Comparison of Pseudo-Dionysius and He Yan

Hans-Georg Möller

(Macao University)

Abstract: This paper examines different concepts of the unnamable by making a semiotic comparison of the texts by Pseudo-Dionysius the Areopagite, a representative figure of the medieval negative theology, and He Yan, a Daoist philosopher. Dionysius Areopagita believes that the God is unnamable, while the world represents the God in virtue of a metaphor. However, it never fully expressed the God. In contrast to the perfect presence of the God, its repression is always flawed. The relationship between the God and the world is just like a seal and its print: the later represents the former, while the presence of the later means the absence of the former. In Daoism, the relationship between the unnamable and the namable is not based on the concept of representation. He Yan understands the unnamable as the absent Dao, which lies in the centre of those that are namable and present. The absent center functions as the dark or void axis of the process of the world, just as the summer night is in the middle of the sequence of the most bright days. This is the image of a hollow hub, on which spokes concentrate. Daoism understands the relationship between the unnamable and the namable as that of the absent and the present, instead of that of the present and its representation. For Daoism, the namable is not flawed since it does not suffer from the disadvantage of representing the un-representable. Daoism neither considers the unnamable as the "transcender" – night does not transcend day in summer, spokes are not transcended by the hub as well– neither do they devalue the namable or the present.

Keywords: to be present; representation; the unnamable; Pseudo-Dionysius the Areopagite; He Yan; semiotics

① 这一观点的例子不胜枚举,兹以贺碧来(Isabelle Robinet)为例。贺氏断定,"道家从一开始将把以下观念作为论述的基础,即语言和思想是无用的"(Geschichte des Daoismus,[Übers. Von Stephan Stein] München:1995,365)。

【逻辑学】

悖论的概念分析

余俊伟[①]

内容提要：语形悖论与语义悖论根源于没有明晰概念适用的范围而产生了逻辑上无意义的语句。但这类无意义的语句合乎句法。语用悖论是由于使用概念不当导致的，与主体的当下使用有关，而与概念本身是否清晰性关系不大。使用只是造成表面上的困境，通过厘清概念，可以消解困境。意外考试悖论、知道者悖论以及合理行为悖论等都不是真正的悖论。如果芝诺悖论的用意在于使用理性手段证明运动是假象，那么正确回应的方式不是经验实践而是理性的手段。一种可行方案是质疑其使用的概念体系过于简单。

关键词：悖论　真　概念分析　殊型　类型

有名的悖论最早可追溯到说谎者悖论及芝诺悖论。近代拉姆塞将悖论分为语形悖论及语义悖论。后来蒙塔古、卡普兰、伯奇等人又发展出知道者悖论，盖夫曼、孔斯等发展出合理行为悖论。[②] 这些是与认知相关的语用悖论。20 世纪 60 年代汤姆逊利用对角线引理，解释语形悖论。根据我国学者蒋星耀、张建军等的观点，对角线引理可以统一处理语形与语义悖论。[③] 20 世纪 80 年代，安德森、巴威斯等人使用语境敏感方案解决语用悖论。[④] 克里普克、古普塔等人提出真值间隙理论、真的修正方案等。[⑤] 也有人

---

① 余俊伟，中国人民大学哲学院副教授。此文是作者为 2016 年 10 月 22—23 日在贵州民族大学召开的"皮尔士逻辑与哲学国际学术研讨会"提交的会议论文，略有修改。作者受会议主办方的邀请与资助，在此特别致谢！作者特别向贵州民族大学张学立教授、中国社会科学院哲学所刘新文研究员表示感谢！

② Montague and Kaplan, A Paradox Regained, in *Formal Philosophy*: *Selected Papers of Richard Montague*, edited and with an introduction by R.H.Thomason, Yale University Press, 1974, pp.271-285; Burge, Epistemic Paradox, *The Journal of Philosophy*, Vol.81, No.1 (Jan., 1984), pp.5-29; Koons, *Paradoxes of belief and strategic rationality*, Cambridge University Press, 1992; Gaifman, Paradoxes of Infinity and Self - App. lications I, *Erkenntnis* (1975-), Vol.20, No.2 (Sep., 1983), pp.131-155.

③ 张建军：《逻辑悖论研究》，南京大学出版社 2004 年版，第 262 页；蒋星耀：《悖论的统一模式》，《自然杂志》2001 年第 3 期，第 184—185 页。

④ Anderson, The Paradox of the Knower, *The Journal of Philosophy*, Vol.80, No.6 (Jun., 1983), pp.338-355. Barwise and Etchemendy, *The Liar An essay on truth and circularity*, Oxford University Press, 1987.

⑤ S.Kripke, Outline of a Theory of Truth, in *Philosophical Troubles*, Oxford: Oxford University Press, 2011, pp.75-97; Gupta, Truth and Paradox, *Journal of Philosophical Logic*, Vol.11, No.1, (Feb., 1982), pp.1-60.

通过限制经典逻辑规律,使得可以容纳悖论语句,但不会由此导致矛盾,如 Field;①或者即使有语形矛盾,但不会导致系统平凡化,如弗协调逻辑。

处理悖论最理想的办法是,不将语言分层——就像我们的自然语言,同时也不要有其他的特设规则,因而经典逻辑全盘被接纳,而且还能解决所有类型的悖论。这样,我们使用的语言就像自然语言那样地自然,不对语言分层,我们对逻辑的界定也没有发生变化,依然是经典的,我们的真值概念也没有变化。要获得这样一种效果,前提是认清产生这些悖论的根源。

悖论类型有多种,究其原因,只有一个,就是使用的概念不清晰,讨论的范围不明确。我们从有着最严格表述的罗素悖论开始分析。

根据一个集合属于自身($x \in x$)与否,得到由所有不属于自身的集合构成的集合(记为 A)。问:A 是否属于自身? 易见有 $A \in A \leftrightarrow \sim A \in A$。仔细分析会发现,依据以上得到 A 的表述,不属于自身这个性质(记为 R)是施于所有集合上的,由 R 所得的是一个新的对象,就不再是集合。施用于集合上的 R 根本就不适用于此新对象。或者,一般地,将 R 施用于某个范围内的对象(集合),得到新的对象(集合)a,如果把此新对象看作在原来 R 所施用的范围里,又将 R 作用于 a 上,就可能发生冲突。

对角线引理准确地叙述了这一思想。

$\sim \exists z [\ z \in S \wedge \forall x (x \in S \rightarrow (Rzx \leftrightarrow \sim Rxx))\ ]$,其中 R 是集合 S 上的一个二元关系。

一般地,用某个非返身性质作用于确定范围的对象得到新的对象,在此新对象与那个性质之间就会发生罗素悖论那样的冲突。对角线引理就是说此新对象不在原范围内。

理查德悖论也是由于概念不清而导致。所有能被有穷多个符号可定义的小数,放在一起,得到集合 E。这些小数(据集合论是可数多个)排成一个序,逐个改变第 i 个小数的小数点后的第 i 位。这样就得到了一个小数。如上所述,它是由有穷个符号定义的,应该属于 E。然而,它与 E 中的每个小数都有不同(与 E 中的第 i 个小数至少在第 i 位小数上不同),它就不属于 E。看起来有矛盾,但是这种矛盾也是表面的,是由于概念不清楚导致的。有穷多个符号取自的范围其实是确定的。因为如果不确定,那么集合 E 也必定无法确定。明白了这一点,E 其实是:所有能被取自一确定范围内的有穷多个符号可定义的小数,放在一起,得到集合 E。而随后所定义的小数的确不在 E 中,但也不是取自刚才那个范围。当然,要注意,如果"E"在那个符号范围内,那么我们不应将所得集合命名为"E"。否则,集合"E"的所指与给定的符号集中的"E"应指不同对象。

语义悖论牵涉真假,相对语形悖论更复杂一些。最为有名的是说谎者悖论。此悖论的表现形式是人们所熟知的下述说谎者语句:本语句是假的。奎因已经指出,深究上

① Field, Solving the Paradoxes, Escaping Revenge, in *Revenge of the Liar New Essays on the Paradox*, edited by Becall, Oxford University, 2007, pp.78-144.

面这句话,其实不含有悖论。因为"本语句"是指上面这句话,于是说谎者语句就是:"本语句是假的"是假的。整个语句所说的"假"所指是前面处于引号中的那句话,而非自身。依赖一定的背景设定也可以构成悖论。例如,所有克里特岛人都说谎,同时,有个克里特岛人说了一句话:"所有克里特岛人都是说谎者。"依赖背景设定有个缺陷,就是可以将悖论之悖归于背景设定不合理,从而消解悖论。罗素悖论的通俗版本理发师悖论借助一个理发师为自己制订了一个规定这样一个经验假定。我们可以认为悖论源于这样的规定不可能实现,或者,符合此规定的理发师根本不存在。真正的悖论不借助经验事实。奎因与克里普克都分别构造过严格的说谎者悖论语句。①

"位于其自身引用语之后得到假句子"位于其自身引用语之后得到假句子。

"Yields a falsehood when appended to its own quotation" yields a falsehood when appended to its own quotation.

克里普克也设计如下巧妙的悖论语句:$(x)(P(x) \rightarrow Q(x))$。② 其中 $P(x)$ 是谓词"打印于《哲学杂志》11 月 6 日这一期第 691 页第 5 行的字符"的缩写,$Q(x)$ 是被解释成假的。在那一期的那一页的那一行恰好只有字符"$(x)(P(x) \rightarrow Q(x))$"。如此就取得了说谎者语句的效果。

这两个悖论的构造有个共同的特点:一个表达式说某范围或某种方式的表达式为假,或具有得到假句子的能力,而此表达式恰好在此范围内,或正好就具有此能力。使用自然语言得到说自身为假的语句,虽然巧妙,不太自然,但的确没有违反任何规定。怎么理解这种现象?

从真与假这两个特殊概念角度分析,说谎者语句是自我否定的语句。陈述句形式本身具有断定功能。陈述句断定所述内容成立(真)。从朴素的符合论来看,所述内容符合事实,则其断定成立,语句为真;所述不符合事实,则其断定不成立,语句为假。说谎者语句将断定与所述对立起来。语句为真,其断定成立:本语句为假;语句为假,其断定不成立:本语句为假不成立,本语句为真。

如果用对角线引理来解释说谎者悖论,引理中的 R 就是:x 说 y 假,其中 x 与 y 是出现在克里普克所指的那一行中的语句。对于没有说自身假的语句,z 说它为假。引理说,如此的 z 是不能出现在那一行的。奎因的例子是,在所有表达式上定义一个二元关系:y 位于 x 的引用语之后不会得到假句子,即"x"y 不为假。与自身不具有此关系,也就是"x"x 为假,也即位于自身引用语之后得到假句子。当将这个关系应用于"位于自身引用语之后得到假句子"自身时,就得到悖论语句:"位于自身引用语之后得到假句子"位于自身引用语之后得到假句子。述说与自身不具有此关系的这一性质的表达

① Quine, The Ways of Paradox, in *The Ways of Paradox and other essays*, Random House, Inc. 1966, pp.3-20.

② S. Kripke, Outline of a Theory of Truth, in *Philosophical Troubles*, Oxford: Oxford University Press. 2011, pp. 75-97.

式,据对角线引理不应在开头说的"所有表达式"之列,以避免刚才的关系或性质作用于自身。

悖论牵涉我们谈论事物的语言。将谈论事物的语言分成两类,一类作用于自身时不成立,即构成假句子。例如奎因巧妙地并置,形成假句子;又如形容词不适用于自身,如"long"这个词表达的不适用于语词自身(这个单词不长)。另一类作用于自身成立,不构成假。前一类可以用一个表达式,如 z(上述例子中就是"他谓的")来表达。于是,当对"z"本身问上述问题时就会遇到困境。由上分析,当语言本身成为我们谈论的对象,而真假又在这个语言之中,悖论就不可避免。更一般地看,即使不涉及真假,只要语言成为谈论的对象,就可依表达式是否适用自身将表达式分成两类,这时不必用真值,只需要问是否具有此关系或性质,如"他谓的",困境也会出现。

然而,分析到此仍没有触及问题的本质。从深层次地看,这种自我指涉语句是无意义的。语句的真假取决于其断定的内容,而如果其断定的内容就是其语句自身真值,那么,即使不出现矛盾,其真值也是无法确定的。也就是,说真者语句(将说谎者语句中的"假"换成"真")虽然不导致悖论,但是依然是异类。如果陈述句描述经验世界,其真值依照经验世界可确定,即使我们人类不知道答案;如果是分析性,依照语词含义或规定,其值也能确定。但是,这两种办法对说谎者语句与说真者语句都无效。这两类语句不仅仅提供给我们的信息量是零,即完全是句废话,而且更为本质的是,它们含有的某些概念适用范围越界,这类语句从逻辑角度看是无意义的。更一般地,一种合理的描述,如果语言在其描述范围内,而且是使用严格的二分法对对象分类,那么描述子类的语言本身不应在其描述范围内。否则,即使不出现矛盾,也是无意义。如,上述与"他谓的"相对的另一类,如果称之为"自谓的",对此语词如果问"自谓的"是否是自谓的,虽然不出现矛盾,但也是无意义的。因为这两个语词表达的概念是对已经确定的某类语词的概括,而这两个语词本身不在其中。因此,说谎者悖论只是将问题的一个方面凸显出来,问题的实质并不在于违反了不矛盾律,而是讨论范围不明确,概念界定不清晰。与其说说谎者语句隐含着矛盾,倒不如说它是个无意义的式子。某些理论,如罗素的类型论,制定语法规避此类无意义的句子,不将其看作合式公式。

哥德尔所构造的自指语句虽然是自指,但是这个语句所指范围其实不是语句,而是编码。借助编码方式将语句与编码对应。相对于某具体的编码,哥德尔语句的编码在形式系统确定之时,就已经确定了。后面要用到的自指语句,其值也确定了。借助可证的可表示性,能够找到一个语句说其自身(通过编码)不可证。所以,尽管表面上看它像说谎者语句那样自指,但这是通过指语句编码达到自指,而且不是说真值,而是说可证性。

从谓词角度分析,真与假本是对(其他)谓词与对象间的谓述关系进行谓述。对于谓述语句名称的情况,我们可以将语句名称消去,代之以谓词与对象这一对子。由于句子长度有限,向下消解通常最终可落实到是量词与谓词直至基本谓词与专名间的谓述关系。根据事实或逻辑规律,借助谓词的解释,语句的真值得以确定。塔尔斯基的真值定义就是沿此思路而来。就此而言,塔尔斯基的真值定义非常符合我们把握语句真值的直觉。当然,这是理想状态。说谎者语句与说真者语句在向下消解过程中出现无法消除的循环,也就是真只能作为谓述语句(名称)的谓词。避免出现这种情况,一种办法是令语言中不包含"真"。而这又与我们日常使用自然语言方式不符合。

克里普克想要找到一种更贴近自然语言用法的真的定义。在《真的理论纲要》里将"真"谓词纳入语言中,通过不断扩张语言来把握"真"这个特殊的谓词。克里普克的想法是,"真"的定义是个随着语言的层级上升 L_1、L_2······而不断扩大直至确定的过程。高一层次语言中的"真"被解释为低一层次的真谓词。有些语句是在语言往上扩张过程中的不动点处获得了稳定的真值。这种语句被称为有根的,是有确定真值的。否则,就是无根语句,即在真与假之间有间隙。他承认有真值间隙,与我们前面分析所得到的说谎者语句、说真者语句逻辑上是无意义的这个结果是一致的。但是克里普克这种获得真的过程与我们判定语句的真值直观是不符的。我们确定句子的真值是搜寻句子内部的结构,在关于世界最基本的事实基础上来确定句子的真值,这是一个语言向下的过程,而不是向上扩张语言。在语言向下的过程中,我们或者能够寻找到一个事实、一个定义(或逻辑规律)来支撑语句的真值,或者不能。因此,借用根基这种说法,真值的根基在于句子底下所含成分对外部世界的描述(以及逻辑数学规律),而非语言的扩张。语言的真值评价不是一个自我封闭的系统,除了本身的语言规律,还依赖外部的参照物,这是由语言是对世界的描述这一性质决定的。

对于不是直接自指的情况,我们需要作详细的分析。克里普克说:"使用经验谓词的说谎者悖论版本强调了问题的一个主要点:如果经验事实极端地不利,我们通常关于真与假的断言许多、很可能大多数展现出悖论的特征。"[1]他给出了下面这样一个例子。

琼斯说:

(1)尼克松关于水门事件的断言大部分是假的。

假设(A)尼克松关于水门事件的断言除了以下这句话外,剩下的真假各半:

(2)琼斯关于水门事件的所有断言是真的。

假设(B)(1)是琼斯关于水门事件所做的唯一断言。

我认为即使琼斯与尼克松说过(1)与(2),但通常也构不成说谎者悖论。此处,我们要使用皮尔斯的 token 与 type 理论。[2] 即使将(1)与(2)看作 type,但在确定真值上起关键作用的只是其中的一个 token,即琼斯说出的那个(1)、尼克松说出的那个(2)。在这个例子的背景下这种理解是合理的。

---

① S.Kripke,Outline of a Theory of Truth,in *Philosophical Troubles*,Oxford:Oxford University Press.2011,pp. 75-97.

② C.S.Peirce,Prolegomena to an apology for pragmaticism,*Monist*,vol.16(1906),pp.492-546.

琼斯说出（1）与尼克松说出（2）的时间不太可能是同一时刻。如果琼斯说出（1）的时间早于尼克松说出（2）的时间，那么，（1）的指涉范围根本不包括（2），据假设（A），（1）就是假的。当尼克松说出（2）时，根据刚才（1）为假，则（2）就是假的。此时不能使用（2）的假再讨论（1）的真假。因为，（1）的域并不包含（2）。

如果尼克松说出（2）的时间早于琼斯说出（1）的时间，那么（2）是真的，（1）是假的。此时不能以（1）的假来评论（2），因为（2）的域不包含（1）。如此分析，依据话语说出的先后，其所指真值完全不依赖于自身真值，我们完全可以依次确定（1）、（2）或（2）、（1）的真假。通常这个例子不会构成悖论！所以，我认为，自然语言中自指现象普遍是表面的，结合具体语境，真正自指真值现象很罕见。当然，也许亿万分之一概率事件出现了：他们同时分别说出了（1）与（2），那就属于说谎者悖论情形，据此前讨论，这种情况违反了描述语句对象的语句本身不在其描述范围内的合理要求，（1）与（2）都是逻辑无意义的。

另外，如果语句间真值互相自指仅限于表面，但一方的真值实质并不依赖另一方而能确定，那不属于说谎者悖论。例如，改编自古普塔的例子：①

S_1：自 S_3 起每一行都是真的。

S_2：自 S_3 起有的行是假的。

S_3：上面两行至多有一行是真的。

S_4：2+2=4。

S_5：3+3=6。

S_1、S_2 与 S_3 的真值互指是表面的。因为前二者的真假并不依赖 S_3。

通过以上分析我们看到，概念的域的边界通常是没有明确标记的，但可以合理地分析得到。使用概念去描述界限外的事物，尽管合乎语言规则，但不合乎逻辑，通过悖论语句展现其不合逻辑性。在严格的科学中出现悖论说明，其中的概念，例如集合需要澄清。而在科学之外，日常生活中的概念模糊是正常现象，而且通常是在界内使用，偶尔越界，在不追求严格的概念体系的日常生活中，并不会导致严重后果。

第三种类型是认知悖论。这类悖论中最早最有名的是意外考试悖论。据奎因所述，②意外考试悖论（意外绞刑悖论）早在 1943 年就为大众所熟知。悖论的陈述大致如下。老师在周日宣告，下周举行一场考试，日期为下周一至下周三当中的某一天，而且学生在考试那天的前一天晚上不知道第二天将考试（这就是所谓的意外）。

宣告整理成如下命题 e：

考试在下周一而非下周二或下周三，学生在周日晚不知道考试在下周一考；

或者

---

① Gupta, Truth and Paradox, *Journal of Philosophical Logic*, Vol.11, No.1, (Feb., 1982), pp.1–60.

② Quine, The ways of Paradox, in *The Ways of Paradox and other essays*, Random House, Inc.1966, pp.3–20.

考试在下周二而非下周一或下周三,学生在周一晚不知道考试在下周二;

或者

考试在下周三而非下周一或下周二,学生在周二晚不知道考试在下周三;

学生说老师不可能有这样的考试。因为,不可能安排在下周三,理由是,如果到下周二还未考试,只剩下一天了,学生在周二晚上就知道第二天(周三)有考试,这就不是意外了。排除了下周三之后,只剩下两天了,针对下周二做类似的推理,也可以排除下周二,直至将下周一也排除。而事实上,老师能够安排所宣布的具有意外性的考试。这就产生了悖论。

奎因认为,学生的推理使用了一个不该用的前提。在考虑下周三时,在头一天的晚上(下周二的晚上)有四种情形:考试已经进行过了;考试将在次日进行,学生此时(下周二晚)知道次日考试;次日不进行考试;考试将在次日进行,学生此时(下周二晚)不知道次日考试。学生忽略了最后这种情形。学生推理时想当然地认为,他自己知道这个宣告为真,并且一直都知道,例如,下周二晚上也知道。正是由知道宣告为真,从而在下周二知道,在过去的两天未考试的情况下,只剩下一天,安排在这一天考试就不是意外考试,矛盾于宣告为真,于是将最后一天排除。奎因认为学生事实上并不知道这个宣告为真。奎因认为,将上述情形中宣告考试安排在接下来的三天改为接下来的一天,他的分析依然成立,考试同样是意外的。

克里普克不认同奎因的观点。① 他以翻看扑克牌为例说明。从一副牌中取出一部分,其中恰好有一张为黑桃 A。将这些牌反转放在桌子上,让同伴逐张地翻看。他将黑桃 A 放在这叠牌的中某个位置后,跟他同伴说,你在翻出黑桃 A 之前,都不知道哪张牌是黑桃 A。克里普克说,如果只有一张牌,下面这样的说法是非常令人奇怪的:"这是一张黑桃 A,但直到你翻看它之前你都不知道哪张是黑桃 A"。

克里普克也意识到翻牌与意外考试两种情况有差别。当有若干张牌时,放牌的人与其同伴都不确切地知道黑桃 A 的位置,而在意外考试中,老师是知道的。但关键不在于此,而是,意外考试悖论的悖论感觉会随着天数的增加而减弱,涉及某种模糊性。他解释减弱的原因是,推理过程中需要增加知识保持这一前提:$K_i(p) \rightarrow K_j(p)$,$0 \leqslant i \leqslant j \leqslant N$,其中 0 表示当前这天,N 是指考试可能被安排的天数范围。其背后的想法是,知识会随着时间的推移而被遗忘。要保证推理成立,必须使得当前为真的命题在未来 N 天都成立,并且学生知道命题为真在未来的 N 天也都成立。在消除最后一天后,必须增加如下前提才能继续排除倒数第二天:在倒数第三天他才知道宣告。N 越大,需要排除的天数越多,增加上述的前提就越多。

我认为,翻牌与意外考试悖论最大的不同在于,前者是关于事实上已经完成的一个

① S.Kripke, On Two Paradoxes of Knowledge, in *Philosophical Troubles*, Oxford: Oxford University Press. 2011, pp.27-51.

安排作断言;后者是关于某人对未来的安排作断言。这个区别在只有一张牌和只有一天的情况下最能体现出来:前者无意外,后者依然有意外。然而,在确保考试一定会举行的前提下,意外考试悖论与翻牌的游戏没有区别:在只有一张牌或一天的情形下,不可能安排意外翻牌或考试;在多天或多张牌的情况下,学生依然并不知道宣告,同伴依然不知道哪一张是黑桃 A。这种情况下不知道,并不是由于考试可能不进行,而是由于考试的安排可能不意外。由此带来的后果也同样是最后一天是不能排除的。我认为随着天数的增加,悖论的感觉减少,不是由于时间流逝带来信息的变化与遗忘,而是面对的可能性越来越多,分布于每天的概率越来越小。假定考试一定进行且 $N \geq 2$。在第 0 天晚上学生知道宣告,等同于学生知道考试是意外的,此时,学生的推理要求 $K_i(p) \to K_j(p)$,其中 $0 \leq j \leq i \leq N$,而非 $0 \leq i \leq j \leq N$,即要求学生能知道未来事件。我们的分析如下:学生推理的情形是,在倒数第 2 天的晚上,如果过去的几天未进行考试,而考试又一定要举行,那他(在倒数第 2 天的晚上)就知道次日会考试就不意外了,矛盾于宣告,可以排除最后一天。然而,事实是,学生并不知道老师的安排就真的是意外的。因此,如果老师将考试安排在最后一天,但是在第 0 天(宣布通告的那天)的晚上,学生并不知道考试在前面几天未进行(虽然他在倒数第 2 天晚上知道),也就不知道考试安排在最后一天。而这一点将影响学生在第 0 天的晚上是否知道第一天(次日)有考试:在 $N = 2$ 的情况下,既然老师安排的考试其实有可能不是意外的(即在第 2 天考),学生就并不知道这个宣告。因此,最后一天是不能被排除的。如此,他在第 0 天的晚上并不知道第 1 天是否有考试。总之,无论是否确保考试一定会在未来 N 天进行,学生的推理都是基于知道宣告(有意外考试)才能成立。这样来看,意外考试悖论不是个悖论,因为其推理使用了虚假前提。

自奎因发表论文以后,Shaw[①] 和 Montague、Kaplan[②] 等努力修改宣告,使得学生的推理成立,使意外考试悖论成为真正的悖论。Field 等人致力于修改宣告使得它可以容纳在某个恰当的一阶理论中而不会产生悖论。

Shaw 认为,增加自指语句"学生不能基于本预告而知道命题 e",在几条合理的原则基础上,学生的推理就可以成立。经 Shaw 修改的宣告等价于将前面命题 e 的三个析取支中的"不知道"改为"基于本宣告不知道"。他们认为,在承认经历的事不遗忘这一原则基础上再承认如下三条原则(其中 $\langle p \rangle$、$\langle q \rangle$ 分别表示命题 p、q 的名称):

(1)$K\langle p \rangle \to p$

(2)$K\langle Kp \to p \rangle$

(3)$I(\langle p \rangle, \langle q \rangle) \wedge K\langle p \rangle \to K\langle q \rangle$,其中 I 是表示可推出的二元谓词

---

① Shaw,The Paradox of the Unexpected Examination,*Mind*,Vol.67,(Jul.1958),pp.382-384.

② Montague and Kaplan,A Paradox Regained,in *Formal Philosophy:Selected Papers of Richard Montague*,edited and with an introduction by R.H.Thomason,Yale University Press,1974,pp.271-285.

就可由上述改造的宣告 e,推出没有这样的意外考试,即 ~e。但是 Montague 和 Kaplan 发现,Shaw 的版本无法从老师的角度推出有这样的考试,因此就不能构成严格的悖论。他们认为,需要在预告前增加"除非学生在老师预告发布的晚上知道预告为假,否则",也就是将宣告 e 改为(其中 Ks 表示学生在星期日晚上知道,M 表示考试在星期一,其他的类似):

$$Ks(<\sim e>)\lor(M\land\sim T\land\sim Ks(<e\to M>))\lor(\sim M\land T\land\sim Km(<e\to T>))$$

基于上述原则就能够推出 e,也能够推出 ~e。

Montague 和 Kaplan 进一步将认知悖论凝练成:只要系统能够表达自指,含有自指语句 $e\leftrightarrow Ks\langle\sim e\rangle$,由上述三条原则就可导出 e 与 ~e。

简单来说,仅承认(1)可以推出主体不知道 e 的否定,尽管其否定为真。但如果同时又承认(2)与(3),系统就会坍塌。反过来说,一致而又能自指的系统不可能同时容纳上述三条原则。问题是,这三条原则本身也不是没有争议,并不那么符合直观,特别是(2)与(3)。前者说主体(至少在一定程度上)有自省性质;后者说主体所知道的对逻辑演绎封闭。这些原则在学界争论太多,难有定论。本文不讨论这些原则,只是指出三点。

第一,这个悖论不能算作真正的悖论,因为其前提成立具有极大的争议。而且,如此改动,即增加(2)与(3),与考试悖论原来的旨趣根本不同。

第二,如果仅保留争议相对较小的(1),那么,自指语句 $e\leftrightarrow Ks\langle\sim e\rangle$ 只是说明主体并不知道~e,这与我们看到前面分析的结果学生不知道通告是相通的。

第三,关于(2)与(3)。(2)中虽然知道算子叠置,但其含义是主体知道自己所知的是真的。这不是表示主体的一般自省性——意识到自己当下的思想什么,而是主体对自己知识系统的确证。但这是不合逻辑的。一个知识系统是否可靠,凭其自身是不能判断的。只能依靠知识系统以外的证据来说明。哥德尔第二不完全性定理正是这个思想针对严格形式化的系统的版本。因此,即使可以叠置,应区别不同的主体。比较合理的是将(2)改为 $K_i<K_jp\to p>$,其中 $i\neq j$。(3)是非常反直觉的。可以弱化为要求主体知道推出关系:$K<I(\langle p\rangle,\langle q\rangle)>\land K\langle p\rangle\to K\langle q\rangle$。如此改动后的版本应该能避免悖论。

后来普莱赖尔设计出一个思想实验,[①]以下情景是改编自他的例子。X 是个科学家,Y 是个文盲,他们彼此认识。他们一同住进某个旅店。X 误以为 Y 住进了 6 号房间,他脑子里产生了这样一个想法:此时的 6 号房间里没有一个思想是真的。X 不知道门牌"6"松动了,成了"9",拿着 9 号门牌的他此时正在 6 号房间里。现在问:X 的想法——此时的 6 号房间里没有一个思想是真的,是真的还是假的?这种思想试验本质上同于说谎者悖论,不同在于用语句所指的思想代替了语句。由于思想还是用语言表

---

① Prior, On a Family of Paradoxes, *Notre Dame Journal of Formal Logic*, Vol.2, 1961, pp.16–32.

达,因此,相比说谎者悖论,可能出现摹状词所指有歧义等争论。但如果不考虑歧义,前面讨论的结果完全适用于此处情形。

伯奇①、盖夫曼和孔斯等分别发展出其他类型的认知悖论,有的涉及行为选择,又被称为合理行为悖论。最精简的版本是:②

甲与乙两人下棋,甲只要不输就获得 100 元。开始下棋前,乙向甲承诺:如果甲下棋不理性的话,他就付给甲 1000 元。假设甲、乙都是追寻利益最大化的,且甲总是遵守诺言。上述所有这些都为甲和乙所共知。甲该如何下棋?

假设故意输棋是不理性的。那么,由于他知道不理性行为会比赢棋赢得更多的钱,那么故意输棋就是理性的。

假设故意输棋是理性的,于是输了 100 元而且又损失了 1000 元,显然是不理性的。

这里悖论依然是源于概念的模糊性。没有明确界定规则提及的理性的行为是指规则执行之前还是之后。规则提及的理性行为应该根据(依照规则)作出奖励之前的效果界定,然而后面的分析讨论没有区分奖励前后,于是规则造成了将同一初始行为由规则前理性的变为不理性的、不理性的变为理性的。明确了这一点,我们能得出的结论只是,一种行为在执行规则前是收益多的(理性的)则在执行规则后是收益少的(不理性的);反之,执行规则前是收益少的(不理性的),则在执行规则后是收益多的(理性的)。这里只是所制定的规则本身模糊不清,并没有实质上的困境。

哲学意味最浓的芝诺悖论同样牵涉概念的使用不当,只是更为复杂。

芝诺关于运动的论证(这些论证给那些研究解决这些问题的人造成了困难)有四。第一个说:运动不存在。理由是:位移事物在达到目的地之前必须先抵达一半处。……

第二个是所谓"阿克琉斯"论证。这个论证的意思是说:一个跑得最快的人永远追不上一个跑得最慢的人。因为追赶的人必须首先跑到被追赶的人跑的出发点,因此跑得慢的人必然永远领先。……

第三个论证就是刚才所说的:飞着的箭静止着。③

如果任何事物,当它是在一个和自己大小相同的空间里时(没有越出它),它是静止着,如果位移的事物总是在"现在"里占有这样一个空间,那么飞着的箭是不动的。④

第四个涉及运动的参照系。本质上是质疑时空有最小单位。实际上没有最小单位,因此是不成立的。

人们一般地将此悖论归之于芝诺只强调时空的连续性(无限可分),而没有看到间断性(没有看到单位)。我认为这种分析过于简单笼统。

---

① Burge,Epistemic Paradox,*The Journal of Philosophy*,Vol.81,No.1(Jan.,1984),pp.5-29.

② Gaifman,Paradoxes of Infinity and Self-Applications I,*Erkenntnis*(1975-),Vol.20,No.2(Sep.,1983),pp.131-155.

③ [古希腊]亚里士多德:《物理学》,张竹明译,商务印书馆 1982 年版,239b10-31.

④ [古希腊]亚里士多德:《物理学》,张竹明译,商务印书馆 1982 年版,239b5-8.

芝诺悖论之悖有以下三个方面。

第一个方面,前两个悖论有对"永远"一词误读的成分。人们无意识地将取一半的无穷动作构成的无穷序列作为位移物体要完成的空间场所。

第二个方面,芝诺的论证割裂了时空,只提位移事物要经历的空间的分割,而不提越过如此分割后的这些越来越小的空间所需要的时间。特别是,时间向前不止的流逝。位移的事物不但处于一定的空间,而且也在经历川流不息的时间。越来越小的空间需要越来越少的时间。经历一定的时间就会让位移事物越过那个无穷数列。第三个悖论也是割裂了时空。在描述"飞箭不动"于何时静止时,悖论只能说"现在",如果把"现在"理解为一个没有长度的时间点,那飞箭的确是不动的。飞箭之运动,是基于时间差,在这样一个时间差内,它不可能占据着与它同样大小的空间。这也是亚里士多德反驳芝诺悖论的方法。他说:"量的一分再分是能够以和分时间时同样的比例同样的次数进行的。"①针对第三个悖论,他说:"这个结论是因为把时间当作是由'现在'合成的而引起的,如果不肯定这个前提,这个结论是不会出现的。"②

第三个方面,更深层地,虽然事实上根据初等数学我们可以基于速度以及出发点距目的地的距离,或者跑得最快与最慢两个的速度差及其各自出发点间的距离,求出在多少时间内到达目的地或追上跑得最慢的人。但这都是基于运动产生的前提。芝诺悖论的另一种解读是,芝诺是想说明,我们无法说明运动何以产生,无法说明运动现象。芝诺由此证明运动是假象。如果我们无法从逻辑上反驳芝诺,芝诺的推理就可能是成立的,运动可能根本不存在,运动只不过是假象。据说第奥根尼曾在屋子里走动用事实来反驳芝诺。但芝诺要的回答不是经验,因为经验可能是假象;他要的是逻辑证明。这种解读与他所属的爱利亚学派持有的具体事物都是虚假的观点相吻合。

法国哲学家柏格森从概念体系上对芝诺提出批评。他认为,芝诺对运动的分析从概念上就是错误的。时间与运动是心理上的综合,与空间无关。"……当我们肯定运动是纯一的并可分的之时,我们所想到的是运动物体所经过的空间,好像这空间和运动本身是两个可以交换代替的项目一样。如果再多想一下,我们就可看出:运动物体的先后位置确实占着空间;但是这物体由一个位置移到另一个位置的过程是空间所捉摸不定的,它是一种在绵延中开展的过程……从其为自一点移至另一点的过程而言,运动是一种心理上的综合,是一种心理的、因而不占空间的过程。"③

吴国盛认为,芝诺的分析将事物先后主次颠倒了。因为运动是第一位的,时空结构是由运动导出的。"一旦把运动事件看作第一位的,而把时间空间看成对运动事件的抽象,那么飞矢问题就不难解决。飞矢作为一个物理事件在分析时应作为最基本的要

①　[古希腊]亚里士多德:《物理学》,张竹明译,商务印书馆1982年版,233a12—13。
②　[古希腊]亚里士多德:《物理学》,张竹明译,商务印书馆1982年版,239b31—33。
③　[法]柏格森:《时间与自由意志》,吴士栋译,商务印书馆1958年版,第74—75页。

素,而不是作为一个被导出的东西,相反,时空的结构应从像飞矢这样的物理事件中导出。""芝诺没能证明运动的不可能性,因为运动根本不可证。"①

在对运动的所有解释中,最迷惑人的出自黑格尔。"运动的意思是说:在这个地点又不在这个地点;这就是空间和时间的连续性,并且这才是使得运动可能的条件。"②"某物之所以运动,不仅因为它在这个'此刻'在这里,在那个'此刻'在那里,而且因为它在同一个'此刻'在这里又不在这里,……我们必须承认古代辩证论者所指出的运动中的矛盾,但不应由此得出结论说因此没有运动,而倒不如说运动就是实有的矛盾。"③

我认为,运动就是时间段内物体在空间中的位移。运动概念本身蕴含着两个差:时间差与空间差。如果芝诺悖论从空间结构上分析得到悖论,那么,亚里士多德的回答足以解释悖论。如果将芝诺悖论进一步理解为需要解释运动何以产生,那仅从时空上分析是不够的,无法解析出运动来,也就不可能得到令芝诺满意的答案。似是而非的诡辩解说只是给运动再增添几份神秘,没有触及问题的实质,无助于说明运动何以发生。积极的做法是考虑概念本身。柏格森从概念体系的角度分析给我们提供了一个方向,尽管我们未必认同他提出的那套概念体系。我认为,时空结构对运动概念的抽象不够全面,一些必要的因素没有考虑进来。要解释运动何以产生,必须考虑运动的承载者,此时,其承载者具有能量。我们必须将这种能量抽象成时空以外的第三个要素。正是由此能量造成了运动:能量的转换造成了运动。运动得以产生源于能量。不考虑这个因素,仅限于时空结构概念体系,至少就我们目前普遍接受的时空概念,是无法得出运动的。前文中所提到的吴国盛认为要将飞矢作为"最基本的要素",可能也是指这点。

概念是对世界各种事物现象的抽象。概念的确无法最终证明为什么世界存在这些现象。然而,从更广的范围证明某较窄的局部的范围内某种现象存在,概念系统是完全做得到的。否则,科学活动就成了文字游戏,科学理论的大胆预测被证实只是偶然使之,缘于人类的运气。

如果在说明世界的过程中出现悖论,不是世界出了问题,而是概念出了状况。罗素悖论与理查德悖论是出于人们使用性质界定集合时未能明确其范围。说谎者悖论在描述一类句子真值时将描述句本身置于其中,描述了自己,可以将其理解为描述范围不清。知道者悖论与意外考试悖论都不是悖论。合理行为悖论是由于合理行为的范围界定不清使得规则似乎是自我否定,而实际并未出现任何矛盾。芝诺悖论就是想要用一个简单的概念系统去解释一个含有更多因素的复杂概念。总之,悖论是由于概念的界定不清、人们使用概念不当造成的。其表现是逻辑无意义的语句。悖论,尤其是科学体系中出现的悖论只是警醒我们需要明晰概念,明确其所适用的范围,厘清概念间的逻辑

---

① 吴国盛:《你以为你真的被解决芝诺悖论了吗?》原载《自然科学与哲学》,转引自:http://www.vccoo.com/v/fdeb5a。

② [德]黑格尔:《哲学史讲演录》第 1 卷,贺麟、王太庆译,商务印书馆 1959 年版,第 289 页。

③ [德]黑格尔:《逻辑学》下卷,杨一之译,商务印书馆 1976 年版,第 67 页。

关系。但科学体系之外,由于概念本身的模糊及语言自身也成为谈论对象,完全消除悖论是无法做到的。

A Conceptual Analysis of Paradoxes

YU Junwei

(Renmin University of China)

Abstract: The vagueness of the domain of concepts results in the logically nonsensical sentences, which is the source of syntactic and semantic paradoxes. Such nonsensical sentences are grammatically correct. Improper use of concepts leads to pragmatic paradoxes. Pragmatic paradoxes do much more with our improper use of concepts than the vagueness of concepts. Improper use just gives rise to the seeming dilemmas that we can eliminate by specifying the use of concepts. None of the three kinds of paradoxes—the paradox of unexpected examination, the paradox of the knower, and the paradox of rational behavior—is a genuine paradox. The proper way in which we respond to Zeno's Paradox is not via practice but via reason. A feasible response is that the system of concepts Zeno used is too simple.

Keywords: paradoxes; truth; analysis of concepts; token; type

【伦理学】

论生活与伦理的关系

肖群忠①

内容提要：生活是人谋生的活动以及对其存在意义和价值、合理活动方式的追求。生活价值与意义的探索，必然使人们形成一定的人生观、价值观和生活观，也必须以一定的观念、规范、文化传统、生活方式的形式固定下来，这些规范、文化传统与生活方式就是生活伦理。因此，伦理源于生活，是生活观念与价值规范的凝结。生活与伦理的关系如何？显然，生活对于道德来说具有存在的优先性，而伦理则赋予生活以价值与意义。生活是事实存在，伦理是价值意义。生活是伦理的来源，伦理提升生活的意义。日常生活是指那些日复一日所发生的平常的生活。它显然不同于人的政治生活、制度生活，这种日常生活按马克思的说法是人类的"第一个历史活动"。日常生活与伦理有着非常直接与密切的联系，而且通过风俗直接交集在一起，伦理在最初产生时，就是一种习俗。日常生活伦理就是指直接产生于日常生活中的与习俗、行为方式等生活方式保持高度一致性的伦理观念与行为规范。日常生活伦理的特点：第一，日常生活伦理的基础性与先在性；第二，实然性与应然性的高度统一；第三，习而不察的自发性、世俗性；第四，经验性与具体性。

关键词：生活　日常生活　生活伦理　日常生活伦理

笔者提出并倡导"生活伦理"的研究②已经十多年了，日常生活伦理学的创新建构，必然面临着一个前提性的基础问题即生活与伦理的关系，或者说是日常生活与伦理的关系，本文将围绕什么是生活与日常生活，生活与伦理的关系，特别是日常生活与伦理的关系，日常生活伦理的相关特点等问题展开讨论。

一、生活及其本质

何谓生活？简单说，"生活"就是生命的存在以及为了谋求和保障生命存在与价值

---

① 肖群忠(1960—)，陕西省彬县人，哲学博士、中国人民大学哲学院教授、博士生导师，主要从事伦理学与中国传统伦理研究。本文为教育部人文社会科学重点研究基地重大项目"中国民众日常生活伦理研究"（HJJD720017）的阶段性研究成果。

② 肖群忠：《"生活伦理"论》，《中国人民大学学报》2006 年第 1 期。

而展开的人生活动。

谋生就是谋取生命的存在，即生存，生命的存在一定不是静态的，而是动态的，因此，人要保证生命的存在和生命的价值与意义，必须进行谋生和价值的活动。光活着还是不够的，作为一个文化的动物和有意识的主体，肯定还要追求活着的意义与价值，因此，"生活"一词就必然包含人们对生活意义和合理生活方式的探寻和追求。因此，生活不仅是一种客观的活命需求、谋生的客观活动，也是关于生活的价值和合理的生活方式的追求，这才是人的"生活"，如果仅有"活命"和"谋生"，那么就难以区分人的生活和动物的"生存"有何区别，反过来说，是生活的"意义"、"价值"、"观念"、"方式"这些精神性、文化性的要素使人的生活区别于动物的生存。

因此，在研究"生活"时，我们一定要研究客观的社会生活和人的观念之间的互动关系，唯有有意识自觉、价值引导的"生活"，才是人的"生活"。因此，也可以说，生活是人谋生的活动以及对其存在意义和价值、合理活动方式的追求。理解"生活"这个词最重要的关键词是：生存与意义。生存就是活着或存在，它是前提。"意义"才体现着生活的价值与本质。那么，什么是"生活的意义"，这个问题常常包括如下问题或含义：我们活着是为了什么？什么生活是值得过的？生活指向一个什么目的？

生活的意义，这是众多哲学家和普通民众思考的问题。人作为万物之灵，其存在与活动的根本特点就在于人是有意识的动物，人可以探索、创造价值与意义，因此，对生活意义的追寻与探索恰是人与万物不同之处。生活价值与意义的探索，必然使人们形成一定的人生观、价值观和生活观，也必须以一定的观念、规范、文化传统、生活方式的形式固定下来，这些规范、文化传统与生活方式在我们看来就是生活伦理，因此，伦理源于生活，是生活观念与规范的凝结。

要理解把握"生活"这个范畴，似乎还应该把握生活的若干特征：

第一，人是生活的主体。理性自觉与意义追求是人的生活的特质。生活是人的生活，生活只能由人来完成、来主导，人通过生活才能成为"人"，人在生活中存在，在生活中发展。一切生物都在一定意义上要谋"生活"即个体生存与种族繁衍，只是动物的生活是完全依靠本能以适应自然而活着。而人的生活则是一种理智与理性的生活。所谓理智生活就是指人对外在生存条件不仅是被动的适应，而是要改造自然，创造物质与精神财富以服务并改善自己的生活。这种为了生活、服务生活的过程中所创造出的物质与精神成果就是社会的文明，这其中不仅包括社会的物质成果，而且包括精神成果，这种精神成果，不仅包括智力性的科学技术成果，而且包括对善的生活、合理生活方式的理解与追求。因此，所谓人的理性生活就是一种合乎科学规律与善的价值观念的生活。

第二，意义与价值的追寻与建构是生活的本质。追寻这种合理的生活方式，不仅是人类群居的需要，而且也是人追求善良、健康合理生活的内在需要。用中国的话说就是"成物"与"成己"。所谓成物就是创造了外在于己的人类物质文明与精神文明成果，对人类社会文化发展作出了自己的贡献。所谓"成己"就是在这种"成物"的创造过程中，使人自身内在的心智能力和道德人格得到了发展和提升，人在创造艺术作品的过程中使自己成为了一个艺术家，人在行善利他的行为过程中成为一个道德高尚的人即慈善家或道德家，或君子或圣贤。这种成物成己的创造生活、文化、文明生活，按中国古代经典《左传》提出的"三不朽"观念来讲，"成物"表现为"立功"、"立言"，而"成己"则表现为"立德"。

生活是人的生命活动的动态展开过程，是人生的过程和体验，是与人的生存与发展直接同一的。人作为有意识的存在，这个存在既包含着对过去的记录和反思，也包含着以未来为指向的规划和憧憬。一个丧失对过去的全部或部分记忆的人，与一个不能规划或想象未来的人一样，充其量只能过一种非常不完整的生活。与一个更充实的人生相联系的是一个人生计划，它是一个人的一组连贯的、系统的目标和意向，包含着一个人的持久的价值承诺。在这个意义上，生活必须有过一种好生活的理想，要有幸福的期待与追求，要有自我完善的憧憬和目标，要不断实现从现实的我到理想的我的超越。意义与价值是未来、应该和理想赋予我们的，如果一个人的生活和人生没有了目标，那在某种意义上就失去了意义和价值，至少这种意义和价值就会减少。不仅要有目标，而且要有目标的实现和愉快的感受，这也就是幸福。前者可能是幸福的客观要素，而后者是幸福的主观体验。身体健康，丰衣足食，美丽的家园，良好的人际关系，安全公正的社会，健康的心智，快乐的心态，自我价值与尊严的实现，这些幸福的要素都是我们每个人所期盼和向往的，也使我们的人生和生活有了目标和价值。

生活的表现形式是丰富多彩的，不过，人的生活有其共同的本质，也有普遍的准则。生活的本质是人在自然和社会空间中，通过享受、占有、内化并创造人类物质文化、精神文化和制度文化，围绕人的生命存在和发展，实现人生价值和意义的能动的活动。人的生命存在是生活的基点，人生价值的追求是生活的展开过程，而人的生命价值的自我实现则是生活的归宿。生活的社会性决定了生活需要伦理指导和调节。

二、生活与伦理

生活与伦理的关系如何？生活是为了伦理？还是伦理是为了生活？

显然，生活对于道德来说具有存在的优先性，而伦理则赋予生活以价值与意义。生活是事实存在，伦理是价值意义。生活是伦理的来源，伦理提升生活的意义。伦理或道德是为了更加美好的生活，道德作为人的价值自觉与意义追求，其目的肯定是为了人们更好的生活。意义与价值的追求是以人的"存在"为前提的，但是意义与价值的追求却是生活的本质所在。

在生活与伦理关系上，一方面，伦理要以生活为前提，伦理源于生活。因为伦理是一定民族文化核心价值观、生活方式的集中体现，如果一定的伦理脱离了其生活本源，就会成为人们生活的一种异己力量，必然是没有生命力的。"活"先于"善"，生活先于道德,道德"参与"生活而不仅仅是"规范"生活,人为了"活"着,有时可能会被迫放弃或违背"善",这可能是一种客观存在,但倡导生活要有伦理,还是意在让伦理影响并规范引导生活。

强调生活之于伦理的这种先在性,就在于强调伦理从根源上是源于生活的,伦理产生之后其作用发挥,一定要强调生活化,也就是一定的伦理规范原则一定要贴近生活、贴近实践、贴近民众。而不使道德原则规范脱离生活,这样的伦理原则规范才内在于生活,才真正有生命力,才会实际发生作用,而不是高高在上,总是要外在地强行规约生活。存在先于本质,生活必然先于道德。"如果将人的本质规定类比为道德,将人的存在类比为生活,那也就可以得出人的生活先于人的道德之见解,而人正是通过后天的道德生活实践来生成和塑造自己的道德本质的。"①

道德需要融于生活,或者说生活中应该渗透着道德,换句话说,生活虽然是道德之源,却需要接受道德的指导。但这种指导最好不是道德强加于生活的,而是生活内在需要道德的指导。过一种美好的、善的生活是道德的目的,道德必须落实于生活实践中去。道德是为了人,是为了人的生活,是为了人生活得幸福。远离人、远离生活、远离幸福的道德,必然是异化的道德,人、生活、幸福也必然远离它,抛弃人、抛弃生活、抛弃幸福的道德,也必然被人、被生活、被幸福所抛弃。所以,美国当代著名哲学家和伦理学家弗兰肯纳认为:"道德的建立是为了人,而不能说人的生存是为了体现道德。"②

另一方面,生活确实也离不开伦理的指导,伦理使人的生活更加合理,更能体现出人性的光辉,更能实现他的幸福。一个没有道德的人,他的生活不可能是美好的。道德,使得生活更加美好。没有道德的指导与约束,生活就没有和谐;没有道德的升华,生活就没有光明。"在社会中,没有人认为流氓、无赖可以出人头地,流氓、无赖们自己也不会这么认为。不公正的生活很容易成为缺乏保障和让人忧虑的生活。如果有人靠偷盗、诈骗发迹,那么他的财富最终极易化为乌有。"③

伦理道德使我们的纯粹"自然生活"转化提升为"德性或伦理生活"。人们基于纯粹生理需求满足的生活是一种"自然生活",而有人类文化与道德指导的生活则是一种真正人的有意义有价值的"德性生活"。自然人经过"人化"后,在某种意义上说,人的纯粹自然性已经相当程度上被"人化"了,这就像不能把人的吃等同于猪的吃,也不能把人的性活动完全等同于动物的交配,但也不可否认,处于不同人生境界的人其"人化"、"文化"、"道德化"的程度是不同的。现代大哲冯友兰先生曾经在其《新原人》一书中把人生境界分成"自然"、"功利"、"道德"与"天地"四个层次。他认为,处于自然境界的人对生活的自觉性不高,"少知寡欲"、"不著不察",过着一种原始自然的生活。

---

① 易小明、李伟:《道德生活概念论析》,《伦理学研究》2013 年第 5 期。
② 易小明、李伟:《道德生活概念论析》,《伦理学研究》2013 年第 5 期。
③ [英]西蒙·布莱克本:《我们时代的伦理学》,梁曼莉译,译林出版社 2013 年版。

处于"功利"境界的人,其行为都有他们所确切了解的目的,但这种目的都是为利,而且都是为私利。而处于道德境界的人,他们都知道人的生活是离不开他人与社会的,人的生活资料的取得,必须尽伦尽职。功利境界的人,其行为是求利,而道德境界的人,其行为是行义,即遵照"应该"以行。行义之人,其行为不能以求他自己的利为目的,而是要利人助人的。而天地境界的人之觉悟就更高,自认为自己是宇宙的一份子,他的生活与道体完全合一,人得到彻底觉解,知天乐命。

生活是生命的存在与延续,伦理是生活的意义与价值的规范体现。直面生活又要反思生活,面向生活又要提升生活。伦理离不开生活,生活又需要伦理提升。生活只有经过文化、伦理的塑造与引领,才是真正人的生活,才是有意义、有价值的生活。文化与伦理的价值就在于塑造、引领生活。

生活伦理的探讨与建设是为了伦理生活,但它却不等于伦理生活。追求理想是为了理想的生活,追求道德是为了道德的生活。伦理或道德生活是人的生命活动中已经具有伦理价值并符合伦理规范的善生活。它主要表现为两种形式:道德思考与道德习惯。① 道德思考反思批判现实并建构理想道德生活,而道德习惯则反映体现在现实生活。在人的道德生活中,这两种意识与行为的要素实际上是统一的,但人在日常道德生活中,后者的因素即道德习惯的因素要更多一些,而无论是学理化的道德、制度化的道德或者意识形态的教化道德,由于其具有更高的自觉性,因此,道德思考与反思的因素要多一些,这两种道德生活类型的区别构成了人类道德生活的常态。不断追求理想的道德生活,过着日常的现实道德生活,为了追求理想的道德生活,人们不断反思并改造现实道德生活,构成了人类道德生活的动态过程。

三、日常生活

生活这一概念虽包含着上述丰富的含义和本质,但在狭义上往往则是指与"政治生活"相区别的"日常生活"。"不同的社会对于何为'日常生活'有着不同观点。然而,他们都大致将'日常'定义为日复一日所发生的事情,它们是那些源于寻常'却没有明显标志的事情'。""我们可以将日常生活状况有效地称之为'生活世界'(lifeworld),这个术语是在即将进入 20 世纪时由现象学派哲学家埃德蒙德·胡塞尔(Edmund Husserl)创造的。"②

日常生活是指那些日复一日所发生的平常的生活。日常生活,是维系人的生命存在和延续发展不可缺少的庸常的、反复的生命活动,即日常实践或日用常行。按赫勒的

---

① [英]M.奥克肖特:《巴比塔——论人类道德生活的形式》,《世界哲学》2003 年第 4 期。
② [英]戴维·英格利斯:《文化与日常生活》,张秋月、周雷亚译,中央编译出版社 2010 年版,第 11、14 页。

理解,所谓日常生活,是"指同时使社会再生产成为可能的个体再生产要素的集合"①。
这一看法注意到了日常生活与个体的生存、延续的联系,我们每个人要维持自己的生
存,都离不开衣食住行。如果寒冷时我们没有衣服穿,就会冻病甚至冻死;饥饿时没有
食物吃,我们就会饿死;没有房子住,我们就会流落街头、无家可归;如果我们失去了腿
脚而不能行走,生活就会留下很多遗憾;如果我们没有现代交通工具,我们也就会行之
不远。其实,我们的生活不仅离不开衣食住行,作为人的生活也离不开语言或者言语即
说话,有意识、有表达、有交往的生活才是人的生活,人区别动物之处就在于人"会说"。
人要生存和发展,无论对工作意义如何看,一般人可能总要有个工作,否则我们可能会
无所事事,不仅需要工作我们也需要闲暇,不仅需要闲暇,我们还需要娱乐,这一切又都
是以身体健康为前提的,健康是生命存在的正常状态,如果失去健康,我们生命的存在
和生存质量就会受到威胁。因此,健康既是我们追求的人生目标,也是一种专门的生命
活动,如锻炼身体、养生是为了更健康,医疗则是通过治疗疾病维护人们的健康。在娘
胎孕育,一朝来到这个世上,就开始了我们的人生之旅,它既有起点,又有终点。人的日
常生活,我们都会切切实实地感受到它的存在,一年四季,春夏秋冬,日出而作,日落而
息。汉族正月初一要过年,正月十五要玩龙灯,五月端阳要包粽子,八月十五要吃月饼,
甚至清明节、冬至、大年三十还要去给祖先上坟。每一个人都要经历出生、成年、婚嫁、
丧葬等人生历程,生老病死也是每个人不可避免的。正是基于对日常生活的生命存在
状态和生命活动的上述理解,我们的"日常生活行为伦理学"研究包含了对服饰、饮食、
居住、行走、言语、工作、休闲、娱乐、健康、生死十大领域的研究探讨,并已取得了相应的
成果。

人们为了生存和发展,要为生计即吃穿住行等基本物质生活去奔波、奋斗、交往。
这种日常生活是人的生存和发展的基本条件,它显然不同于人的政治生活。这种日常
生活按马克思的说法,是人类的"第一个历史活动",这也就是说人的日常生活是人的
其他历史活动的起点。

制度生活是指人在特定的制度体系中展开的生活。在制度体系中,人的生活方式
和人生观念受到制度、社会给定的规范的约束,生活的价值和意义往往通过与社会制度
和规范相符的程度来加以判断,这些制度不仅仅具有规范的意义,而且还具有法律的意
义。制度生活往往不具有自在性,不是人的自在生活,而是一种社会制约性的生活,制
度生活要求人们在某些具体场合遵循制度和规范。日常生活是人的一种自在性、自主
性的生活,是在非制度约束情景中的生活。日常生活具有明显的自生性、习惯性和情感
性等基本特征,在这种生活中"缺少创造性思维和创造性实践的空间,人的行为以重复
性的实践为特征,他直接被那些世代自发地继承下来的传统、习惯、风俗、常识、经验、规

---

① ［匈］阿格妮丝·赫勒:《日常生活》,衣俊卿译,重庆出版社1990年版,第3页。

则以及血缘和天然情感等所左右。"①尽管日常生活也受到社会制度和规范的影响，但在日常情景之中，日常生活总是试图摆脱社会规范给定的约束，而制度生活比日常生活更具有思维和理性的色彩，制度生活往往具有模式化、稳定性的特点，而日常生活则更具有情感性和情景性，更具有活力，从而日常生活往往是五彩缤纷的、丰富多彩的。当然，日常生活也不是完全随心所欲的，它同样具有生活的规则，但日常生活并非像制度生活那样，认可制度或规则的理所当然性，日常生活比制度生活更具有批判性。

有时，"日常生活"与"制度生活"相对，有时，我们常常用"日常生活"区别于"政治生活"。试想，在1978年前，中国人的生活是被强烈的政治意识形态所裹挟的生活，连谈对象这样极度的个人事件都要受到组织的审查批准，八小时内搞"革命工作"，八小时外在干什么，也要向组织汇报。整个社会生活都被"革命意识形态"所裹挟，因此，那时社会的主流道德必然只能是一种建立在革命意识形态之上的军事共产主义和社会主义的教化道德。在改革开放以后，随着意识形态在社会生活中的弱化，社会变得更加开放、多元，人民群众的日常生活也日益凸显，再用过去教条化的革命道德来指导日常生活中的民众，显然是力不从心了。近年来，为什么国学特别是儒学在民间社会再次热起来了呢？这是因为儒家伦理是一种建立在人性与人伦日用基础上的日常伦理和生活规则，儒学本质上是生活秩序的维护者，是高尚人格的倡导者。汉代以后，儒学和儒家道德虽被高度政治化，但它从来没有失去其生活基础和民众根源。

日常生活确实具有某种客观的既成性、自在性。日常生活中的个体，在他出生来到这个世界时，他就面临着客观已经存在的国家、民族、家庭等既成的客观环境，这是他只能认同、接受而无法选择的，而且，这些既成条件与传统还无形地影响着他，塑造着他的生活习惯、日常趣味，制约着他的行为方式。这样，日常生活的自在性就强于社会的制度、精神生活。所谓自在性，既是指独立于人的目的性活动，也指与自觉相对的非反思性。但如此说并不是说，我们就否认日常生活具有反思性，只是这种习而不察的特点，可能较之在一定意识形态或者制度指导约束下的高度自觉性来，其反思性与自觉性要稍微弱一些。这是对日常生活的主体来说的，但作为一名日常生活的研究者，揭示人们日常生活行为背后的习而不察的文化原因，则是非常自觉的研究活动。

西方文化比较强调生活世界与理念世界或者终极关怀的疏离，比如宗教，大多都是以否定现实世界的日常生活而以超越现实世界、进入极乐世界为旨归的。可是，中国哲学却非常强调日用即道的观念，即强调人生、人伦之理就存在于日常生活世界之中，人生之道、人伦之理并不远人，"道不远人，人之为道而远人，不可以为道"（《中庸》），本来就没有什么道，人走得多了，就成为道路了。道，是人所共由之。因此，生活的极高明的道理就存在于人的日常生活与人伦交往中。因此，"极高明而道中庸"，极高明的道，

---

① 《马克思恩格斯选集》第1卷，人民出版社1995年版，第243页。

必须贯彻、完成于人伦日用中。

日常生活虽然也离不开人与人的交往，但日常生活却体现了对个体生命存在的维护，对生命价值的肯定与确证，或者说，日常生活主要是以个体为承担者的。人不能不食人间烟火，一个人一天不吃饭还可以，如果几天不吃饭，可能生命就会出现衰弱现象。这种维护生命存在的日常生活，相较于人的政治、科学、艺术生活，具有先在性。马克思和恩格斯曾经指出："我们首先应当确定一切人类生存的第一个前提，也就是一切历史的第一个前提，这个前提是：人们为了能够'创造历史'，必须能够生活。但是为了生活，首先就需要吃、喝、住、穿以及其他一些东西。"①恩格斯后来将上述论述看作马克思一生所做的伟大发现："正像达尔文发现有机界的发展规律一样，马克思发现了人类历史的发展规律，即历来繁芜丛杂的意识形态所掩盖着的一个简单事实：人们首先必须吃、喝、住、穿，然后才能从事政治、科学、艺术、宗教等等。"②

虽然各民族和地区的日常生活似乎大体上是差不多的，但正如格奥乐格·齐美尔所指出的："即使是最为普通、不起眼的生活形态，也是对更为普遍的社会和文化秩序的表达。""换言之，每一个群体的生活世界是由这个群体的文化所塑造的。个人的生活世界，是由他们所属的不同群体中所有相互交织的文化力量组成，并且由他们生活其中的社会语境所构建。"③人类是文化的存在，他们的行为取决于人们不同的观念和态度——即文化，也就是人们长期以来生活其中的社会性和（或）养育他们成长的特定社会群体所形成的文化。"一个特定的群体如何思考和做某一件事，是由该群体的文化而非本能决定的。"④反过来说，日常生活在自身延续的同时，也以习俗、常识、惯例、规范、传统等形式使一定民族与人群的文化成果得到了传承。因此，生活伦理学应该对人们的这种日常生活进行这种文化的诠释分析和价值评估。

近年来，无论是西方还是中国，哲学研究均出现了关注生活世界的转向，20世纪西方文化哲学一个重要倾向是将日常生活提高到理性层次来思考，使哲学研究贴近生活，胡塞尔对"生活世界"的回归，维特根斯坦对"生活形式"的剖析，海德格尔有关"日常共在"的观念等都表明一代哲人已把注意力转向日常生活的研究。对此倾向国内哲学界已有回应。有人认为"哲学就是生活观"，生活观就是关于人类生活的根本观点，即通过对生活世界的深刻观察和理解，为人类提供一种能充分表达生活目的、特点和意义的生活理念。它的研究对象是人类的生活世界，研究主题是人类的存在方式，研究的核心是人类生活的意义，而总的研究成果则是对于人类"生活理念"的系统表达。⑤

① 《马克思恩格斯选集》第1卷，人民出版社1995年版，第79页。
② 《马克思恩格斯选集》第1卷，人民出版社1995年版，第776页。
③ ［英］戴维·英格利期：《文化与日常生活》，张秋月、周雷亚译，中央编译出版社2010年版，第4、15页。
④ ［英］戴维·英格利期：《文化与日常生活》，张秋月、周雷亚译，中央编译出版社2010年版，第7页。
⑤ 杨魁森：《哲学就是生活观》，《学习与探索》2004年第3期。

四、日常生活与伦理

日常生活在空间纬度上是由社会行动联结而成的,它不仅是生存、谋生的行动,也包含人际间性的交往活动,即可分为个人之"日用常行"和人际间"人伦关系"两个方面。一方面,在时间纬度上,是历史性的"意义结构",也就是历史积淀下来的文化传统、以习俗等形式表现出来的富有价值内含的民族生活方式。两者的重合则构成了"日常生活世界"的基本图景。正如德国学者许茨所说:"它从一开始就是一个主体间际的文化世界。它之所以是主体间际的,是因为我们作为其他人之中的一群人生活在其中,通过共同影响和工作与他们联结在一起,理解他们并被他们所理解。它之所以是一个文化世界,是因为对于我们来说,这个日常生活世界从一开始就是意义的宇宙,也就是说,它是一种意义结构(a texture of meaning)。"①这就是说,日常生活本身是实践的、行动的、交往的现实生命活动。另一方面,这种实践、行动与交往活动,在很大程度上是由传统、习俗以及其中所蕴含的价值意义所决定的,这两者的交集使"日常生活世界"结构得以形成和维持。

日常生活中的人,首先是以"我"的个体性存在的,生命、生活总是你的生命与生活,别人是取代不了你的活动、选择与决定的,你的生老病死,必须由你来承担。当然同时,作为人的存在和生活肯定也是社会性的、交往性的或者说是人际间性的。我之生命存在,是由于父母的生产活动而产生的,因此,我一来到这个世界,就要面对我和父母的关系;如果我父母不是生了我一个,那么,我就还要面对兄弟姐妹的长幼关系;我长大了,要结婚了,就会面对夫妻关系;我在社会上去讨生活,求发展,又要面对师生、朋友、同事、上下级等关系。这些日常活动与交往,离开了伦理的规约与指导,将无法顺利进行。

日常生活与伦理有着非常直接与密切的联系,而且通过风俗直接交集在一起,因为,伦理在最初产生时,就是一种习俗。现在英语中的"道德"(morality)一词就起源于拉丁语中的"mores",为"风尚"、"习俗"之意。风俗就是指人们在日常生活中逐步积累起来的生活方式与行为习惯。社会在不发达的发展阶段,人们的生活主要是求生存的日常生活,因此,这种社会条件下的道德还不像后世发达社会那样具有高度的自觉性,在这种条件下,风俗与道德有更多的重合性,因此,日常生活与习俗、道德有密切的联系,即使社会文明发达了,产生了制度、政治、知识等更加自觉的非日常生活与意识形态(教化)道德,传统、习俗、常识、戒律等道德形式还是常常与日常生活有更为密切的联系。

正因为日常生活道德与习俗有紧密联系,使它与历史传统有着更加密切的联系,继承的因素多,变化的因素较少,在传统中国的日常生活世界中,奉行"道在日用寻常之

---

① [德]阿尔弗雷德·许茨:《社会实在问题》,霍桂桓译,华夏出版社2001年版,第36—37页。

间"，这意味着，日常生活的言行举动无不与道德要求联系在一起，洒扫应对进退之中无不要求符合礼仪礼节，由寻常百姓的待人接物到皇朝贵戚关乎社稷祭祀朝拜，都无不为庞大的礼仪制度所覆盖。当然，这也是相对的，人类文化的进步一方面要保留传统与习俗，但同时也会与时俱进，移风易俗。在新习俗中，也一定体现了当代人的价值信念和生活方式，因此，日常生活与伦理总是密切联系在一起的。

五、日常生活伦理的特点

日常生活伦理就是指这种直接产生于日常生活中的和习俗、行为方式与生活方式保持高度一致性的伦理观念与行为规范。它具有如下特点：

第一，日常生活伦理的基础性与先在性。日常生活伦理在人们的生活中具有基础性与先在性，是我们每个人都不可能须臾离开的。在人们的生活中，这种日常生活道德，对于生活于一定历史文化中的个体来说，具有某种前在性与既定性，按罗尔斯的说法是一种"社会整体的契约"①，对人们的观念与行为选择发挥着极其重要的型铸作用。正是这种前在性与既定性，使日常生活道德更具客观性与环境的压力，具有普遍的约束力，而基于反思自觉的信仰与教化伦理则具有更多的应然倡导性特征。适应、遵循基于社会文化传统的日常生活道德，是每一个人在日常生活中的基本文明素质。

第二，实然性与应然性的高度统一。"在日常生活中，'是什么'的问题与'应如何'的问题往往并不彼此相分。以常识而言，作为日常生活的调节者之一，常识不仅提供了对日常事实的解释，而且也构成了引导人们如何做的行为规范。同样，习俗、惯例、传统等等，也既涉及对世界的理解或规定，又包含着日常生活中应如何做的要求。从饮食起居的生活习惯，到洒扫应对等日用常行，都可以看到'是什么'与'应如何'的统一：对生活需要的意识以及对社会伦理关系的把握，往往同时也规定了相应的行为方式。"②道德规范、习俗或习惯通常就是日常生活世界得以保持延续性和同质性的基本内容之一，它们原本就与日常生活世界相生相长，这说明，日常生活伦理较之意识形态的教化伦理，具有实然与应然的高度统一性、知行合一性。意识形态立足教化，因此，可能具有更多的应然指向性，从而有可能疏离于生活，我们的生活固然离不开一定社会的核心价值观与主流伦理来引领、规约，但确实需要一种更加亲民的日常生活伦理来指导民众的日常生活。当然，"日常生活世界"并非自然就是规范化、秩序化的，由于日常生活是异质成分驳杂混存的，稳定的生活秩序需要不断进行修补调整才能得以保持。因此，日常生活世界道德秩序的建构所做的工作是试图进行还原性的、合理性的理论论证，这恰恰就是日常生活行为伦理学所要做的工作。

---

① ［美］约翰·罗尔斯：《正义论》，何怀宏等译，中国社会科学出版社 1988 年版，第 510 页。
② 杨国荣：《道论》，华东师范大学出版社 2009 年版，第 256 页。

　　第三，习而不察的自发性、世俗性。日常生活伦理规范多是日常生活中普遍流行、习以为常的价值观念与行为规范，是日常生活中的"集体无意识"。因此，对于道德主体来说，虽然已经成为普遍的行为模式，但在意识上却不是非常自觉的，而是被无意识地认为，践行这些规范是理所当然的。正因为此，日常生活伦理世俗性强，超越性差，实用性与灵活性强，普遍性与原则性弱，或因不同主体、关系、情境而改变伦理态度与规范原则。但这并不是说它就没有任何基本的普遍的德性与规范，按照赫勒的看法，下述四种德性或规范是日常生活伦理的基本原则。"遵守诺言，讲真话，感恩和基本的忠诚。尽管这四种德行在无数场合被抛弃，但它们依旧代表着日常生活必不可少的方面，舍此我们几乎没有机遇成功地驾驭日常生活的激流。"①

　　第四，经验性与具体性。相较于学理化或者制度化，意识形态的教化道德的自觉性高、抽象性高，日常生活伦理规范总表现为质朴、具体的特点，常识、习惯等日常生活规范既然是规约具体的日常生活，那它肯定会表现出一时一事何者当为、惯为的具体性，"因此，日常生活是具体规范活动的领域"②。这种经验的、庸常的具体规范更能指导具体的实践，更能在主体间产生"将心比心"、"推己及人"的共感与共识，得到主体之间的普遍认同，因此，就更为有效地塑造、建构、指导、规约着日常生活。

　　笔者近十年来从事的日常生活行为伦理学研究与以往教化伦理学的致思方向和学术风格是全然不同的，是面向民众的、生活的、实践的；是科学的、诠释的、反思的。是既"说事"又"说理"的，应然的"道理"是从传统或者现代的"事实"中概括出来的，"事实"是"道理"的基础，"道理"是"事实"的"应然"，而不像以往的教化伦理只是一味地给人们讲"应然"之理。这是因为"生活"本身就是生存的事实和意义的探索的统一，这也是我们的"经史"合一方法最大的特点所在。因此不仅是视角的转化，而且包含方法论上的变革。把叙事描述与诠释分析相结合、历史透视和现实观照相结合、社会观察与文化分析相结合、价值批判和规范建构相结合。通过视角和方法的变革，欲实现下述研究目的：第一，探寻生活的意义；第二，追求健康的生活方式；第三，形成生活伦理的价值观念和规范；第四，指导民众的日常生活。希望本研究对于推动中国伦理学的研究范式转型，促进伦理学的学术品质和科学精神发挥一点积极推动作用，也希望本研究对提升中华民族的道德素质，提升民众日常生活的伦理文明程度发挥一些助益作用！

On the Relationship between Life and Ethics

XIAO Qunzhong

（School of Philosophy, Renmin University of China, Beijing 100872）

Abstract：Life is the activity of making a living, which concerns the exploration of the value and sig-

---

①　[匈]阿格妮丝·赫勒：《日常生活》，衣俊卿译，重庆出版社 1990 年版，第 92 页。

②　[匈]阿格妮丝·赫勒：《日常生活》，衣俊卿译，重庆出版社 1990 年版，第 52 页。

nificance of life by a rational way. The process of exploration of life will inevitably lead to the formation of certain norms and outlooks as well as some traditions and customs. These are springheads for the ethics of life. Ethics originates from life and it is the condensation of the view of life and value norms. Ordinary life is the first historical activity of mankind that is different from political life and institutional life. There is a very direct and close connection between ordinary life and ethics. Ethics firstly came into being in the form of custom and therefore custom is a vinculum between ordinary life and ethics. The ethics of life includes ethical concepts and norms that are highly consistent with customs and life styles. All in all, there are four characteristics of the ethics of ordinary life: one, it is basic and prior; second it has high degree of unity between necessity and possibility; third, it is spontaneous and secular; finally, it is empirical and specific.

Keywords: life; ordinary life; ethics of life; ethics of ordinary life

【日本哲学】

田边元对共荣圈的哲学设计哪里出了错？

——一种基于历史唯物论的诊断

徐英瑾①

内容提要：田边元在其"关于共荣圈的逻辑"的战时讲座中，仿照黑格尔的思辨哲学思路，给出了一个如何从"家庭"出发，慢慢过渡到作为超国家政治实体的"共荣圈"的政治哲学框架。从基于信息隐喻的历史唯物论的角度看，田边元的错误在于：他在"哲学范畴的语义学网络"与"针对现实的本体论承诺"之间建立起了缺乏相应担保的"理论直通车"，由此将本该兑现为资本主义社会架构的现实力量的所谓"纵向管制"理解为范畴体系自身的要求。同时，由于这种基于抽象范畴体系的政治哲学体系的高度思辨性，日本本土活生生的文化经验与历史积累以及资本主义社会自身的运行逻辑反而都戏剧性地落到了这种为日本军国主义行径背书的"共荣圈逻辑"的关注范围之外。

关键词：纵向动力学　横向动力学　共荣圈　种的逻辑　历史唯物论

一、导　论

　　稍有历史常识的读者都应当知道，"大东亚共荣圈"乃是日本近卫文麿内阁在1940年提出的一个旨在统辖东亚、东南亚、南亚、俄国（远东）等地区资源，为日本所用的大规模侵略计划。② 然而，至少在汉语学术界，并不是有很多人知道：京都学派的一部分哲学家也参与了对于"大东亚共荣圈"之合理性的哲学论证。关于这段被封尘的思想史旧事，日本国内除了大桥良介（1944—　　）编辑的《京都学派与海军——围绕着新史

---

　　① 徐英瑾，复旦大学哲学学院教授。本文的研究得到国家社科重大项目"基于信息、技术哲学的当代认识论研究"（15ZDB020）的资助。

　　② "共荣圈"这个提法的缘起，是1938年11月日本政府发表的"近卫声明"，其中，近卫文麿提出要实现"中日满三国相互提携，建立政治、经济、文化等方面互助连环的关系"。1940年8月1日，外相松冈洋右在为德国驻日大使奥特举行的招待会上，第一次提出了"大东亚共荣圈"的计划，即将原本的"三国提携"的方案扩展到整个泛亚太地区。

料"大岛备忘录"》①对此有所介绍之外,相关的二手研究资料并不多见。而对于无法阅读日语一手文献(却可以熟练阅读英文文献)的中国研究者来说,切近这段历史的最佳路径,或许便是威廉姆斯(David Williams)翻译的京都学派二号哲学家田边元(1885—1962)的《关于共荣圈的逻辑》②,以及同样为他所英译的、原本发表于日本《中央公论》杂志的一系列京都学派成员的战时会谈纪要。③

需要指出的是,本文试图重提这段思想史旧事的理论动机,并不在于"史海钩沉"式的思想猎奇,而是受着某种更为一般的理论兴趣指导的。我们都知道,马克思的历史唯物论的核心命题之一,便是对以"资产阶级专政"为实质的现代国家体制的系统性抨击——而令人感到惊讶的是,作为马克思主义在日本的理论竞争对手,京都学派右翼④的诸位思想家也对当时英美民主国家的国家体制的"虚伪性"作出了系统的批判。然而,两种看似应当颇有共鸣性的批判,却在理论与实践上均导致了南辕北辙的两种后果:当马克思主义者试图对所有的资产阶级国家形式——"明治维新"以来所形成的近代日本的国家体制自然也包含在内——提出批判并进行颠覆的时候,像田边元这样的哲学家却主张通过建立一个超越于现有国家形态的超级政治实体(这也就是已经被田边元"哲学化"了的"共荣圈"),来扬弃种种无法在国家层面上克服的矛盾。从这个角度来看,田边对于"共荣圈"的辩护本身,恐怕就不能被简单地理解为对于当时日本国内主导性政治势力的一种屈从性的回应了,而应当被视为某种深思熟虑的理论思考的产物。因此,我们对于此类带有明显政治错误的哲学结论的批驳,也不能够仅仅处在"政治批判"这一肤浅的层面上,而应当具有某种可与田边哲学自身相匹配的学术深度。

而要完成这种学术批判,我们自身所要依赖的理论武器除了历史唯物论之外,还将包括一种基于信息隐喻的自然主义叙事框架。有意思的是,经由信息隐喻所进行的对

① 该书的日文版本信息是:大桥良介:[京都学派と日本海軍—新史料"大島メモ"をめぐって],PHP研究所,2001年12月1日。关于此书的书名,在这里笔者还有必要作出一番简要说明。对战时日本军政结构稍有了解的读者都应当知道,日本海军与陆军之间的关系非常恶劣,而且对于加入德意日三国轴心,海军一度持非常消极的态度。因此,日本海军就在一定程度上带给世人"比较开明"的印象。相比较而言,京都学派的一些成员(除了田边元之外,还有高坂正显、高山岩男、铃木成高、大岛康正、西谷启治等)是比较喜欢与日本海军合作的(并在海军的保护下时不时发表一些对陆军不利的说明),而海军方面与这些学者们的主要联系人则是高木惣吉与米内光政。此书便是大岛康正所记录的京都学派相关成员在充当海军智库时所发表的相关言论的"备忘录"。

② 这篇文章收录于 David Williams, *Defending Japan's Pacific War: The Kyoto School Philosophers and post-White power*, London: Routledge/Curzon, 2004, pp.188-199。

③ David Williams, *The Philosophy of Japanese Wartime Resistance: A Reading, with Commentary of the Complete Texts of the Kyoto School Discussions of "The Standpoint of World History and Japan"*, London: Routledge, 2014.

④ 京都学派的左翼有三木清(1897—1945)与户坂润(1900—1945),思想接近日共,而京都学派的头号人物西田几多郎(1870—1945)的思想则非常暧昧,很难说是左翼还是右翼。本文所着重讨论的田边元的战时思想则一向被识别为右翼。因此,抽象地谈论京都学派是"左翼"还是"右翼",乃是没有意义的,相关的讨论必须落实到具体哲学家的具体文本。

于历史唯物论既有框架的这种补充，恰恰是受到田边哲学自身叙事逻辑启发后的产物：具体而言，田边在其对于"共荣圈逻辑"的阐述中对于所谓"纵向关系"与"横向关系"的讨论（详后），在实质上便已经触及了两种信息传导方式之间的关系——尽管田边元自身的反唯物论立场使得他最终误解了他自己上述谈话方式的真正哲学意义。反过来说，本文对于田边元所言及的"纵向关系"与"横向关系"自身的唯物论—信息论重构，将自然地起到为田边氏的整个思辨化政治哲学体系"祛魅"的作用，并由此为一种更具唯名论色彩的政治哲学观的建立扫清地基。

本文的具体讨论将分为三个环节。在第一个环节中，笔者试图以最精要的语言，围绕着田边元对于"家庭"、"国家"与"共荣圈"这三个社会—政治单元的思辨化阐述方案，向读者展现其"共荣圈逻辑"之概貌；在第二个环节中，笔者将用辅之以信息隐喻的历史唯物论语言，揭露田边对于"家庭"的分析理路中的破绽；在第三个环节中，笔者将依照同样的分析思路，来深入批判田边关于"国家"与"共荣圈"的阐述。在上述的阐述过程中，笔者也会顾及田边本人对于历史唯物论的批评意见，并从后者的立场上对田边哲学提出反批评。

二、田边元的"共荣圈逻辑"的大致理路

要说清楚田边"共荣圈逻辑"的理论，我们不得不首先了解一下作为其理论基础的"种的逻辑"的概要。"种的逻辑"（日语"種の論理"，一般英译为"the logic of species"）是田边为了与其老师西田几多郎所提出的"场所逻辑"对抗，而大约在 1934 年到 1939 年提出的一种新的哲学框架（由于本文不涉及对于西田哲学的评价，我们就此放过对于西田—田边关系的探讨）。非常粗略地说，"种的逻辑"是一种试图打通形而上学、逻辑学、政治哲学乃至宗教哲学的宏大理论企图。①这里需要说明的是，田边所说的"种"，即逻辑学家言及"种加属差"时所说的"种"。与"种"对应的另外两个基本范畴则是"属"与"个体"，三者之间的关系乃是："个体"首先是属于某个"种"的，并以这种方式间接地属于某个"属"。因此，"种"也便成为了"个体"与"属"之间的"媒介"。田边式"种的逻辑"区别于柏拉图理念论的要害就在于：二者虽然都具有鲜明的反唯名论面相，田边却特别强调"种"在"特殊"与"一般"之间的中介作用，而不像柏拉图那样，直接将理论重点放置于"共相"之上，却对"共相"如何被个体所"分有"这一点顾及不够。而如果我们再用"时—空"作为讨论线索来看待"个体—种—属"三者之间的关系的话，

① 田边元表述"种的逻辑"的最核心文本，就是《种的逻辑》。相关的日文版本信息：田辺元（著），藤田正勝（編集）：［種の論理——田辺元哲学選 I］，岩波書店（2010 年 10 月 16 日）。不过此书还没有完整的英文与汉语翻译。而在战后，田边对自己的"种的逻辑"进行了修订，将其升级为"作为辩证法的种的逻辑"，并使得其宗族哲学色彩越来越浓郁。请参看相关文献的英译本：Tanabe Hajime, The Logic of the Species as Dialectics, trans. David Dilworth and Taira Sato, in *Monumenta Nipponica*, Vol.24, No.3(1969):273–288.

我们便还可以这么界定"种的逻辑"自身的逻辑地位:亚里士多德主义者所看重的"个体"是在时—空之内的,而柏拉图主义者所念念不忘的作为"共"相的"属"乃是在时—空之外的。与之相对比,田边心目中的"种"则是时—空之外的"属"向时—空之间的"个体"展现自身的方式,因此,它在本体论上便具有兼有"时—空性"与"非时—空性"的过渡性地位。

需要指出的是,尽管田边所说的"种"多少有点让人联想起亚里士多德所说的"第二实体",但田边本人则更倾向于以一种"祛实体化"的态度而将"种"视为"个体"与"共相"进行信息交换的媒介机制。从这个角度看,田边哲学依然属于一种广义上的柏拉图主义(而不是亚里士多德主义),因为如若没有田边对于"共相"的本体论地位的预先肯定,其对于"种"的功能的描述也会随之失去着落(这里需要补充的是,田边所说的"共相"或"属"并不直接就是像"红性"这样在将谓述名词化之后所导致的本体论对应物,而是与更为神秘的"绝对无"相关的。详后)。或换个说法:"种"只是作为"共相"的"信使"才能够在田边的哲学体系之中出现——它预报着共相的出场,并随时准备在后者出场后将自身加以解体。"种"的这种不稳定性,恰恰是我们理解田边在讨论"共荣圈逻辑"之时所需要切记在心的。

那么,田边的"共荣圈的逻辑"与其"种的逻辑"之间的结合点又体现在何处呢?大致而言,田边模拟了黑格尔思辨唯心论的思路,将作为政治哲学理论的"共荣圈的逻辑"视为了作为形而上学理论的"种的逻辑"的"外化"。通过这种"外化"机制,"个体"被具体化为了一个个活生生的人类个体;"种"被具体化为了特定的民族或文化共同体;"属"则被具体化为了国家或超国家的大型政治实体(如"共荣圈")。这也就是说,所谓"共荣圈的逻辑",便是一种用以描述"比较简单的社会单元是如何经由自身的矛盾而演进为更为复杂的政治实体"的辩证性话语框架。在这个框架中,在较低层次上出现的单元会不断地被在更高层次上出现的单元所扬弃——而根据田边本人的一厢情愿的预期,所谓"共荣圈",则将在这场浩大的逻辑演进史诗的终场出现,并统摄在前述所有环节出现的种种矛盾。

"共荣圈的逻辑"第一个环节乃是对于家庭的逻辑地位的描述。家庭被田边元视为个体的人类的"种",或是一种"种的构造"。他对于"种的构造"的解释如下:

> 去断言一个社会体或社会组织具有一种"种的构造",便意味着那个被讨论的社会体将自然地且不可避免地将从其自身之中发生分裂与崩解。特别就作为共同体的家庭而言,它自己并不具有什么简单的结构以便使得其自己豁免于上述崩解。恰恰相反,家庭的特征便是:它既有一个复杂的等级,或者说是一个纵向的动力学结构,又有一个横向的即平均化的动力学结构。为了满足其在空间中抵制时间流变的需要,家庭联合了时间与空间。所有的这一切都被包含在了家庭的种的构造

之中，并保证了其形式上的复杂性。（田边 188-189①）

通过阅读上下文可知，田边元在上述引文中所说的"纵向的动力学结构"，更多地是指父母辈与子女的关系，而所谓"横向的动力学结构"，更多地是指夫妇之间的关系。就二者与时—空的关系而言，前一种关系具有比较鲜明的时间维度，因为长辈与子女的关系本身就意味着"过去"对于"未来"的一种统摄；而后一种关系具有比较鲜明的空间维度，因为夫妇本来各自所从属于的家庭就已经处在空间上的并列关系之中了。也恰恰是因为家庭本身就统摄了这两种关系，所以田边元才在上述引文中说"家庭联合了时间与空间"。为了进一步说明家庭内部这两种要素之间的斗争，田边元甚至还动用了黑格尔在《精神现象学》中讨论古希腊悲剧《安提戈涅》的思想资源，将家庭视为"人为法律"与"神灵的律法"进行斗争的场所——或说得更具体一点，家庭中的夫妇关系是经由所谓"人为法律"的背书，而对缺乏直接血缘关系的男女之间的自然关系的一种社会学再肯定，而家庭中的父子关系则是在"人为律法"之外，直接经由所谓"神灵的律法"而完成的对于既定的血缘关系的肯定。很显然，按照这种叙述逻辑，家庭自身的和谐，将取决于家庭成员是否能够在代表"横向动力学结构"的"人为律法"与代表"纵向动力学结构"的"神灵律法"之间找到完美的平衡点——而在田边看来，也恰恰是因为达成这种平衡的高度困难性，家庭所自带的"种的结构"在根本上便具有一种不可克服的不稳定性。不难看出，由于田边元已经预设了整个宏观社会结构本身应当是具有真正的稳定性的，所以，从逻辑上看，上面的观察很容易就催生了这样一种结论："就那种将家庭视为更大的共同体或社会集合之原型的提议而言，我非常怀疑其合理性。"（田边—188）这也就是说，在田边看来，更大的社会学与政治学单位的构造，必将不以家庭的构造为其母型。

这样的思路引导田边元转向了对于"国家"的讨论。严格地说，依据田边的理路，"国家"并不是"家庭"的一种扩大版或类比物（此思路无疑迥异于中国古人常有的"家国一体"的思想），是以"共相"——而不是所谓"种的结构"——为自己的形而上学基地的。需要注意的是，田边哲学意义上的"共相"所直接对应的日本汉字乃是"類"（即简体汉字"类"），因此，国家的存在形式也可以被说成是一种"类存在"。那么，为何在作为"类存在"的"国家"与作为"种的存在"的"家"之间，存在着根本的不同呢？田边本人的解释如下：在一个国家之中，固然存在着家族之间的冲突与马克思主义者所言及

① "田边 188-189"指的是田边元关于"共荣圈"的文本的第 188—189 页。本文引用"共荣圈的逻辑"的文本的具体版本信息是：Hajime Tanabe，On the Logic of Spheres：Towards a Philosophy of Reginal Blocs，translated by David Williams，in David Williams，*Defending Japan's Pacific War：The Kyoto School Philosophers and post-White power*，London：Routledge/Curzon，2004，pp.188-199。由于笔者对于此文的引用均参考了此英译文，所以以后就在括号里直接给出页码，不再重复版本信息，以减少页下注数量。该文献的日文原文见于《京都学派与海军》（［京都学派と日本海軍—新史料"大島メモ"をめぐって］）第 227—244 页，笔者亦在翻译田边原文时根据日文做了一些校对。

的阶级斗争,但是,"严格来说,不同集团之间的斗争若彼此之间不具备任何共通处,便是完全不可被设想的。斗争的来源,恰恰就是人们通过连接而进行彼此协作的那种潜能。"(田边192)这也就是说,双方进行的斗争本身就预设了双方都属于某种共通的"类存在":"没有这些类,对于此种与彼种的对比也就会成为不可能之事"(同上)。因此,"一个真实的类就不是一个更大的种,并不是诸个种在彼此进行斗争时所处的那种极限状态……而必须是某种未被表达出现的东西"(田边192)。正是在这种意义上,田边将"类"或"共相"这个概念与更具神秘色彩的哲学概念"无"(日语汉字"無")相提并论(因为真正的"类"像"无"那样是不可被言说的),并以一种神秘兮兮的口吻说什么"……在人类社会结构的基底处,我们能够发现'绝对无的统一性'(日语:絶対の無の統一),而对于这种统一性的考量可不能够采纳种的立场(田边193)"。

不难想见,田边对于国家之形而上学基地的如此抽象的描述,若要与真实的国家的经验形态发生关系,显然还需要时—空作为媒介——因为真实的国家毕竟是存在于时—空之中的。与家庭对于时间与空间的联合机制相类似,在田边看来,类似的机制也在一个更复杂的层面上出现于国家之中,或用他自己的那种黑格尔风格浓郁的话说:"这种'类'一定要将那'把所有空间性转换为横向关系的时间性'与那'把所有时间性转换为纵向关系的空间性'加以联合"(田边192)。或用更容易为常人所理解的话来说,在田边所描述国家架构中,"时间性"是以至上而下的政治管制方式出现的(因为"管制"本身就意味着传统力量对于当下力量的压制),而"空间性"则是以国家公民形式上的互相平等为其表现形式的(因为彼此平等的公民在空间上是彼此并列的)。不过,与"家庭"对于"时间性"与"空间性"的松散结合方式不尽相同的是,在田边所说的国家形式中,纵向的管制形式被赋予了更为明显的主导性,否则在他看来,国家自身就会立即解体(田边190,195)。其背后的理由是:在家庭结构中,本来可以在一个更小的尺度中存在于横向关系之中的自然凝结力(如夫妇之间的自然吸引力)会在一个更大的尺度上被高度稀释,并由此转而成为一种更强烈的斥力——而要与这种斥力相抗衡,国家自身的纵向控制力就必须被高度强化——尽管在这种强化后,公民之间的形式上的平等(以及作为其制度保证的民主制度)依然需要作为一个必要的环节而在现代国家的整体架构中得到一定程度的保存(田边194)。

然而,进一步的思索使得田边元发现:即使在国家层面上,依然存在着某些使得其和谐性难以被保证的"不安定因素",因为任何国家所植根的社会基础依然是带有"种的结构"的,而任何"种的结构"都是不稳定的(这种不稳定的社会结构也被他称为"种族社会",日语为"種族社会")。他写道:

> 然而,得缘于一些人力不可控的因素,大多数国家只要达到某种最起码的统一性之后,就会开始分裂。这一点没有例外。与之类似,国家一旦发生分解就会开始重建自身,但只要其一开始巩固其权力就会开始分解自身。国家分裂的趋向又是

受到权力自身荣衰之驱动的……换言之，国家存在的理由，乃是得缘于其巩固权力、维护统一的能力的——但在与此同时，这一点同样也是适用于种族社会的。国家在巩固权力方面所取得的成就，并没有使得来源于国家的种族性根源的横向分裂倾向得到遏制。而那使得种族社会之上的国家得以维持其统一性的唯一措施，便是去限制那些来自于诸种族社会的威胁——而要做到这一点，除了在国家之上再设置一个更高级的控制力之外，是别无办法的（田边 195-196）。

上述引文中提到的"国家之上的更高级的控制力"，便是田边所描述的"共荣圈"。尽管田边没有明说，但结合其发表相关文本的历史背景，可知它显然指的是近卫文磨所试图建立的、由日本所领导的泛亚太地区的"大东亚共荣圈"。很明显，按照上述引文所给出的理路，该国家联盟中的各个国家之间的关系不可能是彻底平等的，否则，所谓的"国家之上的更高级的控制力"也就会变得无所依托。这种理论意蕴自然就为日本在"共荣圈"中的所谓"领导地位"的"合法性"提供了理论依据。然而，就像在"国家"层面上田边曾允许横向的平等关系依托某种受限的民主制度而存在一样，在他设计的"共荣圈"中，他亦允许"圈"中的较为"后进"的成员在某种程度上享受与更为"先进"的成员（这当然暗指日本）类似的平等地位——不过，这种新层面上的"横向关系"依然只能在整个"共荣圈"的结构中占据辅助地位而已，而这种地位显然是无法抵消"共荣圈领导者"纵向支配地位的。

以上，便是田边的"共荣圈逻辑"的大致理路。现在，我们就转入对于它的学理批判。

三、对于田边的"家庭"观的反思

田边的"共荣圈逻辑"所具有的哲学抽象性与理想性，显然全面回避了日本军国主义在战时的所作所为，因此，将其说成是对于日本战时侵略行为的一种学术掩护，也是不为过的。然而，仅仅通过澄清"共荣圈逻辑"背后的历史背景来对其进行批判，在学理上依然是不够严肃的。我们当然可以设想这种理论可能性的存在：田边哲学的同情者完全可以通过置换其理论的原始历史背景，而为其学理中的某些"抽象成分"提供新的哲学辩护（比如，在承认日本帝国主义罪行的前提下，为具有某种别样经验形式的国家联盟的合法性提供辩护）。在这种情况下，原本借由批判日本军国主义的战时行径而批判田边"共荣圈逻辑"的思路恐怕就难以继续奏效了。由此看来，如果我们要对"共荣圈逻辑"展开一种真正严肃的哲学批判（而不是政治批判）的话，我们就必须为这样的批判活动预备好一种与第二次世界大战的特定历史语境保持一定间距的哲学立场——否则，这样的批判就难以引出任何具有真正普遍性的结论。

前文已经指出，本文批判"共荣圈逻辑"的基本哲学立场是自然主义的——或说得更具体一点,是一种通过信息隐喻加以强化的历史唯物论立场。这里需要强调指出的是,笔者所理解的"历史唯物论"并不是一种抽象的哲学教条,而是一种从特殊历史事件的动力学机制(比如说经济学机制)出发来理解历史事件之意义的、高度细致化的工作纲领。因此,历史唯物论者批评"共荣圈逻辑"的理路,也应当紧贴田边的抽象哲学描述所对应的经验事实,并在此过程中一边将其所使用的"大名词"尽量地"兑现"为能够被经验科学所消化的"小零钱",一边在上述"兑现"失败之时,及时标注出被检视的理论与经验事实之间的落差,以便由此警示后来的阅读者。

我们不妨运用上述方法论原则,先来考察一下田边元对于家庭的"种的结构"的讨论。根据前节的讨论,田边对于家庭结构的"不稳定性"的描述,实际上是以下述论证为基底的:

(1)家庭的结构内部存在着"横向动力学"与"纵向动力学"之间的竞争;

(2)只有在"纵向动力学"占据优势的情况下,家庭的结构才能够出现基本的稳定性;

(3)在家庭的结构中,"纵向动力学"的地位是不足以压倒"横向动力学"的;

(4)所以,家庭是一个不稳定的社会单位。

为了将田边元的思辨哲学语言全面"祛魅化",现在我们便用一种由信息隐喻加强的唯物论语言去翻译(1)—(3)。此项翻译的要点是:我们首先得假设任何一个家庭都是一个能够进行信息处理并能够根据相关的处理结果输出特定行为的决策—行动单元,而该单元本身复又由一系列更为基本的决策—行动单元(即作为家庭成员的人类个体)按照一定的信息交流方式加以构成。因此,整个家庭的最终的整体行为输出,将取决于其内部各个节点彼此之间在信息交流与行为方式方面的互相叠加或互相抵消的复杂情况,而无法脱离其对于这些节点的组织方式而被抽象地谈论。此外,由于上述基于信息隐喻而给出的对于家庭之运行逻辑的说明,依然在本体论上预设了作为物理存在者的人类肉体的基础地位(否则上述工作流程就无法找到相关的"实现者"并由此成为物理世界的一部分),因此,上述说明依然是唯物论性质的。

按照这一新的话语方式,那么(1)说的无非就是:家庭内部存在着两种不同的信息流动方式:夫妇之间的、水平方向的信息流动方式,以及长辈与子女之间的垂直方向上的信息流动方式。在前一种信息流动方式中,任何一方对于另一方的信息输出所导致的后者的信息输出方式的改变,也会以几乎同样的程度,反过来影响前者的信息输出方式;而在后一种信息流动方式中,尽管子女的信息输出方式往往会随着长辈的信息输出方式的改变而改变,而长辈的信息输出方式却在很多场合下却并不会随着子女的信息输出方式的改变而改变。同理,(2)的意思就能够被重新转换为:家庭的结构的稳定性,取决于长辈的信息输出方式对于子女信息输出方式的"纠正"机制是否能够在家庭生活中起到主导地位。同理,(3)的意思也便能被重新理解为:在家庭生活中,水平方向的信息流动方式,往往会对垂直方向的信息控制方式构成实质性的干扰。

从论证的角度看,(4)的可接受性显然取决于(1)—(3)的可接受性。但经过上面这番"祛魅化"改写之后,我们却发现在这个论证中最为要害的(2)是非常成问题的。具体而言,田边元似乎欠我们一个关键性的解释,以说明为何垂直方向上的信息管制方式能够为家庭的稳定性作出更大的贡献。如果我们出于"对辩论双方公平"的考量,而努力站在田边的立场上补全这一解释的话,我们似乎也只能构造出如下这个辅助性论证,来填补这一理论短板:

(1*)家庭的稳定性取决于其整体输出行为的一致性;

(2*)家庭整体输出行为的一致性取决于其内部信息整合方式的效率;

(3*)纵向的信息管制方式由于弱化了被管制方的反馈机制,所以在信息整合的效率上要高于横向的信息交换模式;

(4*)所以,纵向的信息管制方式能够对家庭的稳定作出更大的贡献。

然而,这个论证的最根本前提——(1*)——却是错的。从一种准演化论的角度去看,家庭的稳定性存在的关键乃在于其是否能够给出具有一定一致性的适应性行为,而仅仅输出具有一致性却不具有适应性的行为乃是毫无意义的(因为我们完全可以设想"某个家庭一贯性地输出了某种不具适应性的行为,并最终导致灭亡"的情形)。而一个决策—行为单元要在生存环境高度复杂(即不可预期)的情况下,最终给出真正具有适应性的反应,它就必须在"信息整合的效率"与"整个单元行为的一致性"之间牺牲至少其一(甚至全部)。给出这一判断的相关理由则是:高度复杂的信息显然需要更多的时间资源去加以评估(并因此而损失输出速率),而要使得决策—行为单元获得更多样的环境反馈,决策—行为单元也需要在更多的方向上尝试更多样的行为方式(并由此减损整个系统的行为一致性)。从这个角度看,至少在未来输入高度不确定的环境下,对于横向信息交换模式的依赖,将有利于作为决策—行为单元的家庭从更多的方向上采集来自环境的反馈信息,由此使得其决策能够更加符合实际。而在同样的情况下,对于纵向信息管制方式的依赖却可能会堵死环境反馈的信息上传渠道,由此使得某些从短期看来具有高度一致性的整体行为输出方式,在中长期对决策—行为单元的安全构成威胁。因此,那种认为"纵向的信息管制方式能够为家庭稳定作出更大贡献"的观点,至多只有在"环境参数高度稳定"的特定条件下,才能够勉强成立,而不具有真正的普遍性。

——那么,既然田边元关于"家庭不是一种稳定的社会学单位"的论证是站不住脚的,这是不是就意味着"家庭的稳定性"就可以通过对于田边逻辑的这番驳斥,而自动得到捍卫了呢?

事情其实还没有这么简单。一般而言,关于"甲是否稳定"的断言,只有在预先肯定相关参考坐标系的前提下才能够被判以真假。具体而言,如果我们在非常大的时—空尺度内讨论任何社会单元的稳定性的话,那么,毫无疑问的是,任何社会单元都是不稳定的(因为没有一个社会学系统能够在长远摆脱"热力学第二定律"的控制而阻止其自身熵值的扩大）——不过，这样的泛泛结论显然会使得我们失去对于任何具体历史社会问题的聚焦点。而从一个更符合一般人视角的角度去看，关于"社会单元甲是否稳定"的断言显然要以其他社会单元的比照为前提——譬如，对于"家庭"的稳定性的考量，往往就会以对于"国家"的稳定性的考量为参照系——因此，当一个观察者从两个不同的坐标系出发去考察家庭稳定性的时候，其结论就很可能也会呈现出明显的二重性。

而马克思、恩格斯对于家庭稳定性的考察结论，显然就具备了上面所说的这种二重性。如果这里所说的家庭仅仅是指泛泛意义上的"夫妻之间的关系、父母与子女之间的关系"的话，那么，由于这种关系牵涉到了"人的自我繁殖"这一"自然关系"（马恩卷1:532①），那么，从马克思主义的角度看，这种意义上的"家庭"当然就具有了比照"国家"而言更为明显的稳定性（而人类家庭史相对于人类国家史而言更长的长度，显然也能够为这一判断提供佐证）。然而，如果就特定的家庭形式——如排除了群婚制的"专偶制"——而言，马克思、恩格斯则倾向于认为这样的家庭单元是不稳定的，因为在他们看来，支持专偶制的财产继承制度本身只是人类历史发展的一个阶段的产物而已（参见马恩卷4:74）——故而，这种意义上的专偶制应当且将要随着现代资本主义制度的消失而消失（参马恩卷2:50）。细心的读者不难由此看出：从逻辑上说，无论马克思、恩格斯采用这双重视角中的任何一种，他们的结论都会对田边元的立论构成非常大的威胁。具体而言，如果马克思、恩格斯采用"宽标准"以便允许家庭以更大的稳定性存在的话，那么，在这种理论视角中，那使得家庭得以被保存的"黏合剂"便将主要由人类的自然繁殖需求来扮演——而在这种情况下，我们的确没有任何先验的理由来认定经由此类需要而被连接的男女关系肯定是一种纵向的控制关系（而与此结论相对比，纵向的控制关系的确是田边元所唯一认可的家庭黏合剂来源）；反过来说，如果马克思、恩格斯采用"严标准"以便剥夺家庭以更大的稳定性存在的话，那么，在这种视角中，能够松动这种已经与私有制紧密联系在一起的家庭关系的最重要的不稳定因素，却恰恰就是纵向的金钱控制关系（尽管田边元本人认为：纵向关系的存在，一般而言就是为了防止家庭结构被松动，而不是使得其被松动）。

不难看出，上述基于马克思、恩格斯"家庭观"的分析，其实已经完全拆散了田边在"纵向关系"与"稳定性"之间以及在"横向关系"与"非稳定性"之间所画下的简单等式。而一种更忠于马克思、恩格斯文本精神的分析框架，甚至还会促使我们去怀疑真正意义上的"横向关系"在资产阶级家庭中真正的本体论地位——譬如，恩格斯就明确指出过，资产阶级法律对于男女横向平等的形式规定，实质上已然掩盖了妻子"相当于无产阶级"的实质，因此，这种"平等"无疑是带有很大的欺骗性的（马恩卷4:87）。很显

---

① 这指的是《马克思恩格斯文集》（人民出版社2009年版）第1卷第532页。本文引用马克思、恩格斯原文，均采用此格式，以减少页下注的数量。

然,如果这种怀疑是可以成立的话,不仅是田边对于家庭结构的整个分析结论,甚至连其原始分析框架也需要被放弃。

至此,我们已经通过对于田边"家庭"观的分析得出了三点结论:(甲)田边没有一个能够说服人的论证,以证明家庭中的"纵向关系"可以比"横向关系"更能为家庭结构的稳定性作出贡献;(乙)田边忽略了"纵向关系"本身在一定历史条件下成为家庭结构引爆点的可能性;(丙)田边甚至不能够证明:与私有制结合在一起的资产阶级家庭形式中所出现的"横向平等性"不是意识形态欺骗的一部分。而从一个更深的角度看,田边之所以会在所有这些方面得出与历史唯物论相冲突的结论,则是因为:其一,他一直在使用思辨哲学的语言进行理论构建,而很少对这些语言在经验世界中的"兑现价值"进行审查,由此便增大了其在论证中陷入语言迷雾的机会;其二,他对于家庭问题的思考悬置了对于特定家庭所处的特定历史条件的考察;其三,他对于横向的或纵向的信息交换关系的考察,是以一种脱离经济学要素的方式进行的,因此,他也就无法像历史唯物论者那样,发现特定家庭关系背后的特定的经济异化形式所起到的主导性作用。

在上述三点诊断中,第三点尤其值得一提。需要注意的是,尽管田边本人并非对历史唯物论的分析路数一无所知,但是他还是坚持认为他的"种的逻辑"要比历史唯物论来得高妙。其基本理由是:历史唯物论对于阶级斗争的片面强调,忽略了"斗争"与"和谐"之间的辩证关系,即忽略了"斗争"本身也预设了某种"一致性"——而在田边看来,这种"一致性"恰恰是必须从超越于"种"的视角的"类"的视角来加以理解的,而不能诉诸对于经济关系的经验考察。因此,田边自信地认为他的"种的逻辑"是能够包容历史唯物论的,而不是反之(参田边191)。不过,依据笔者浅见,田边的这种观点是建立在三个错误的思想预设之上的:

预设一:从语义学知识(如关于"哪些语词之间存在着词义配对关系"的知识)中,我们是可以推出特定的本体论知识的(如关于"哪些事物确实存在"的知识)。具体而言,正是根据该预设,田边元才认为:从关于"斗争"与"和谐"这两个词义之间的语义配对关系出发,就可以推出与"阶级斗争"这一现实相对应的作为"和谐保证者"的"类"是存在的。但这样的推论显然包含着一种跳跃——从哲学史的角度看,这种跳跃非常容易类似于安瑟伦从语言中的"全知全能者"到现实世界中的"全知全能者"的跳跃。不难想见,如果康德对于安瑟伦的"本体论证明"的批评思路是行得通的话,那么,我们没有理由不将同样的批驳思路施加于田边元身上。

预设二:作为"和谐保证者"的"类"必须被落实为一种政治实体,特别是超越于"种族社会"的国家。然而,即使我们不去计较"预设一"之中的逻辑跳跃而去孤立地考察"预设二"的话,那么,其中所包含的武断性依然是无法令人接受的,因为它显然武断地排除了从其他角度解释斗争双方之间存在可沟通性的可能——比如像费尔巴哈那样诉诸像"爱"这样的功能性结构,或像后世的社会生物学家与演化心理家那样诉诸智人在心智架构方面的彼此接近①。而无论我们采用这些备选解释方案中的任何一个，我们都难以跟随田边而得出"必须拥抱国家实体"这样的结论（因为人类的基本心理功能的存在，显然是不依赖于国家的存在的）。

预设三：历史唯物论的基本观点可以仅仅归结为阶级斗争学说，而这种学说本身由于忽视了家庭的"种的结构"的不稳定性与不可克服性，而无法在根本上为人类的社会提供"和谐"的担保（田边 191-192）。然而，在这个预设中，田边元其实是在双重意义上误解了马克思、恩格斯的学说：其一，田边没有认识到，阶级斗争学说仅仅是唯物史观的一个方面——毋宁说，从人类的物质生产角度理解社会与历史的发展，才是唯物史观的核心，因此，将"挑动阶级斗争"视为唯物史观的全部，其实是一种很肤浅的解读；其二，田边并没有认识到，马克思主义者并不承诺对于资本主义制度的推翻可以消除任何意义上的人类矛盾，甚而言之，马克思主义者甚至不把"消除任何意义上的人类矛盾"作为自身的奋斗目标（否则唯物史观就会沦为一种幼稚的"乌托邦"愿景）——毋宁说，马克思主义者更为关心的是如何消除作为"死劳动"资本异化形式对于人类"活劳动"的奴役——然而，由此牵涉的对于人类历史的物质生产面相的考察，却又恰恰是田边元所不关心的。

而正是在以上这些错误预设的引导下，田边元的政治哲学在国家层面与超国家层面上，也产生了与历史唯物论之间的重大分歧。

四、对于田边的"国家"观与"共荣圈"观的反思

前面已经说过，在国家结构层面上，田边的政治理想是建立一个以纵向的政治威权统治结构为主，横向的民主制度为辅的混合政体。而在超国家层面上，他的政治理想则是：建立一个超越于日本地域的泛亚太地区的国家联合体——这个联合体既应当保持作为领导者的日本对于整个广大地域的一定控制权，同时也将在横向维度上适当尊重各成员国的主权。那么，历史唯物论者该如何评价田边在这两个层面上的结论呢？

不难想见的是，就对于国家的地位的观点而言，历史唯物论与田边哲学的观点乃是针锋相对的。历史唯物论者始终将资产阶级国家视为资产阶级的一种统治机器，并将其民主制度视为掩饰资本统治之实质的一种意识形态装扮。至于那种将国家政权粉饰为全民族超阶级利益的观点，则被马克思本人毫不客气嘲讽为"先窃国后馈赠"的愚民把戏（参看他对于拿破仑二世的嘲笑，马恩卷 2:576）。在这个问题上，我们的确很难看出马克思对于西方资产阶级国家形式的批评，为何不能在更新部分经验材料的前提下，而在原则上被重新应用于明治维新后的近代日本身上。

---

① 参见徐英瑾：《演化心理学对于〈1844 年经济学—哲学手稿〉之"异化"观的"祛魅"》，《学术月刊》2013 年第 6 期。

不过，值得玩味的是，尽管在国家层面上，田边元对于纵向的与横向的信息交流形式的辩护的确很难与马克思主义的观点有所交集，然而，他在超国家层面上对于"威尔逊体系"的虚伪性的批判，却在某些方面与马克思主义的观点有部分的重合。

现在我们先来看看什么叫"威尔逊体系"。我们知道，美国总统威尔逊在1918年作出了一个重要的演讲，提出了所谓的"十四点计划"，抛出了诸如"公开外交（反对秘密外交）"、"公海航行自由"、"民族自决"、"自由贸易"、"公正解决殖民地问题"等国际政治目标。这种主张也被称为"威尔逊主义"。一般认为，所谓"威尔逊体系"，就是以"威尔逊主义"为理念而被构建起来的国际政治秩序，以图取代大英帝国实行多年的"均势外交"（即一种主要基于地缘政治考量而非道义原则的国际政治操作理念）。很显然，从逻辑上看，"大东亚共荣圈"与"威尔逊体系"是不能够共存的两个国际体系，因为前者的如下三个主张恰恰是后者所竭力反对的：（甲）日本有资格对"共荣圈"中的各成员代行部分政治与经济权利；（乙）日本联合舰队有权利控制太平洋西岸的广阔水域（并在这种意义上驱逐西方在远东的海上军事势力）；（丙）"共荣圈"的成员国将在一定程度上对"圈外成员"建立贸易壁垒，以维护"共荣圈"的整体经济利益。

读到这里，读者可能会问：既然威尔逊主义的言辞如此冠冕堂皇，而日本的"共荣圈体系"又显得如此霸道蛮横，作为哲学家的田边元又有何理由去支持"共荣圈"呢？就此，他的相关评述如下：

> 在现实中，先进国家当然会出于经济利益的考量而对落后国家横加剥削，而如若没有国与国之间的实质上的不平等（而这一点又恰恰是传教士们所试图否定的），上述剥削又怎么可能发生呢？在这里，关键乃在于国家在时间中展现其力量的能力。纵向的支配权——而不是横向的平等关系——才是使得先进国家成为先进国家的东西。然而，西方殖民主义者却试图经由对于所谓"平等"的口头承诺，来掩盖其进行经济剥削的实质。由此，我们就可得出结论：如果日本能够成功地建立"共荣圈"的话，那么，上述这种可疑的英美化路径就要被放弃，以便让位于一种新路径，使得"共荣圈"诸国的自立自足可得到鼓励——与此同时，该路径将吸引各国以自愿的与独立的心态，来参与整个共荣圈的经济发展进程。……不过，发达国家与落后国家之间的区别不会在这一进程中被掩饰，而会得到坦率地承认。这就意味着：一方面，无论是领导国还是随从国，都需要清楚地意识到"圈"内成员不同经济发展水平之间的差距所导致的彼此差异，并由此意识到坚持某种"圈"内的权力、秩序以及国家之间的等级关系的必要性；但另一方面，权力的这种不平衡绝对不能导致帝国主义式的一国对另一国的剥削（田边197-198）。

上述引文背后的论证可以被重构如下：

（1）英美的国际政治路径在字面上对于"平等"的宣扬，并不能够掩盖其对落后国家进行经济剥削的实质（这是一个对于经验事实的观察）。

（2）毫无疑问，对于落后地区与国家的剥削必须被停止（这是一个伦理学判断）。

（3）从上面两点可推出，我们只有抛弃英美的国际政治体系，才能够真正帮助到落后的国家与地区。

（4）而一种更有效的帮助落后国家的方式，便是抛弃对于"平等"的虚伪宣扬，允许发达国家以一种最大的道德诚意来介入对于落后国家政治与经济事务的管理，以此将领导者与被领导者缔造为同一个"命运共同体"。

（5）而这样的新的国际体系，只有通过建立"共荣圈"才能成为可能。

尽管这个论证的结论肯定是我们无法接受的，但是不容否认的是，该论证的头三步似乎是部分地模拟了马克思主义批评西方资本主义强权的思路（而这恐怕也是日本战时对于"共荣圈"的政治宣传在某些亚洲国家能够蛊惑一部分人心的道理）。譬如，在《共产党宣言》中，马克思、恩格斯便一方面承认"资产阶级在它的不到一百年的阶级统治中所创造的生产力，比过去一切世代所创造的所有生产力还要多，还要大"（马恩卷2:36），另一方面也尖锐地指出："它迫使一切民族——如果它们不想灭亡的话——采用资产阶级的生产方式；它迫使它们在自己那里推行所谓的文明，即变成资产者（马恩卷2:35）"。由此看来，马克思、恩格斯非常清楚：资产阶级以廉价工业产品开道的"全球化"进程是以"将经济剥削从一国拓展到全球"为实质的，而资产阶级平权理念的全球化传播，并不会从根本上改变这一进程的实质。

然而，需要指出的是，当马克思、恩格斯在《共产党宣言》里对资产阶级的全球扩张模式进行批判的时候，他们并没有像田边元那样特别点名英、美等具体的资本主义国家。这当然不是因为他们不知道英语世界在资本主义扩张中的"领头羊地位"（尽管马克思、恩格斯在世之时，美国还非世界头号强国，但是维多利亚女王时代的大英帝国早已达到"如日中天"的程度）——而是因为：在他们看来，资本主义的传播与剥削方式的普遍性具有一种超越于个别民族国家文化特征的特质——因此，先进资本主义国家与落后国家和地区之间的矛盾，在实质上依然是一种放大版的阶级冲突，而不是民族冲突。依据此思维逻辑，从马克思主义的角度去看，像田边那样特别突出"英美秩序"与"东亚秩序"之间对立的思维模式，则会在客观上掩盖如下关键性事实：日本所试图组建的泛亚太政治—军事—经济组织本身，依然遵循的是资本主义的运行逻辑，因此，它的出现根本就不具备更新世界历史篇章的"伟大意义"。进而言之，从马克思主义的角度去看，也正是在作出前述遮蔽的前提下，"共荣圈"的辩护者才能有机会浑水摸鱼，将日本资产阶级与英美资产阶级在资源争夺方面产生的矛盾，粉饰为东亚民族为了生存发展而与盎格鲁民族展开的"圣战"，由此为日本帝国主义所领导的军事扩张行动招募到更多的"志愿炮灰"。

由此看来，即使是田边元在前述推理的前三个步骤中给出了与马克思主义者"形似"的诊断，这两种诊断意见也是"貌合神离"的。而此类暂时还没有完全浮出水面的分歧,又在该推理的第四步与第五步暴露了出来。具体而言,针对步骤(4),历史唯物论者完全可以发出这样的质疑:我们如何相信"共荣圈"中的发达国家的"道德诚意"不是一种欺骗的产物呢? 或再退一步说,即使这种"诚意"并不是刻意欺骗的产物,我们又如何相信一种纯粹的道德力量可以成为一种具有足够因果力的现实力量,以使得资本主义运行的逻辑能够反过来受到这种道德力的制约呢? 而针对步骤(5),历史唯物论者所能够提出的质疑则是:为何以日本为首的"共荣圈",能够在国际场合中承载一种比"威尔逊主义"更好的道德秩序呢? 或问一个与这个貌似抽象的问题密切相关的史实性问题:1932 年秋天由"国联"指派的"李顿调查团"对于中国东北主权的虚弱的书面支持(这种支持显然是以"威尔逊主义"为思想后盾的),为何要比日本在更早时候用直接武力去占领东北、成立"伪满"的武断作为,在道德上显得更不可接受呢? 很显然,在这些极为要害的问题上,田边的"共荣圈逻辑"都保持了狡猾的缄默。

从上面的分析来看,出边的"共荣圈逻辑"对于资本主义剥削机制的批判,的确带有一种"浅尝辄止、看碟下菜"的片面性与不彻底性。依据笔者管见,之所以会出现这种情况,或许是与田边哲学的以下两个问题有所关联的:

其一,田边哲学对于思辨话语形式的高度依赖性,使得其对于英美式的资本主义剥削制度的批判仅仅具有一种抽象的"道德批判"的肤浅面相,而缺乏对于一系列基本的政治经济学问题的深入考察作为其学理支撑。所以,他的相关批判对象就只能落实到"盎格鲁民族"这个概念化的标签之上,由此使得自己的理论自觉或不自觉地成为日本官方用以渲染反英美情绪的理论工具。

其二,田边哲学对于思辨话语形式的高度依赖性,甚至使得其没有机会在经验层面上深入考察日本自身的历史——特别是长期的分裂、战乱的日本古代历史,以及由此造成的复杂的民间心理——与"共荣圈逻辑"之间的隐秘张力,并由此放弃了从别样的角度去探索日本民族生存、发展之道的实践可能性。

而在笔者看来,倘若田边能够从基于信息隐喻的功能主义视角出发,好好发掘所谓"横向—纵向"二分法的解释潜力,那么,他或许就可以通过一种更深入的方式来切近"资本"与"民族"的本质。不过,也正因为田边本人所采取的哲学思考路数与笔者所建议的路数的确南辕北辙,所以,我们在此也就只能为他"代劳"了。

先来看"资本"这一端。众所周知,在讨论"商品的拜物教性质及其秘密"的时候,马克思就已经说得很清楚:诉诸"人的脑、神经、肌肉、感官等等的耗费"而形成的人类感性劳动形式与资本的抽象力量之间的关系,非常类似于宗教所依赖的实际人际关系与宗教所描述的虚幻世界之间的关系(马恩卷 5:90)。套用基于信息隐喻的功能主义语言来翻译马克思的这段著名评论,我们便可以这么说:抽象的资本所扮演的角色,便是将具有彼此不同"信息格式"的感性劳动样式(譬如,生产一只笛子与烹饪一条松鼠桂鱼的劳动形式,各自所需要的信息加工形式就彼此大相径庭),全部转化为统一的"信息格式",由此使得不同的劳动产品可以在比较大的时—空范围内相互流通。这样一来,在抽象的货币形式与多样的感性劳动形式之间,就出现了某种"一对多"的关系。然而,从本体论的角度看,这种貌似能够凌驾各种感性劳动的统一的信息交换方式,并不是真实存在于世界之中的,而是为了方便人与人之间的交往而被发明出来的一种概念工具。而资本主义制度的奥秘,便在于将这种概念工具视为真实存在的统治力量,并反客为主地将具有各种信息格式的感性劳动视为这种抽象力量的"外化形式",并由此将上面提到的那种"一对多关系"升级为田边所说的那种"纵向控制关系"。与之相对应,马克思心目中的共产主义社会的革命性,就在于在信息传播样式上彻底颠覆了上述抽象的"纵向控制力"的统治地位。同时,为了使得较大时—空范围内的劳动产品的交换不至于因为不同信息格式的频繁转化而导致交换者的"心智负担过载"问题,马克思提出的建议是:在建立"自由人的联合体"的前提下,根据个体劳动者的"劳动时间"去"计量生产者在共同劳动的个人可消费部分中所占份额的尺度"(马恩卷 5:96),由此大大减少生产与消费之间的环节——也就是说,在尽量压缩纵向的信息管理结构的前提下,尽量提高信息的横向传输效率,由此使得自由人之间的横向的、自发的物质—能量—信息交换能够使人类的各种物质与精神需要得到充分的满足。很显然,这样的理想社会图景,与动辄强调纵向管理机构之不可或缺性的田边政治哲学,在思想旨趣上是彼此针锋相对的。

再来看"民族"——特别是田边所从属的日本民族——这一端。不得不指出的是:由于日本的国家力量被西方世界所广泛重视,乃是在日俄战争(1903—1904)之后的事情,所以,我们的确难以从在此之前就已逝世的马克思、恩格斯那里找到与日本直接相关的讨论内容。因此,笔者只能根据唯物史观的基本精神,以及笔者所理解的日本历史,为田边对于日本在"共荣圈"中的领导地位的辩护提供一些"不利证词"。

在田边的叙述逻辑中,一直没有得到怀疑的一点是:日本作为一个统一的、具有强大纵向控制力的民族国家,其稳固的存在乃是毫无疑问的。然而,依据笔者之管见,虽然现代意义上的大和族的存在是毫无疑义的事情,但是在明治维新之前,日本历史是否具有中国式的"大一统"传统,却是大为成疑的。具体而言,旧石器时代(前 10000 年之前)、绳文时代(约前 10000—前 300 年)的日本还没有进入阶级社会;弥生时代(约前 300—300 年)的日本可能已经进入了奴隶社会,但是小型国家林立,尚无统一的日本政权。① 尔后的古坟时代(约 300—600 年)虽然出现了规模较大的"大和国",但因为其遗留文物多为本州南部、奈良、大阪一带的坟墓,我们对其政权组织样式尚无更确切的了解。而在尔后的飞鸟时代(约 600—710 年),日本政府执行了以隋制为样本的"大化

---

① 在弥生时代,位于日本的"奴国"虽然派遣使者远赴东汉首都洛阳获得所谓"汉委奴国王"(此事记载于范晔的《后汉书·东夷传》),但所谓"奴国",无非即位于今天九州的福冈平原的一个小国而已。后来的邪马台国女王卑弥呼虽然也派遣了使者难升米远赴曹魏政权的首都洛阳进行朝贡(此事记载于陈寿的《三国志·魏志·蛮夷传》),但是邪马台国依然很难说是全日本的政权,否则我们就难以解释为何其使者向曹魏政权提出了帮助该国压服狗奴国的要求(狗奴国是另外一个日本地方政权)。

改新"，政治制度开始初具中华帝国式的纵向控制结构，经济制度上亦出现了以自耕农经济为底色的颁田收授法与租庸调制。不过，尽管随后出现的奈良时代（710—794）依旧继承了模拟隋、唐政治、经济制度的传统，但在平安时代（794—1185）后期，地方庄园经济却已经逐步取代了自耕农经济，而成为日本的主导经济制度——由此一来，皇权的纵向控制力也就不得不遭受削弱。与之同时，在皇权之外拥有独立军事与经济力量的武士阶层（其原名为"御家人"），也已经作为一个独立的社会阶层浮出了水面。具有强烈地方独立性色彩的武士阶层随后在镰仓幕府时代（1185—1333）、南北朝时代（1336—1392）、室町幕府时代（1338—1573）与战国时代（1464—1615）上演了大量充满血泪与豪情的历史活剧①。就这样，经过各地地方势力多年的彼此攻伐与对立，在此之前形成的"统一日本"的历史印记，几乎已经在当时日本人民的民族记忆中被全面覆盖。甚至在终结了战国时代之大分裂的德川幕府时代（1615—1868），日本也没有实行类似于中华帝国的郡县制度，而在一定程度上默许了各地大名对于日本地方的强力控制。由此看来，若要用"横向—纵向"的话语框架来描述战国时代结束之后、明治维新之前的日本本土所发生的信息—物质—能量交换模式的话，我们就会发现：各地的大名（诸侯）实际上已经构成了江户的德川幕府与日本广大农民之间的"中介性节点"，而他们与其所从属的底层农、林、渔劳动者之间，各自又保持着带有乡土色彩的特定信息传输格式。而上述中介层的存在，显然在一定程度上阻碍了中央对于底层劳动者的直接信息传输与物质榨取②。这样的结构当然依然是具有某种"纵向结构"的（因为任何一个大名都可以被视为一个微型的"纵向秩序控制者"），但是其在"中介层"上的复杂度却要远远高于同时代的中国清朝基于省—府—县的三级纵向管理结构——因此，其整体的"纵向度"是要低于中国明、清两代的专制皇权制度的。同时需要注意的是：这样的传统日本社会结构，依然在今天的日本民众心理中留下了非常深的烙印：比如，今天以大阪为核心的关西民众与以东京（原江户）为核心的关东民众，依然继承了丰臣秀吉集团与德川家康集团在战国末期的相互敌视心态，而各自认为自己所处的日本地域为"日本之正统"；日本的大量家族企业则将封建时代的武士集团内部的效忠制度转化为了极富日本特色的"年功制"与"终身雇佣制"，甚至还凭借这种制度上的"移花接木"在战后迅速完成了日本的经济复兴。从这个意义上说，传统意义上的日本社会，就是田边在表述其"共荣圈逻辑"时以否定口吻提到的"种族社会"（即一个由大量的宗族式结构所构成的、中介层相对丰富的社会）；而战后日本的经济繁荣，也就是建立在"种族社会"之上的繁荣。

　　而与之相比较，一种统一的"大日本帝国"观，则纯然是明治维新的产物，而非日本

---

① 这些时代分期之间有时间上的重叠区，而这一点就足以体现日本古代史的高度复杂性。

② 德川幕府当然也给出了相应的措施来压制地方大名的独立性，比如非常著名的"参勤交代"制度（按此制，各藩大名都要定期离开藩地去江户执行政务，而来往领地与江户的所有花费均由地方承担）。不过，大名领地的世袭制度却基本得以幸存。

传统文化所孕育的果实。尔后开始的军国主义化进程，其实是以全面删减日本传统文化中的"横向交流结构"、补强其"纵向管制结构"为特色的，其典型的案例有：将地方风土色彩浓郁的神道教改造为国家宗教；将以特定封建领主为效忠对象的武士道精神改造为以天皇为效忠对象的"帝国军人精神"①；通过贯彻国家意志的全国性义务教育向年轻人灌输"日本帝国国民观念"；等等。但正如我们都已经知道的，正是这种对于日本地方自治传统的武断的破坏，最后将日本打造为了一台隆隆开动的军事机器，最终给亚洲与日本本国人民都造成了巨大的灾难。

在这里需要补充的是，历史唯心论者往往将日本在第二次世界大战中的侵略暴行归诸所谓"日本民族中固有的侵略因子"，却根本不了解：明治维新以来的日本军国主义化进程，本身就是以全面歪曲日本文化传统为前提的。而站在唯物史观的立场看来，之所以上述以"弱横强纵"为特色的歪曲能够克服日本文化传统的惯性而得以发生，主要乃是因为资本主义运行的野蛮逻辑使然——具体而言，在相对后进的国家建设强大的资本主义工业体系，除了对内榨取、对外侵略之外，其实本来就是很难有别的道路可走的。而只要资本主义的机器一隆隆开动，那些为和辻哲郎所看重的古老的乡土风俗就难免会成为被随意践踏的花草②。与之相比照，战后的日本虽然依然保持了资本主义制度，却因为卸下了建立"共荣圈"的无可承受之重，由此反而腾挪出了更多的资源用于乡土文化建设，亦由此在一定程度上修复了被军国主义时代破坏的文化传统。因此，战后的日本的社会管制结构也再次转向了在中介层上的日渐复杂化。站在马克思主义的观点上看，这一转变当然是具有历史进步意义的，因为复杂化的中介层的进一步发展的结果，就是纵向管制结构的进一步弱化乃至消亡——由此，人类的历史进程，或许亦可被逐渐导向马克思所真正希冀的"自由人之间的真正联合"。

五、总　结

若我们试图从纯哲学角度（而不仅仅是政治批判的角度）来总结田边元在提出其"共荣圈逻辑"时所陷入的理论迷思的话，那么，我们首先便可以这么说：田边元通过引入黑格尔式的辩证法语言，在"哲学范畴的语义学网络"与"针对现实的本体论承诺"之间建立起了缺乏相应担保的"理论直通车"，由此将本该兑现为资本主义社会架构的现实力量的所谓"纵向管制"理解为了范畴体系自身的要求。同时，由于这种基于抽象范

---

① 武士道精神在江户时代最为鲜明的体现，便是所谓的"忠臣藏"的故事，即以浅野家的家老大石内藏助为首的47个浪人为冤死的主公复仇之事（此事发生在1702年）。这一复仇事件充分体现了原本意义上的武士道精神与军国主义思想之间的根本差异：真正意义上的武士道精神体现的是家臣对于主公的忠诚，而对更高的政治权威（如江户的中央政府），却表现出了相当程度的蔑视。因此，为了抽象的国家理念而奉献自身生命的想法，对于传统武士来说，是非常怪异的。

② 参见徐英瑾：《马克思与和辻哲郎关于伦理本质的对话——以"空间性"概念为切入点》，《长白学刊》2016年第6期。

畴体系的政治哲学体系的高度思辨性，日本本土的活生生的文化经验与历史积累也好，资本主义社会自身的运行逻辑也罢，反而都戏剧性地落到了为日本军国主义行径背书的"共荣圈逻辑"的关注范围之外。从这个角度看，对于"共荣圈逻辑"的批判，与其说是对于日本民族性的清算，还不如说是对于那种系统地误解了日本民族性的历史唯心论的清算。很显然，只要我们真正理解上述清算的指向，这样的批判并不会催生国人对于日本民族性的非理性的敌视，更不会因此而为中、日之间实现真正的民族和解而增加新的观念障碍。

而如若站在一个更为抽象的角度去看的话，田边哲学所陷入的理论迷雾，乃是一种系统化的"范畴错误"（category mistakes）的产物，即那种在将实质上无法被归类的事物错误地等量齐观后所产生的思想混乱。说得更具体一点，由于缺乏将抽象的哲学表达"翻译"为更为具体的经验描述的必要思维操作，田边始终没有意识到所谓"纵向关系"所试图统摄的诸种"横向关系"之间存在着"信息格式"方面的不可通约性，并在这种无视的基础上，自作多情地为难以被化约的"多"找到了能够扬弃它们的"一"——却同时对这种抽象的"一"在经验世界中的"落地方式"不闻不问。[①] 考虑到这种忽略经验实证研究、沉湎于概念游戏的学风在相当程度上也存在于目前中国的人文学界，本文对于田边哲学的批判自然也包含了针对一切具有"反自然主义"风格的思辨性政治哲学的意蕴。

On the Syndrome of Tanabe's Notion of the "Co-Prosperity Sphere": A diagnosis from the perspectives of historical materialism

XU Yingjin (Fudan University)

Abstract: In his wartime lecture on the logic of the so-called "Co-Prosperity Sphere", Tanabe Hajime, in some way mimicking Hegel's speculative philosophy, attempted to elaborate a new framework in which the necessity of the evolution of less stable social units (like families) to more stable ones (like Co-Prosperity Spheres) could be made philosophically comprehensible. However, from the perspectives of historical materialism and philosophy of information science, it can be concluded that Tanabe mistakenly ignored the huge gap between the topology of the semantic network composed of varieties of categories and ontological commitments of what actually is, and it is this ignorance that eventually led him to mistake the emergence of "vertical dynamics", which should be construed as a part of the functioning of capitalist society, as

---

① 尽管田边元在战后出版了《忏悔道的哲学》（英译本信息：Tanabe Hajime, *Philosophy as Metanoetics*, translated by Takeuchi Yoshinori, University of California Press, Berkeley, 1986），对自己战时的言论进行了反思性批评，但是整部著作所依赖的话语框架，在神秘主义色彩上其实还要甚于其原始版本的"种的逻辑"——具体而言，他在这部著作中所反复强调的"他力"概念，乃是借自于佛教净土宗在日本的鼻祖亲鸾（1173—1263）的思想，并糅合了大量来自于基督教思想家（如克尔凯郭尔）的因素。因此，整部著作的理论旨趣，其实是比其战时言论更远离历史唯物论（因为在其战时言论中，他至少依然还保持着与历史唯物论进行对话的兴趣）。

something required by his logic alone. Meanwhile, even the clan-centered features of Japanese history and culture, which is actually in tension with Tanabe's notion of what a nation should be, were out of his theoretical vision.

Keywords: vertical dynamics; horizontal dynamics; the Co-Prosperity Sphere; the logic of species; historical materialism

责任编辑:洪 琼

图书在版编目(CIP)数据

哲学家·2017/中国人民大学哲学院 编;姚新中 主编. —北京:人民出版社,2018.6
ISBN 978-7-01-019386-1

Ⅰ.①哲…　Ⅱ.①中…　②姚…　Ⅲ.①哲学-文集　Ⅳ.①B-53

中国版本图书馆 CIP 数据核字(2018)第 109102 号

哲学家·2017

ZHEXUEJIA 2017

中国人民大学哲学院　编　姚新中　主编

人民出版社 出版发行
(100706　北京市东城区隆福寺街 99 号)

北京市文林印务有限公司印刷　新华书店经销

2018 年 6 月第 1 版　2018 年 6 月北京第 1 次印刷
开本:787 毫米×1092 毫米 1/16　印张:16.25
字数:310 千字

ISBN 978-7-01-019386-1　定价:69.00 元

邮购地址 100706　北京市东城区隆福寺街 99 号
人民东方图书销售中心　电话 (010)65250042　65289539